互利共赢贸易思想的历史逻辑、基本框架与中国实践

HULI GONGYING MAOYI SIXIANG DE
LISHI LUOJI, JIBEN KUANGJIA
YU ZHONGGUO SHIJIAN

赵楠 赵柽笛 ◎ 著

中国财经出版传媒集团
经济科学出版社
Economic Science Press
·北 京·

图书在版编目（CIP）数据

互利共赢贸易思想的历史逻辑、基本框架与中国实践/
赵楠，赵柽笛著．－－北京：经济科学出版社，2023.12
ISBN 978－7－5218－5456－5

Ⅰ.①互… Ⅱ.①赵…②赵… Ⅲ.①国际贸易－研
究－中国 Ⅳ.①F74

中国国家版本馆 CIP 数据核字（2023）第 253032 号

责任编辑：崔新艳
责任校对：蒋子明
责任印制：范　艳

互利共赢贸易思想的历史逻辑、基本框架与中国实践
HULI GONGYING MAOYI SIXIANG DE LISHI LUOJI，
JIBEN KUANGJIA YU ZHONGGUO SHIJIAN

赵　楠　赵柽笛　著
经济科学出版社出版、发行　新华书店经销
社址：北京市海淀区阜成路甲 28 号　邮编：100142
经管中心电话：010－88191335　发行部电话：010－88191522
网址：www.esp.com.cn
电子邮箱：espcxy@126.com
天猫网店：经济科学出版社旗舰店
网址：http://jjkxcbs.tmall.com
北京季蜂印刷有限公司印装
710×1000　16 开　16 印张　280000 字
2023 年 12 月第 1 版　2023 年 12 月第 1 次印刷
ISBN 978－7－5218－5456－5　定价：68.00 元
（图书出现印装问题，本社负责调换。电话：010－88191545）
（版权所有　侵权必究　打击盗版　举报热线：010－88191661
QQ：2242791300　营销中心电话：010－88191537
电子邮箱：dbts@esp.com.cn）

本书出版获河南财经政法大学华贸金融研究院资助

本书为 2023 年度国家社会科学基金项目"国内产业链智能化重塑与企业出口高质量发展"（项目编号：23BJL062）的阶段性成果

前　　言

　　贸易保护思想和自由贸易思想，在不同的历史阶段都曾发挥过积极的作用。但是，人类进入 21 世纪尤其是 2008 年世界金融危机爆发以来，国际经济贸易环境发生了前所未有的变化，全球化进程遭遇空前阻力，世界经济和各国经济发展都出现不同程度的困难，世界出现百年未有之大变局。在此背景下，无论是自由贸易思想还是贸易保护思想都不再适应现实世界经济发展的需要了，新的国际贸易理论必然应运而生。在世界百年未有之大变局中，中国的经济发展在全球可谓是一枝独秀。这些成就的取得得益于中国采取了不同于传统贸易思想所主张的贸易政策，在对外开放中，中国走出了一条"互利共赢"的发展之路。这一发展之路的理论根源便是互利共赢贸易思想。

　　然而，对互利共赢贸易思想的研究尚属起步阶段，还没有形成比较成熟的体系和结构。从贸易思想的历史演进中发现互利共赢贸易思想的历史依据、从"开放、包容、普惠、平衡、共赢"与互利共赢的关系中发现互利共赢贸易思想的基本内容、从新中国成立尤其是改革开放以来的实践中发现互利共赢贸易思想的现实合理性，既是互利共赢贸易思想研究的题中应有之义，也是互利共赢贸易思想内容的主要构成部分。

　　从总的演变趋势和世界经济发展的实际需要看，从贸易保护到自由贸易是大势所趋，国际贸易思想的开放性会越来越重要；从国际贸易体制总的发展趋势及其对世界经济发展的促进作用看，从区域贸易安排到多边贸易体制是必然趋势，国际贸易思想的包容性会越来越强；对比分析绝对优势理论和比较优势理论可知，在绝对优势理论向比较优势理论演化过程中，国际贸易思想的普惠性也逐渐彰显出来；对比分析垄断优势理论和竞争优势理论可知，在垄断优势理论向竞争优势理论演化过程中，国际贸易思想的平衡性逐渐丰富起来；对比分析贸易摩擦和贸易合作对国际贸易的不同影响可知，在"合作更重要"理念逐渐为世界各国所接受的过程中，国际贸易思想的共赢性也越来越重要。新中国成立以来的中国对外贸易一直是以互利共赢思想为指导的，而互利共赢贸易思想正是中国对外开放实践的理论升华。互利共赢的贸易思想不仅在新中国成立前 30 年推动中国建立起了较为完整的国民经济体系，更是在 1978 年以来对外开放、稳步走向世界舞台中心的过程中发挥了至关重要的作用。可以说，中国既是互利共赢贸易思想的实践来源，也是这一思想的试验场。新中国成立以来尤其是改革开放以来，中国取得的举世瞩目的伟大成就，正是以构建人类命运共同体为出发点，秉持开放、包容、普惠、平衡共赢的国际经济发展理念，构建宽领域多层次的全球经济治理新格局的结果。这也正是互利共赢贸易思想的真正意蕴和真实写照。

基于上述分析，以"互利共赢贸易思想的历史逻辑、基本框架与中国实践"为题的研究，主要分为九章进行。第一章分析互利共赢贸易思想产生的背景和意义，综述国内外有关贸易思想的研究成果，在此基础上提出本书的研究结构和内容。第二章分析国际贸易思想的历史演进，从国际贸易思想的历史演进中发现互利共赢贸易思想产生的历史必然性。第三章分析国际贸易开放思想的历史演进。第四章分析国际贸易包容思想的历史演进。第五章分析国际贸易普惠思想的历史演进。第六章分析国际贸易平衡思想的历史演进。第七章分析国际贸易共赢思想的历史演进。第八章分析互利共赢贸易思想的理论溯源和现实基础。第九章分析互利共赢贸易思想的中国实践。

由于互利共赢贸易思想是一种全新的理论，因此对其研究也采取了新的研究方法。一是逻辑推理与实证研究相结合。传统国际贸易思想是一个比较成熟的理论体系，但互利共赢贸易思想却是一个全新的命题。新的理论需要逻辑推理，因为新的理论来源于传统的理论，需要从传统理论中推理出其必然性；新的理论又需要实证的检验，因为新的理论必须用以指导实践活动，需要现实实践证明其必要性。国际贸易思想发展到今天与当今中国经济发展的现实相结合，足以证明互利共赢贸易思想的产生具备了充要的条件。二是历史演变与现实背景相结合。互利共赢贸易思想是一种崭新的贸易理论，这种思想是传统贸易思想演进的结果。这种理论之所以产生在现在的中国，是由现在的国际和国内背景决定的。国际上，世界处于百年未有之大变局，在这一大变局中，和平与发展依然是世界主题。和平与发展这一主题决定了互利共赢势在必行，稳步走向世界舞台中心注定互利共赢贸易思想产生在中国。三是全面分析与突出重点相结合。力求从开放、包容、普惠、平衡、共赢的角度全面分析国际贸易领域中的自由与保护、竞争与垄断、绝对优势与比较优势、区域贸易安排与多边贸易体制、摩擦与合作诸多方面的问题，全面分析这些方面对互利共赢贸易思想产生的影响。在全面分析的基础上，重点分析互利共赢贸易思想在中国的实践以及取得的普遍经验。

　　互利共赢贸易思想的提出为今后研究国际贸易问题提供了全新视角，也为解决当前国际经济与贸易领域矛盾提供了有效方案。在开放中共享机遇和红利，形成优势互补合作，实现互利共赢，是中国发展更高层次开放型经济的出发点和落脚点，也是新时代互利共赢贸易思想与传统贸易思想差别之所在。互利共赢贸易思想以"开放、包容、普惠、平衡、共赢"为基本原则和内容，坚持调整创新以推动世界经济的可持续发展、坚持开放共赢以促进世界经济的联动发展、坚持公平包容以促进世界经济的均衡普惠发展、坚持改革完善以推动全球经济治理向公正合理方向发展，以规避全球贸易的"零和博弈"甚至"负和博弈"，在"平的世界"中，实现各国经济的均衡增长。互利共赢贸易思想可以说是中国贡献给世界的智慧，也是解决当前国际经济与贸易领域矛盾的有效方案。

目　录
CONTENTS

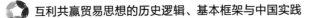

第一章

导　论

一、研究背景

（一）和平与发展依然是世界性主题

20 世纪 80 年代，邓小平在对时代趋势和世界形势进行全面深刻分析的基础上提出，和平与发展成为时代主题，两个问题关系全局，带有全球性、战略性的意义。1987 年 10 月召开的党的十三大提出"和平与发展是当代世界的主题"。党的十四大、十五大和十六大都予以确认。和平与发展是时代主题这个论断，反映了国际大局的根本变化和主要特点，为我国的改革开放提供了理论依据。党的十九大报告指出："和平与发展仍然是时代主题。"党的二十大报告进一步指出，致力于人类和平与发展是我们党的崇高事业；同时指出，"中国式现代化是走和平发展道路的现代化。我国不走一些国家通过战争、殖民、掠夺等方式实现现代化的老路，那种损人利己、充满血腥罪恶的老路给广大发展中国家人民带来深重苦难。我们坚定站在历史正确的一边、站在人类文明进步的一边，高举和平、发展、合作、共赢旗帜，在坚定维护世界和平与发展中谋求自身发展，又以自身发展更好维护世界和平与发展。"和平与发展为主题的时代背景是中国特色社会主义进入新时代的根本外部条件，为中国和平发展提供了根本的前提条件和现实可能性。2018 年 9 月，在中非合作论坛北京峰会开幕式致辞中，习近平总书记提出了回答这一时代命题的中国主张：我们坚信，和平与发展是当今时代的主题，也是时代的命题。经济上的发展和政治上的和平共处成为全球共识。和平与发展是相辅相成、不可分割的统一体；和平共处离不开经济发展的支撑，而经济发展也再不可能突破和平的方式。因此，我们在研究经济发展问题时必须立足于促进世界和平，在和平的范畴内谋求经济发展。

（二）以和平的方式谋求发展是时代特征

考察世界经济历史进程，我们会发现，发展有两种范式，一是靠战争与掠夺发展，二是靠和平的方式发展。前者如资本主义萌芽及崛起时期的西班牙、葡萄牙、荷兰、英国、德国等的发展，靠两次世界大战而迅速崛起的美国的发展。这一发展范式的突出特点可以用马克思的一句话来概括，就是"资本来到这个世界，从头到脚，每一个毛孔都滴着血和肮脏的东西"。靠战争和掠夺获取发展的手段主要包括：（1）殖民掠夺，殖民国家通过不同方式在世界各地掠夺大量财富；（2）残酷屠戮，殖民者在征服美洲的过程中大规模屠杀印第安人；（3）罪恶的奴隶贸易；（4）不平等贸易，殖民者利用特权垄断殖民地贸易以及进行欺诈性贸易。靠和平方式实现发展的，有从 20 世纪 60 年代开始短时间内实现经济腾飞的中国香港、中国台湾、新加坡和韩国。此外，石油输出国组织国家经济的迅速发展，南方共同市场国家经济的腾飞等，都属于这一范式。

在全球和平与发展的背景下，战争与掠夺的发展范式显然已"不合时宜"。一国的经济发展只能选择和平的方式，而靠和平的方式发展必然要考量如何利用"两个市场""两种资源"。开放条件下，任何一个国家的发展都不再可能是封闭式的，而必须不断加大与外部世界的联系，不断融入世界经济体系中去，经济全球化就是这一趋势的具体写照。经济全球化已经成为当今世界经济发展的主要趋势。

（三）贸易是实现和平发展的基石和有效途径

简单地说，经济全球化就是各国经济活动突破国界，在世界范围内实现经济资源的优化配置,为世界市场进行生产。经济全球化的基本特征是贸易自由化、金融国际化、资源配置国际化、投资全球化和生产一体化;[①] 而经济全球化的基本内容是商品或生产要素的国际流动,也就是跨国交易。如果我们根据中共中央、国务院《关于构建更加完善的要素市场化配置体制机制的意见》,把生产要素分为土地、劳动力、资本、技术和数据这五个要素,那么生产要素的国际流动也就是土地、劳动力、资本、技术和数据的跨国交易。如果我们把经济全球化作为一个过程,那么,贸易自由化即是这一过程的发轫和开端,同时也是整个过程得以进行的基础和基本要素。只有实现了贸易自由化,金融自由化、资源配置世界化、投资全球化和生产一体化才能够开展。因此,我们研究当前的经济全球化必须深入研究贸易自由化,了解其发生发展的原因和机理,探讨其不同发展阶段的特征和机制,剖析贸易自由化与保护主义产生的根源及其相互影响,只有这样,我们才能够真正地理解经济全球化,推进经济全球化,进而有效利用经济全球化。

(四)当今世界的贸易特征是自由化与保护主义并存

二战以来,经济全球化促进了世界资源的优化配置,提高了全球福利水平,逐渐成为人类文明发展的方向。但是,进入 21 世纪尤其是 2008 年国际金融危机爆发后,经济全球化发生了新的变化,这种变化的主要特征是"逆全球化"和反全球化现象时有发生甚至愈演愈烈。作为经济全球化的主要载体和形式,国际贸易的发展也同样出现了波折甚至裹足不前,贸易保护主义日渐升温。

尽管经济全球化一波三折,新一轮贸易保护主义日渐升温,但经济全球化依然是不可逆转的时代潮流。2019 年的全球贸易额和中国的对外贸易额也显示了这一变化。联合国贸发会议报告显示,全球商品贸易继 2018 年大幅增长9.7%后,2019 年下降了 2.4%,至 19 万亿美元;全球服务贸易继 2018 年增长 7.7%后,增幅只有 2.7%,至 6 万亿美元。自 2018 年迄今,海运贸易量仅增长 2.7%,远低于 2017 年的 4.7%;港口集装箱运输量增长同比下降两个百

---

① 余永定(1998)将这一趋势归纳为自由化、国际化、一体化、证券化和全球化;IMF(1997)认为,全球化是跨国商品与服务贸易及资本流动规模和形式的增加,技术的广泛迅速传播使世界各国经济的相互依赖性增强。

分点，仅为 4.7%。因此，2019 年全球经贸各项指标明显下降显示出全球贸易增长放缓。① 2019 年，中国货物贸易进出口总额为 31.54 万亿元，尽管比 2018 年增长了 3.4%，但与 2018 年 9.7% 的增速相比较也明显放缓。② 受新冠疫情影响，2020 年世界贸易萎缩 7% 左右，③ 但中国的贸易额却创造了历史新高。中国海关总署披露的数据显示，中国 2020 年外贸总额高达 32.16 万亿元，较 2019 年增长了 1.9 个百分点。其中，出口额达到 17.93 万亿元，同比增长了 4 个百分点；进口额达到 14.23 万亿元，同比下降 0.7 个百分点。④

（五）互利共赢势在必行

既然和平与发展依然是世界性主题，谋求发展就只能采取和平的方式；既然实现和平发展的基石和有效途径依然是贸易，就要超越传统的贸易自由化与保护主义，发扬自由化和保护主义的积极因素，抛弃自由化和保护主义的消极因素，采取互利共赢的贸易思想，实行互利共赢的贸易政策。因而，互利共赢势在必行。

互利共赢的发展格局具有历史必然性。当今世界是各国经济之间互相渗透的共同体，可以说是你中有我，我中有你，任何一个国家都不可能独立于其他国家之外而"任性、自由发展"。各个国家在谋求自身发展的同时，必须积极寻求与其他国家的利益共同点，加强与其他国家的经济合作，培育和发展各国的共同利益，实现各个国家之间的互利共赢，发达国家与发展中国家之间如此，发达国家之间、发展中国家之间亦是如此。

互利共赢的发展格局具有现实的合理性。习近平总书记指出，发展的目的是造福人民。要让发展更加平衡，让发展机会更加均等、发展成果人人共享，就要完善发展理念和模式，提升发展公平性、有效性、协同性。⑤ 而长久以来的全球化或者说是全球发展模式却与习近平总书记所说的发展道路、发展目的、发展结果是背道而驰的，已造成了世界经济发展的严重不平衡和不平等。以

---

① 杨海泉.2019 年国际贸易回顾与展望：全球贸易低迷不振 来年机遇挑战并存 [N]. 经济日报，2019 - 12 - 25.

② 据海关统计（网址：www. customs. gov. cn）。

③ http：//zixun. gpbctv. com/zixun/202010/81853. html.

④ https：//www. gucheng. com/hot/2021/4002388. shtml.

⑤ 习近平. 共担时代责任 共促全球发展——在世界经济论坛 2017 年年会开幕式上的主旨演讲 [N]. 上海文汇报，2017 - 01 - 18（2）.

美国为首的西方发达国家占据优势地位，而广大的发展中国家却越来越处于劣势地位。在此背景下，公平、包容、促进世界经济均衡的普惠性发展势在必行。因此，2015 年习近平总书记在二十国集团领导人第十次峰会上明确指出："实现公平、开放、全面、创新发展，不仅是共同的道义责任，而且能释放出不可估量的有效需求。"[①] 世界各国也只有坚持合作共赢的发展理念，以共享为目标，以合作为动力，构建公平、公正的全球经济机制和规则，打造人类利益、责任和命运共同体，才能够促进世界经济在合作竞争中实现共同发展。

互利共赢的发展格局有利于协调当今世界发展中的各种矛盾。近年来，由于一些国家施行保护主义、单边主义，使得全球经济的不确定性和极大风险明显增强，造成当今世界充满了各种矛盾。陈文玲（2019）把这些矛盾总结为十大矛盾，即贫富矛盾、南北矛盾、新旧动能矛盾、收支矛盾、单边主义和多边主义的矛盾、开放和封闭的矛盾、实体经济与虚拟经济的矛盾、老龄化和社会保障能力之间的矛盾、大国竞争与博弈越来越激烈、多元文明和文化的冲突。[②] 究其深层次原因，这种地区发展失衡、国家发展失调、普通民众普遍受损等矛盾并不是经济全球化造成的，而是"片面"全球化，甚至是反全球化、逆全球化造成的。解决这些矛盾就要改革和完善现有的国际经济体系，而改革和完善现有的国际经济体系是在现有基础上推动全球经济治理向着公正合理的方向发展，也就是采取互利共赢的发展理念，而不是推倒重来、另起炉灶。中国始终坚持通过加强国际合作以更好地融入国际社会，推动国际经济体系向着公正合理的方向发展。

二、研究意义

（一）贸易思想的演进及其现实困境

最早于 15 世纪末 16 世纪初，即在西方国家的资本原始积累阶段，对国际贸易的研究就已经出现，当时的主要思想为重商主义。重商主义主要研究对外

---

① 习近平. 出席二十国集团领导人第十次峰会第一阶段会议上的讲话——提倡创新增长路径，共享发展成果［N］. 人民日报，2015 – 11 – 16.

② 陈文玲. 深刻认识当今世界存在的十大矛盾［ON］. https：//www. thepaper. cn/newsDetail_forward_4106729.

贸易如何才能够为国家带来财富，而衡量财富的标准则完全由金银货币来代表。在重商主义者看来，对外贸易可以使一国从国外获得金银货币从而使国内财富增加。重商主义对对外贸易的研究主要集中在如何通过鼓励商品出口、限制商品进口以增加货币的流入从而增加国内货币财富等方面。对怎样能够做到多出口少进口，早期的重商主义与晚期的重商主义的观点又有所不同。早期重商主义强调绝对的贸易"出超"，主张限制商品进口和货币流出。晚期重商主义则认为，从长远的观点看，在一定时期内的"入超"是允许的，只要最终的贸易结果能保证货币最终流回国内就可以。但无论早期重商主义还是晚期重商主义，都主张鼓励出口、限制进口，因此，重商主义其实是贸易保护主义，并且其思想也具有很大的局限性。

重商主义的贸易观念曾经兴盛一时，但到了18世纪末叶却受到了古典经济学派的挑战，并逐渐为自由贸易思想所取代。古典经济学的主要代表人物亚当·斯密（Adam Smith）的基本经济思想是"自由放任"，这一原则也被用于国际贸易研究。亚当·斯密在其著名的《国民财富的性质和原因的研究》一书中认为，既然每个人都只生产自己擅长生产的东西然后用来互相交换，比自己什么都生产更合算，那么各国间的分工和交换也应该是同样合算的。因此，亚当·斯密得出结论：无论出口还是进口，一国都能获得利益。古典经济学的另一名主要代表大卫·李嘉图（David Richardo）在《政治经济学及赋税原理》一书中也对自由贸易的优点做了说明。因此，古典经济学开创了研究对贸易产生的原因与结果以及与之相应的政策分析之先河，从此以后，国际贸易的研究重点才真正落脚在"其应该研究之处"。从古典的亚当·斯密、大卫·李嘉图，到20世纪的瑞典经济学家赫克歇尔（Eli Heckscher）、俄林（Bertil Ohlin），再到当代的里昂惕夫（Wassily Leontief）、萨缪尔森（Paul Samuelson）、克鲁格曼（Paul Krugman）等，许多经济学家无一不是从各种角度、在各个方面论证自由贸易对一个国家和整个世界福利增进的贡献。但自2008年国际金融危机爆发以来，自由贸易也遭受了前所未有的挑战，贸易摩擦此起彼伏，全球贸易和投资增长低迷，欧美主要国家纷纷出台贸易投资保护措施，保护主义正在抬头并逐渐演变为某些大国现实的贸易政策。因此，人类进入21世纪以来，无论是自由贸易思想还是贸易保护思想都面临着自身难以克服的困境。

（二）新的贸易实践呼唤新的贸易理论

影响国际贸易发展的因素很多，一般认为主要有以下几个方面：地理位置、自然资源、经济发展水平、政治因素和科技创新水平。比如自然资源因素，一个国家的自然资源种类和丰富程度直接影响到该国国际贸易中的初级产品构成，中东地区之所以能成为国际石油贸易的核心区域，就是因为中东地区有大量的石油资源。再比如政治因素，中国之所以在改革开放以后国际贸易能够迅速发展一跃成为当前国际贸易领域的领头羊，就是因为中国实行的改革开放政策和执行的和平发展外交政策顺应了时代要求。另外，随着经济社会的发展和历史的进步，科技创新能力也越来越影响一国的对外贸易，而科技创新对国际贸易的影响主要表现在贸易的商品结构上。随着人们生活水平的不断提高，人们对消费产品的需求逐渐由满足温饱向满足个性化和高层次提升，而个性化和高层次需求的满足必须依赖科技创新。以上这些因素的变化会直接或间接影响国际贸易的正常进行，有时会起到促进作用，有时会起到促退作用。

二战以来，尤其是"冷战"结束后，世界格局出现了一系列变化，苏联的解体使得原来两极对立的"一极"突然消失，不复存在，导致支配战后国际关系40多年的两极格局最后崩溃。"冷战"之后，已经有不少国家的经济实力在不断增长，欧盟、日本等国迅速崛起和发展，中国通过改革开放经济实力也有了较大增长，同时各个国家的民族主义势力也开始抬头和发展，这些情况都使得世界格局呈现多极多元化的倾向。力争主导欧洲事务并分享世界领导权的欧洲联盟、决心恢复世界强国地位的俄罗斯、努力成为政治大国的日本、积极推动建立国际新秩序的中国，这些国家与美国组成了"一超多强"的国际格局。"一超"指美国是唯一的一个超级大国，在政治、经济、军事和科技等方面都占据优势地位；"多强"指欧洲联盟、日本、俄罗斯和中国对国际事务也拥有巨大的影响力。"冷战"结束后，和平与发展是国际形势的主流，但各种矛盾仍然存在，民族矛盾和宗教矛盾在有些地方依然尖锐，造成地区战争和局部冲突时有发生；极端组织活动频繁，恐怖事件屡屡出现，严重影响着世界安全。同时，科技创新能力持续强劲，在科技水平不断提升的推动下，产业结构和消费结构也不断升级。这些因素分别从不同角度、不同强度影响着国际政治经济新格局的形成。这种错综复杂的国际政治经济新格局进一步影响着国际贸易新格局的发生、发展、形成。

在此背景下，无论是国际贸易规模、国际贸易商品结构、国际贸易地理方向和国际贸易依存度都发生很大变化，国际贸易已不可能再重复"昨天的故事"，传统的、纯粹的"自由贸易""保护主义"等贸易思想和理论也已经不再能指导现代贸易的实践了。新的贸易实践呼唤新的贸易理论。

（三）新贸易思想之中国见解

习近平总书记指出，当今世界正经历百年未有之大变局。2020 年初以来，新冠肺炎疫情全球大流行促进了这一大变局加速变化，保护主义、单边主义上升，全球产业链、供应链受经济因素的冲击越来越大，世界进入动荡变革期，国际政治、经济、文化、科技、安全等格局都在发生深刻调整。将面临这样一个复杂多变的国际环境，我们必须做好应对一系列新的风险挑战的准备。

其实，在此之前，我国已经未雨绸缪，做出了战略性的判断。

党的十八届五中全体会议通过的《中共中央关于制定国民经济和社会发展第十三个五年规划的建议》明确指出："开创对外开放新局面，必须丰富对外开放内涵，提高对外开放水平，协同推进战略互信、经贸合作、人文交流，努力形成深度融合的互利合作格局。"① 2018 年 3 月 5 日，时任总理李克强在十三届全国人大一次会议上所做的《政府工作报告》中提出，我国要推动形成全面开放新格局……推进"一带一路"国际合作。坚持共商共建共享，落实"一带一路"国际合作高峰论坛成果。促进外商投资稳定增长。加强与国际通行经贸规则对接，建设国际一流营商环境。巩固外贸稳中向好势头。要以更大力度的市场开放，促进产业升级和贸易平衡发展，为消费者提供更多选择。促进贸易和投资自由化便利化。② 2020 年 9 月 4 日，习近平主席在全球服务贸易峰会上的致辞中再次讲到，当今世界正在经历百年未有之大变局。③ 基于上述认知，习近平主席提出，第一，共同营造开放包容的合作环境；第二，共同激活创新引领的合作动能；第三，共同开创互利共赢的合作局面。④

至此，以畅通国民经济循环为主构建新发展格局、以高水平对外开放打造

---

① http：//www. stdaily. com/zhuanti01/guojia/2018-01/04/content_617866. shtml.

② http：//glzx. njgl. gov. cn/art/2018/3/5/art_48375_2476217. html.

③④ http：//www. xinhuanet. com/2020-09/04/c_1126454718. htm.

国际合作和竞争新优势的开放共享、互利共赢的贸易思想基本形成。

（四）构建互利共赢贸易思想的意义

传统的贸易思想主要包括贸易保护主义思想和自由贸易思想。贸易保护主义的核心要义是通过贸易增进本国福利；自由贸易思想的核心要义是增进本国福利的同时也促进他国乃至全球福利的增加。传统的贸易思想在过去 300 年的人类历史发展中都起到了积极的促进作用。比如重商主义的贸易思想代表了当时处于上升阶段的商业资本的利益，在历史上曾经起到进步作用，促进了资本的原始积累，推动了资本主义生产方式的建立和发展；重商主义提出的政府干预对外贸易、奖出限入、积极发展本国工业的一系列政策措施和主张无不具有重要的现实意义。再比如李嘉图的"比较优势"思想，从劳动价值论出发论证了自由贸易有利于提高利润率和资本积累，有利于资本主义生产的发展；比较优势思想为工业资本争取自由贸易提供了思想武器，自由贸易政策又推动英国成为当时的"世界工厂"，在世界工业和贸易中居于首位。

由此可见，从历史上看，无论贸易保护主义还是自由贸易思想都在当时条件下促进了一国乃至世界经济的发展，同时由于历史条件和理论研究者个人认知的限制，这些理论又都具有历史的局限性。时至今日，随着经济全球化的深入发展和科学技术的飞速进步，传统贸易保护主义"以我为独"的利益分配思想和自由贸易"以我为主"的利益分配思想都已不再能够指导当今的贸易实践了。新的贸易实践需要一种全新的理论来指导，那就是"互利共赢贸易思想"。

互利共赢贸易思想是基于当前国际经济与贸易现实提出来的一种全新的贸易思想，是中国提出的发展更高层次开放型经济理念的题中应有之义。世界面临百年未有之大变局，面对多变复杂的世界，是继续前进向更高层次开放迈进，还是退回到闭关锁国的老路上去？世界和中国都面临着新的重大抉择。值此重大抉择关口，党的十九大报告提出要主动参与和推动经济全球化进程，发展更高层次的开放型经济，不断壮大我国经济实力和综合国力。发展更高层次的开放型经济的新理念一经提出，即得到广泛传播，越来越多的国家表示赞同与支持，具体内容也在不断丰富，互利共赢地开放、参与全球经济治理以及公共产品供给、积极承担国际责任等重大理论命题，逐渐成为有中国特色的经济开放理念，也成为当前及今后一个时期世界经济交往的基本理念。

发展更高层次开放型经济的新理念具体到国际贸易领域就是在贸易中实现互利共赢，可以说互利共赢是发展更高层次开放型经济理念的首要属性。在开放中共享机遇和红利，形成优势互补合作，实现互利共赢，是中国发展更高层次开放型经济的出发点和落脚点，也是新时代国际贸易思想与传统贸易思想的差别之所在。互利共赢国际贸易思想的提出和实施，首先，有利于"存续"激励相容的多边贸易自由化体制。从古典贸易理论到现代贸易理论再到新国际贸易理论，从垄断竞争优势理论到国际生产内部化理论再到国际生产折中理论，研究都证明自由贸易能实现"帕累托改进"，中国改革开放以来的实践也证明自由贸易能够实现互利共赢。因此，互利共赢的贸易思想不仅不排斥自由贸易，相反积极鼓励自由贸易，以实现全球贸易的"正和博弈"。其次，有利于遏制阻碍贸易发展的保护主义。世界贸易的历史反复证明，凡是崇尚贸易保护主义的时期，一般而言，这一时期的世界贸易发展都会受到抑制，世界经济发展也会"走下坡路"，甚至科技创新都会受到遏制。互利共赢国际贸易思想以"开放、包容、普惠、平衡、共赢"为基本原则，坚持调整创新以推动世界经济的可持续发展、坚持开放共赢以促进世界经济的联动发展、坚持公平包容以促进世界经济的均衡普惠发展、坚持改革完善以推动全球经济治理向公正合理方向发展，① 以规避全球贸易的"零和博弈"甚至"负和博弈"，在"平的世界"中，实现各国经济的均衡增长。

互利共赢贸易思想可以说是中国贡献给世界的智慧，也是解决当前国际经济与贸易领域矛盾的有效方案。

三、国际贸易思想研究述评

西方的国际贸易思想最早可以追溯到古希腊时期，而较为成熟完善的国际贸易思想则产生于重农主义时期。从早期的托马斯·孟（Thomas·Mum）到古典的亚当·斯密（Adam·Smith）、大卫·李嘉图（David·Ricardo），再到现代的埃利·赫克歇尔（Eli·Heckscher）、贝蒂尔·俄林（Bertil·Ohlin），直至当代的瓦西里·里昂惕夫（Wassily·Leontief）、保罗·克鲁格曼（Paul·Krugman）

---

① 史艺军，关朋. 开放、包容、普惠、平衡、共赢："中式"全球化的新理念——论习近平的互利共赢国际经济观 [J]. 云梦学刊，2018（2）：83-88.

等，这些学者用自己的智慧不断丰富国际贸易思想，推动国际贸易思想更加成熟，更加完善。因此，国际贸易思想经历了一个不断发展的进程，时至今日，这一进程仍在继续发展中。同时，国际贸易思想因其源远流长而又博大精深成为后来学者重点研究的对象，有关国际贸易思想的研究成果可谓汗牛充栋，琳琅满目，不一而足。梳理国内外对国际贸易思想的研究成果，对我们更好地理解国际贸易思想、发展国际贸易思想，乃至构建新的国际贸易思想，都具有十分重要的意义。

（一）关于研究范式

对国际贸易思想的研究基本有三种范式。一是把国际贸易思想分为自由思想和保护思想进行研究，也就是把贸易思想分成两个模块分别进行研究，分别得出相应的研究结论。我们可以把这种范式叫作"模块分析范式"。二是把国际贸易思想按照出现的先后顺序依次进行研究，得出总体的研究结论。我们可以把这种范式叫作"史序分析范式"。三是把国际贸易思想按自由成分和保护成分进行研究，分别得出相应的结论。这种范式的出发点是，认为一切理论都具有两面性，也就是说，自由贸易思想具有保护的成分，保护贸易思想也具有自由的成分，因此，我们可以把这种范式叫作"成分分析范式"。

这三种研究范式各有优缺点。"模块分析范式"的优点是可以清楚地理解各类思想的实质，并从中发现原则、特征和规律；也可以对比同类思想中不同流派的差别，比如同样都是贸易保护主义，汉密尔顿的贸易保护思想与李斯特的保护幼稚工业的思想就有较大差异；同样都是自由贸易思想，绝对优势思想与比较优势思想又有很大不同。这样，通过"模块分析"，有利于不同国家（地区）更好地利用贸易思想制定相应的贸易政策和措施。但是，"模块分析范式"的缺点也是显而易见的，容易站在某一个角度支持一种思想而排斥另一种思想，比如，如果站在贸易保护的角度，很容易过分强调保护贸易思想的好处，而贬抑贸易自由化的重要性；相反，如果站在贸易自由的角度，又很容易强调自由贸易的好处，而贬抑贸易保护的必要性。

"史序分析范式"的优点是可以从历史演进的过程中全面理解国际贸易思想产生、发展、完善的历史背景、国际环境、国家处境以及当时条件，有利于深入探究国际贸易思想的渊源，梳理国际贸易思想的发展脉络，从而掌握国际贸易发展的规律，科学制定国际贸易政策和对策。但是，"史序分析范式"的缺点也是非常明显的，容易陷入"贸易保护"和"自由贸易"孰优孰劣的争论之中而不能自拔，因为无论贸易保护主义还是自由贸易思想其实并无绝对的优劣之分，这种争论的结果很容易造成贸易政策和措施制定的盲目性，我国改革开放初期关于开放国内市场的讨论就是这种思想的体现。

"成分分析范式"的优点是可以辩证地分析某种国际贸易思想的形成原因、构成因素以及发挥作用的条件，能够客观地看待这种思想的积极方面和消极方面，从而有利于一个国家（或地区）根据自身特点参考利用这种国际贸易思想制定相应的国际贸易政策。"成分分析范式"也有明显的不足，就是容易陷入"具体而微"的分析中，不能超越某种贸易思想而全局性、战略性地分析贸易局势和格局，也不能把贸易问题置于当时的世界经济整体发展现状中去研究，"只见树木不见森林"，从而使得一国（或地区）制定的贸易政策很难具有长期性和战略性。

（二）关于思想内容

海闻等在《国际贸易》一书中研究认为，早在 15 世纪末 16 世纪初，即在西方国家的资本原始积累阶段，对国际贸易的研究就已出现。当时的主要理论为重商主义。[①] 重商主义对贸易的研究主要集中在如何进行贸易，具体来说，怎样通过鼓励商品输出、限制商品进口以增加货币的流入从而增加社会财富。尽管重商主义分为早期和晚期，但他们的主张是一致的，都是主张限制进口。18 世纪末叶，重商主义的贸易观念受到古典经济学派的挑战，并被自由贸易的思想取代。古典经济学的主要代表亚当·斯密的经济思想是"自由放任"，这一原则也被应用于国际贸易理论。古典经济学的另一名主要代表大卫·李嘉图也对自由贸易的好处做了说明。从古典经济学开始，对国际贸易的研究就不再局限于怎样进行贸易，而开始对贸易产生的原因和结果以及与之相应的政策进行分析。就国际贸易理论而言，海闻等认为，国际贸易基本理论主要研究三方面的问题：贸易的基础、贸易的影响、贸易与经济的互相作用。国际贸易的基础也就是贸易发生的原因，对这些问题的不同解释形成了不同的国际贸易理论模型。从供给方面解释国际贸易基础的贸易理论有四种，一是用技术的差异

---

① 海闻，等. 国际贸易 [M]. 上海：上海人民出版社，2012：26.

来解释贸易基础的斯密模型和李嘉图模型；二是用资源的不同配置来解释贸易基础的赫克歇尔－俄林模型；三是用市场和生产规模的不同来解释贸易基础的规模经济贸易模型；四是解释成本优势动态变动的产品周期理论。从需求方面解释国际贸易基础的理论主要有两种，一是用偏好不同解释贸易模式的需求模型；二是用收入不同解释贸易模式的林德模型。关于贸易产生的影响主要包括三个方面，一是对本国经济的影响；二是对本国社会福利的影响；三是对国际市场和外国贸易伙伴利益的影响。关于贸易与经济的互相作用也就是国际贸易动态变动，主要研究在现实中，技术的不断进步、资本和劳动力资源的不断增加，会对贸易产生什么影响，要素的国际流动（移民、国际投资等）会怎样影响一国的经济与贸易；反过来，国际贸易的发展又会怎样影响经济增长和技术进步等。

　　陈岩对国际贸易思想的研究是从古典贸易理论开始的。在《国际贸易理论与实务》一书中，他把国际贸易理论划分为古典贸易理论、新古典贸易理论、新贸易理论、新新贸易理论和贸易保护理论，[①]并对每一种理论中的分支进行了分析。关于古典贸易理论，陈岩指出，19世纪中叶，英国在世界上确立了"世界工厂"的地位。随着英国资本主义的迅速发展，新兴资产阶级要求扩大对外贸易，扩大国外市场和原料来源，而重商主义的贸易理论和政策限制了新兴资产阶级的利益，所以英国新兴资产阶级迫切要求废除重商主义的贸易保护政策，实行自由贸易。于是，一些资产阶级思想家开始探寻对外贸易与经济发展的内在联系，试图从理论上说明自由贸易对经济发展的好处，自由贸易理论便产生了。自由贸易理论的代表人物是英国古典经济学家亚当·斯密和大卫·李嘉图，其代表学说分别是"绝对优势学说"和"比较优势学说"。新古典贸易理论包括赫－俄的生产要素禀赋理论和里昂惕夫之谜。赫－俄理论有狭义和广义之分。狭义的赫－俄理论被称为生产要素供给比例理论，其主要观点是用生产要素禀赋来解释国际贸易发生的原因和进出口商品的特点。广义的赫－俄理论还包括生产要素均等化定理，其主要内容是说明国际贸易不仅会使商品价格趋于相等，还会使贸易各国的生产要素价格趋于相等。赫－俄的要素禀赋理论是对古典贸易理论的重大发展。里昂惕夫的研究发现，赫－俄的要素禀赋理论与事实不符，得出了相反的结论，所以里昂惕夫之谜也叫里昂惕夫反论。里昂惕夫之谜是西方国际贸易理论发展史上的一个

---

① 陈岩. 国际贸易理论与实务 [M]. 北京：清华大学出版社，2018：11－37.

里程碑，里昂惕夫对传统的资源禀赋理论的验证，具有重要理论意义，说明传统的贸易理论存在着理论与实际不符的严重缺陷。这个"谜"的提出，引起经济理论的广泛关注，激发了世界经济学家的探索热情，促进了国际贸易理论的发展。新贸易理论主要包括雷蒙德·弗农提出的产品生命周期学说、迈克尔·波特提出的国家竞争优势理论、林德提出的需求偏好相似学说、格鲁贝尔提出的产业内贸易学说、保罗·克鲁格曼提出的新经济地理理论。新新贸易理论是在异质性企业贸易模型（也叫作"梅里兹模型"）的基础上发展而来的，而异质性企业贸易模型是哈佛大学教授梅里兹（Meliz）在《贸易对行业重新配置和总行业生产率的影响》一文中提出的。新新贸易理论以异质性企业贸易模型和企业内生边界模型为代表，突破了传统贸易理论和新贸易理论中企业同质假定，将异质性纳入企业微观分析框架中，并对国际贸易结构和国际贸易量进行大量实证分析与解释。新新贸易理论主要包括异质性企业贸易理论、全球价值链理论与增加值贸易理论。陈岩在《国际贸易理论与实务》① 一书中还特地将贸易保护理论作为一个单独部分进行了讲解。贸易保护理论主要包括重商主义学说、李斯特的贸易保护学说、凯恩斯主义超保护贸易学说和战略性贸易保护理论等。

闫国庆、李汉君和陈丽静在其著作《国际贸易思想史》一书中把国际贸易思想划分为早期的国际贸易思想、古典国际贸易思想、贸易保护主义思想、新古典国际贸易思想、要素禀赋思想、里昂惕夫之谜及其解释、技术差距思想与产品生命周期思想、生产要素流动思想、规模报酬递增与产业内贸易思想和国家竞争思想。② 早期的国际贸易思想主要包括重农主义贸易思想和重商主义贸易思想。古典国际贸易思想主要包括亚当·斯密的绝对优势思想、大卫·李嘉图的比较优势思想和约翰穆勒的相互需求思想。贸易保护主义思想主要包括汉密尔顿的贸易保护主义思想、李斯特的保护幼稚工业思想、凯恩斯的超保护贸易思想和"中心－外围"思想。新古典国际贸易思想主要包括陶西格的国际贸易思想、无差异曲线与国际贸易均衡思想，哈勃勒的国际贸易思想和马歇尔的国际贸易思想。要素禀赋思想主要包括赫克歇尔－俄林的要素禀赋思想及其理论扩展。里昂惕夫之谜及其解释阐述、分析了里昂惕夫之谜产生的背景、原因及条件，以及对里昂惕夫之谜的解释。技术差距思想与产品生命周期思想阐

① 陈岩. 国际贸易理论与实务［M］. 北京：清华大学出版社，2021.
② 闫国庆，李汉君，陈丽静. 国际贸易思想史［M］. 北京：经济科学出版社，2010：1－3（目录）.

述和分析了国际贸易的技术差距思想、国际贸易的产品生命周期思想。生产要素流动思想分析介绍了生产要素——资本、劳动和技术的国际流动及其对国际贸易影响的思想。规模报酬递增与产业内贸易思想分析介绍了新贸易思想中的规模报酬递增思想和产业内贸易思想。国家竞争思想介绍和分析了迈克尔·波特的国家竞争优势思想、比较优势与竞争优势、钻石体系、竞争力结构和国家经济发展阶段思想。

中国社会科学院的刘津在《两种贸易思想与中国四十年的经济改革实践》[①] 一文中指出，贸易保护思想和自由贸易思想都是经济学家根据当时的经济实践总结出来的。在当时的经济背景下，经济学家认为贸易保护或者自由贸易对本国有利，从而要求在实践中实施相应的政策。贸易保护和自由贸易都是促进经济增长的手段，两者的优劣只体现在与时局的契合度上。贸易保护思想在经济思想史上占有重要的地位，它从萌芽到成熟再到成为政策选择，经历了多次沉浮，也形成了多个有代表性的发展阶段和学术流派。刘津选取英国重商主义、德国李斯特的贸易保护学说、美国学派[②]以及 20 世纪 70 年代中期逐渐兴起的新贸易保护主义理论为代表来说明贸易保护思想促进经济增长的性质。自由贸易思想的主要宣传者是古典和新古典经济学者。亚当·斯密是古典经济学的创立者，也是自由贸易理论最具代表性的布道者之一，他以绝对优势理论为基础，指出如果各国都生产彼此具有绝对优势的产品并在国际市场上自由交换，那么交换双方都可以从中获得好处。顺着贸易可以改善贸易双方的福利这一思路，大卫·李嘉图提出了比较优势理论。贸易理论随后还发展出了要素禀赋理论、竞争优势理论、新贸易理论等。经过古典和新古典经济学对自由贸易的宣传，自由贸易可以给贸易双方都带来好处的思想得到了广泛的传播，并且收获了一大批追随者，自由贸易也成了很多国家的政策选择。

国彦兵在《西方国际贸易理论：历史与发展》一书中认为，虽然在古希腊古罗马时期人们的经济学说中就已经包含了有关对外贸易的内容，但一般人们公认的国际贸易理论应该起源于 15 ~ 17 世纪的重商主义。当时欧洲的自然经济正处于崩溃时期，新兴的市场经济制度正在萌发，而这时经济学也开始诞生了。经济学实际上是和市场相伴随的一种科学，在市场经济制度确立的时

① 刘津．两种贸易思想与中国四十年的经济改革实践［J］．改革与战略，2019（4）：32 - 40.

② 刘津：学界对是否存在美国学派尚存争议，在此借用中国人民大学贾根良教授的“美国学派”提法，来代表美国在 19 世纪形成的以马修·凯里（Mathew Carey）、帕申·史密斯（Peshine Smith）、西蒙·帕滕（Simon Patten）等经济学家为代表所倡导的贸易保护理论，对是否存在美国学派不做深究。

候，经济学也开始成熟起来，其标志就是亚当·斯密的《国民财富的性质与原因的研究》。与此同时，国际贸易理论进入了一个新的发展阶段，绝对利益理论是第一次把国际贸易理论建立在了科学的基础之上。此后，大卫·李嘉图进一步提出了比较利益原理。一般认为，比较利益原理是对绝对利益的发展，而绝对利益原理只是比较利益原理的一个特例，但最新的研究成果是，实际上这两个理论并不像原来人们认为的那样，是一种简单的继承与发展的关系，而是两种不同的理论，一个是强调了后天分工因素（斯密），另一个是强调了先天禀赋因素（李嘉图），不能说后者是对前者的发展或者说后者包含了前者，反而在一定意义上讲是前者包含了后者。在李嘉图提出比较利益学说以后，这一理论在相当长的一段时间内成为国际贸易理论的核心内容。就像在其他经济学领域内一样，新古典国际贸易理论继承了古典经济学的基本思想，更多是用新的数学方法对古典理论进行重新说明。所以，在这一时期，比较利益理论仍然是国际贸易理论的主体内容。比较利益理论的一个重大发展来自瑞典经济学家俄林，他取消了比较利益理论关于各国之间存在技术差距的假设，证明了即使各国之间不存在技术差距，仅仅是由于生产要素禀赋的不同同样可以带来国际贸易，这样就使比较利益理论更加一般化了。但是，俄林的理论在解释现实经济现象的过程中却遭受到了巨大的挑战，这就是著名的里昂惕夫之谜。里昂惕夫之谜的出现使得人们突破了以往只是沿着比较利益这一条既定的路径发展的局面，各式各样的新理论不断出现，使二战之后的国际贸易理论进入了一个非常活跃的发展时期。这些新理论不仅继续从要素、技术角度出发对国际贸易理论进行了发展，提出了人力资源、自然资源、技术差距、产品生命周期等一系列新学说，并且不再只是从供给的角度而是从需求的角度来解释国际贸易的原因；更为重要的是他们突破了古典和新古典贸易理论关于规模报酬不变和完全竞争的假设，提出了规模经济和不完全竞争的国际贸易学说，从而使国际贸易理论进入了一个新的发展阶段。而在这一新的发展阶段集贸易理论之大成者就是保罗·克鲁格曼。克鲁格曼认为以往人们只是从比较利益的原理出发来解释国际贸易问题，这实际上只是从一个方面进行研究，因而是不完整的，要想全面地把握国际贸易问题还要考虑另外一个方面，即后天因素导致的贸易问题，如规模经济，因此他主张重新回到亚当·斯密的理论中去，从分工和专业化等方面重新思考国际贸易，从这个意义上来讲，克鲁格曼把 20 世纪 80 年代以前的贸易理论都称为古典贸易理论，而他总结、创立的贸易理论则称为新贸易理论。克鲁格曼的新贸易理论开辟了国际贸易理论新的研究方向和新的研究领域，使国际贸易理论再一次焕发了生机，至今仍方兴未艾，在这新一轮的国际贸易理论研究热潮中，华裔澳籍著名经济学家杨小凯做出了令人瞩目的贡献。①

　　国彦兵在系统梳理国际贸易理论基本脉络的基础上，将国际贸易理论划分为以下几个阶段或者类别：早期的国际贸易学说；国际贸易的古典理论；贸易保护主义理论；国际贸易的新古典理论；资源赋予理论；里昂惕夫之谜；战后国际贸易新理论；国际贸易的动态理论；生产要素移动理论；宏观国际贸易理论；传统贸易理论及其批判；国际贸易政策理论和西方国际贸易理论的最新进展。而早期的国际贸易学说包括前资本主义的贸易学说、重商主义的贸易学说和对重商主义贸易学说的批判；国际贸易的古典理论包括亚当·斯密的对外贸易理论、大卫李嘉图的对外贸易理论、相互需求方程式；贸易保护主义理论包括汉密尔顿的贸易保护主义和李斯特的关税保护理论；国际贸易的新古典理论包括机会成本与比较利益理论、无差异曲线与国际贸易均衡理论、贸易利益分析理论和提供曲线理论；资源赋予理论包括资源禀赋理论和生产要素价格均等化定理；里昂惕夫之谜研究了里昂惕夫之谜存在的原因及其各种解释；战后国际贸易新理论包括产品生命周期理论、规模经济理论、产业内贸易理论、需求偏好理论和多国多商品贸易模型；国际贸易动态理论包括经济增长和贸易变动理论、贸易增长与经济发展理论；生产要素移动理论包括生产要素国际移动的基本原理、劳动力要素的跨国流动、技术的国际移动和资本要素移动理论；宏观国家贸易理论包括国际收支差额调节的弹性理论、乘数理论、吸收理论、货币理论和其他理论；对传统国际贸易理论的批判包括普莱维什的"中心－外围"论、伊曼纽尔的不平等交换学说和自由贸易与保护主义的争论；国际贸易政策理论包括关税实证理论、关税规范理论和非关税政策理论；西方国际贸易理论的最新进展包括克鲁格曼的新贸易理论、杨小凯的国际贸易理论和波特的国家竞争优势理论。

（三）国际贸易思想之保护或自由性质的研究

　　国际贸易思想的出现和创立，一个重要的问题是其性质的划分，是属于贸易保护，还是属于自由贸易。

　　从上述有关国际贸易思想的研究成果中，我们可以梳理出不同贸易思想的

---

① 国彦兵．西方国际贸易理论：历史与发展［M］．杭州：浙江大学出版社，2004：1-3（前言）．

性质，也就是说梳理出一种贸易思想是属于保护贸易思想还是属于自由贸易思想。显而易见，属于保护贸易思想的有重商主义的贸易思想、汉密尔顿的保护贸易思想、李斯特的贸易保护学说、凯恩斯主义超保护贸易学说、普雷维什的"中心－外围"思想和新贸易保护主义理论。属于自由贸易思想的有重农主义的贸易思想、古典贸易理论的绝对优势理论、比较优势理论，新古典贸易理论的要素禀赋理论和里昂惕夫反论，以及陶西格的国际贸易思想、无差异曲线与国际贸易均衡思想，哈勃勒的国际贸易思想和马歇尔的国际贸易思想及提供曲线，新贸易理论的产品生命周期学说、国家竞争优势理论、需求偏好相似学说、产业内贸易学说、新经济地理理论，新新贸易理论的异质性企业贸易理论、全球价值链理论与增加值贸易理论。

有些理论的性质比较明显，有些理论的性质则比较模糊不清。一般传统的、经典的贸易理论很容易看出其保护性质还是自由性质，新出现的一些理论则不容易判断其保护性质还是自由性质。之所以会出现这种情况，是因为，随着全球化的日益深化，国际经济和国际贸易的深入发展，无论是一个国家，还是整个世界，对外贸易的性质也越来越复杂，各种错综复杂的情况时有发生，催生出来的贸易理论也相应就不那么"单纯"了。这也正是我们构建互利共赢贸易思想的现实基础。

（四）互利共赢贸易思想是对传统贸易思想的超越

从上述对国际贸易思想的述评中我们可以看出，传统的国际贸易思想或多或少都具有明显的"保护"或"自由"倾向。而互利共赢贸易思想可以说是兼具这两种性质，或者说是这两种性质贸易思想的有机体。互利共赢贸易思想本质上是属于"自由"的，因为它的思想基础是开放；原则上它又是"保护"的，因为它保护各个国家的利益。因此，可以说，互利共赢贸易思想是传统贸易思想的集大成。

互利共赢贸易思想不仅批判性地继承了西方经典的国际贸易思想，是对西方国际贸易思想的"扬弃"，而且还融入了中国国际贸易实践尤其是改革开放以来贸易实践的理论总结，是中国经济发展理论尤其是国际贸易理论的升华。这一新的贸易思想不仅承继了西方资本主义开辟的全球化之路，还吸收了新中国成立以来尤其是改革开放以来中国经济发展实践的成功经验，与中国的政治、经济、文化特色并行不悖；在顺应世界经济发展规律的同时，又纠正了

"传统"全球化的"偏颇"，是对传统贸易思想的超越。①

　　1. 互利共赢贸易思想是对传统全球化思想的继承和发展

　　众所周知，由西方资本主义国家主导的全球化对世界经济的发展起到了巨大的促进作用，全球化思想引领下的开放政策带动了包括中国在内的开放国家经济的高速发展。现在的世界已不可能再回到封闭的状态，各国经济之间的相互渗透、相互影响如此之巨之深，达到了你中有我、我中有你、难分彼此、一荣俱荣、一损俱损的程度。世界潮流如此，我们只能顺应而不能溯逆。我们提出的互利共赢的贸易思想其实也是对传统全球化的顺应，只是这种顺应不是完全效法、全盘接受，而是继承性发展，是提倡各国在谋求本国经济发展的同时，加强与其他国家的合作，积极培育和发展全球共同利益，实现国家与国家之间的互利共赢。

　　2. 互利共赢贸易思想是中国对外贸易理论的综合与提升

　　新中国成立以来，中国的对外贸易可以分为两个阶段，即改革开放前和改革开放后。因此，有关对外贸易的理论研究也相应地分为改革开放前的理论研究和改革开放后的理论研究。改革开放前，我国对外贸易的研究主要局限于对国家领导人的有关见解和政策加以解释。比较有代表性的专著有《中国对外贸易基础知识》，② 该书论述了我国实行对外贸易国家统制政策的意义、保证外贸任务顺利完成的适当的组织形式以及体现基本政策的外贸的业务技术操作等问题。此外，当时还专门出版了内部发行的《贸易经济参考资料》，其中汇编了党和国家领导人提出的对外贸易政策和法规，以及专家学者们围绕这些政策所做出的理论解释和提出的相应的实施措施。③ 改革开放后，我国学术界对国际分工理论、国际价值理论、对外贸易经济效益、发展战略、外贸体制改革、国际竞争、经济全球化、国际服务贸易、世界贸易组织等问题进行了深入、系统的研究，如杨圣明等编著的《中国对外贸易理论前沿》、李家祥所著的《中国经济开放理论研究》、李扣庆所著的《新中国贸易思想史》等著作。无论改革开放前的对外贸易理论还是改革开放后的对外贸易理论，都包含着互利共赢贸易思想的某些方面和线索，互利共赢贸易思想正是在这些内容和线索

---

　　① 史艺军，关朋. 开放、包容、普惠、平衡、共赢："中式"全球化的新理念——论习近平的互利共赢国际经济观［J］. 云梦学刊，2018（2）：83 - 88.

　　② 黄有土. 中国对外贸易基础知识［M］. 福州：福建人民出版社，1981.

　　③ 马慧敏. 当代中国对外贸易思想研究［D］. 上海：复旦大学，2003：35 - 36.

的基础上丰富、发展、完善而来的。

3. 互利共赢贸易思想具有鲜明的中华优秀传统文化特色

中华优秀传统文化中蕴含着"和平均等"等思想、"以和为贵"的处世哲学、"与时俱进"的改革精神、"言必信，行必果"的行为规范等。① 这些优秀传统文化与互利共赢的贸易思想具有很高的契合性和很深的相容性。在传统的经济全球化进程造成世界经济发展严重不平衡的背景下，建立在中华优秀传统文化基础上的互利共赢贸易思想更容易为不同国家、不同民族所理解和接受。平等世界论坛主席约万诺维奇说，"在当今世界，中国已成为国际合作共赢的典范，中国提倡并践行的基于开放合作与互利共赢的理念正受到国际社会越来越多的认同。"②

4. 构建互利共赢贸易思想是坚定"四个自信"的具体体现

"四个自信"即中国特色社会主义道路自信、理论自信、制度自信、文化自信。互利共赢贸易思想也正是"四个自信"的具体体现。之所以能够而且敢于提出互利共赢贸易思想，首先，是因为我国对发展方向和未来道路充满自信。走中国特色社会主义道路是为中国近现代历史反复证明的客观真理，是实现社会主义现代化的必由之路，是民族富强、人民幸福的根本保证。其次，是对中国特色社会主义理论体系充满自信。理论自信使我们对中国共产党执政能力、社会主义建设规律以及人类社会发展规律充满了信心，也就对创造人民需要的美好生活、实现中华民族伟大复兴充满信心。再次，是对中国特色社会主义所具有的制度优势充满自信。制度自信使我们对社会主义制度具有巨大优越性充满信心，相信社会主义制度不仅能够推动经济发展、维护社会稳定，而且能够保障人民群众的自由平等和人身财产权利。最后，是对中国特色社会主义先进文化充满自信。文化自信能够激发我们对中华优秀传统文化的历史自豪感，促进形成对社会主义核心价值观的价值认同和普遍共识。当今世界，国与国之间的较量，越来越多地体现在软实力的较量上，在某种程度上软实力已成为衡量一个国家综合国力和国际话语权、规则制定权的关键因素。毫无疑问，道路自信、理论自信、制度自信和文化自信能够大大提升我们国家的竞争软实力。我们能够以更加开放的姿态积极融入全球化的发展中，逐步形成以国内大

---

① 李锐. 为什么要弘扬中华优秀传统文化——学习习近平总书记关于弘扬中华优秀传统文化重要论述 [N]. 光明日报，2019 - 03 - 28.

② 王新萍，等. 瞩目中国道路看好中国前景 [N]. 人民日报，2017 - 10 - 17.

循环为主体、国内国际双循环相互促进的新发展格局。

历史发展阶段、全球化进程、国内国际环境等诸多因素的需要同时也昭示，是时候创立中国的国际贸易学说了。

四、本书的结构、内容与研究特点

互利共赢贸易思想的研究尚属起步阶段，还没有比较成熟的体系和结构，本书是对这一问题进行尝试性研究的阶段性成果。比如，互利共赢贸易思想的内涵、外延、内容等都没有一个明确的界定；其实证性也还没有足够丰富的现实支撑。这本书之所以命名为"互利共赢贸易思想的历史逻辑、基本框架与中国实践"，其目的就在于试图从贸易思想的历史演进中发现互利共赢贸易思想的历史依据、从"开放、包容、普惠、平衡、共赢"与互利共赢的关系中发现互利共赢贸易思想的基本内容、从新中国成立尤其是改革开放以来的实践中发现互利共赢贸易思想的现实合理性。由于是对一种前所未有的命题的研究，因此，在研究和撰稿过程中，作者也努力采取新的研究方法，形成新的研究特点。

（一）本书的章节结构与主要内容

第一章分析互利共赢贸易思想产生的背景和意义，综述国内外有关贸易思想的研究成果，在此基础上提出本书的研究结构和内容。在和平与发展依然是当今世界性主题、以和平的方式谋求发展是时代特征的历史背景下，贸易成为实现和平发展的基石和有效途径。由于当今世界的贸易特征是自由化与保护主义并存，传统的贸易思想已经失去至少是部分失去了对贸易实践的指导作用，因此，体现"人类命运共同体"理念的互利共赢贸易思想势在必行。本书分为九章，其核心是围绕"开放、包容、普惠、平衡、共赢"这一中国对外开放的基本理念，探讨互利共赢贸易思想的基本内容；同时提出，互利共赢贸易思想不是简单地对传统贸易思想的继承和发展，而是对传统贸易思想的"扬弃"和超越。

第二章分析国际贸易思想的历史演进，从国际贸易思想的历史演进中发现互利共赢贸易思想产生的历史必然性。一般的研究都认为，国际贸易思想滥觞于前资本主义时期。这种观点是不科学的，至少是不全面的，因为中国古代也有关于对外贸易的研究并且取得了一定的理论成果。因此，本书提出，研究中国古代的对外贸易思想不仅有助于我们全面了解国际贸易思想的研究历史，也是研究国际贸易思想的题中应有之义。本章从中国古代的对外贸易思想开始，从贸易保护和自由贸易两条线索来分析国际贸易思想。贸易保护主义思想包括资本主义原始积累时代代表商业资本利益的重商主义、资本主义自由竞争时期代表产业资本利益的保护幼稚工业的贸易思想、资本主义垄断时期代表垄断资本利益的超保护贸易思想、揭示发达国家与发展中国家不平等关系的"中心－外围"思想，以及为发达国家采取贸易保护提供理论支撑的新贸易保护主义；而属于自由贸易思想范畴的则包括重农主义的贸易思想、古典贸易理论、新古典贸易理论、新贸易理论、新新贸易理论等。但是，在国际贸易思想演进到现实背景下，无论是贸易保护主义还是自由贸易思想都已不再适应现实世界经济发展的需要了，新的国际贸易理论必然应运而生。

第三章分析国际贸易开放思想的历史演进。开放性是国际贸易及其思想的本质属性，但这种开放性在不同贸易思想中的体现却是各不相同的，贸易保护主义的开放性弱一些，而自由贸易思想的开放性则要强一些。开放的贸易思想体系在目标上是实现所有国家互利共赢，共同发展；在手段上是实现统一开放的世界市场，实现自由贸易、投资自由化和便利化；在理念上，主张"每个国家都有发展权利，都应该在更加广阔的层面上考虑自身利益，不能以损害他国利益为代价"。从总的演变趋势和经济发展的实际需要看，从贸易保护到自由贸易是大势所趋，国际贸易的开放思想会越来越重要。

第四章分析国际贸易包容思想的历史演进。在二战以后的国际经济领域，同时出现了区域贸易安排和多边贸易体制两种相互影响、相互制约、又相互促进的国际贸易体制。从本质上看，区域贸易安排具有排他性，多边贸易体制则具有包容性。所以，从国际贸易体制总的发展趋势及其对世界经济发展的促进作用看，从区域贸易安排到多边贸易体制是必然趋势，国际贸易的包容性也必将会越来越强。

第五章分析国际贸易普惠思想的历史演进。绝对优势理论是古典国际贸易理论分析框架建立的基础，比较优势理论则是整个古典国际贸易理论研究的核心。此二者是国际贸易纯理论最为主要的分析工具。对比分析绝对优势理论和比较优势理论，不仅有助于我们更加深入地了解国际贸易理论发展的规律，而且可以从中发现国际贸易普惠思想是如何在绝对优势理论向比较优势理论演化过程中逐渐完善起来的。

第六章分析国际贸易平衡思想的历史演进。垄断优势和竞争优势是国际贸易中的两种十分重要的利益来源。垄断优势的获得及其利用，一方面可以为母国带来利益，另一方面也可能会造成全球市场的不平衡，最终会抑制国际经济的增长和各国根本利益的发展。因此，竞争优势理论越来越成为分析国际投资和国际贸易优势的工具，也越来越成为各国获得国际投资和国际贸易优势的主要来源。对比分析垄断优势理论和竞争优势理论，既有利于我们分析国际贸易优势理论发展的规律，也有助于我们发现国际贸易平衡思想是如何在垄断优势理论向竞争优势理论演化过程中逐渐丰富起来的。

第七章分析国际贸易共赢思想的历史演进。国际贸易是国际经济利益再分配的一种主要形式，国与国之间为了各自利益既可以选择贸易合作，也可以选择贸易竞争（或对立甚至发生摩擦）。可以说，这种既对立又合作的现象在国际贸易中屡见不鲜，时有发生。在合作中对立，在对立中合作，这是国际贸易的正常态。但就国际贸易的主流来看，合作更重要，因为"合作更重要"的理念是国际贸易能够长久发展的内在要求，也是国际贸易从摩擦到合作再到共赢这一贸易思想演化的动力来源。

第八章为互利共赢贸易思想的理论溯源和现实基础。从国际贸易思想的发展历程看，每一种贸易思想的产生和发展都有其坚实的现实基础和历史必然性。同时，每一种贸易思想既"脱胎"于其前一种贸易思想，又是对前一种贸易思想的"换骨"，是对其前贸易思想的"扬弃"。互利共赢贸易思想也不例外，但是，互利共赢贸易思想不只是对其前贸易思想的"扬弃"，更是对其前贸易思想积极因素的"集大成"。从现实基础看，互利共赢的发展格局具有历史必然性和现实的合理性，同时，互利共赢的发展格局有利于协调当今世界发展中的各种矛盾。因而，互利共赢势在必行。

第九章分析互利共赢贸易思想的中国实践。新中国成立以来的对外贸易一直是以互利共赢思想为指导的，而互利共赢贸易思想则是中国对外开放实践的理论升华。互利共赢的贸易思想不仅在新中国成立后的前30年推动中国建立起了较为完整的国民经济体系，更是在对外开放、中国稳步走向世界舞台中心的过程中发挥了至关重要的作用。互利共赢的开放战略是我国顺应国内外形势发展的新变化而制定的一项重要的战略举措，标志着我国对外开放进入了一个新阶段。

（二）本书的研究特点

（1）逻辑推理与实证研究相结合。传统国际贸易思想是一个比较成熟的理论体系，但互利共赢贸易思想却是一个全新的命题。新的理论需要逻辑推理，因为新的理论来源于传统的理论，需要从传统理论中推理出其必然性；新的理论又需要实证的检验，因为新的理论必须用以指导实践活动，需要实践证明其必要性。国际贸易思想发展到今天与当今中国经济发展的现实相结合，足以证明互利共赢贸易思想的产生具备了充要的条件。

（2）历史演变与现实背景相结合。互利共赢贸易思想是一种崭新的贸易理论，这种思想是传统贸易思想演进的结果。这种理论之所以产生在现在的中国，是由现在的国际和国内背景决定的。国际上，世界处于百年未有之大变局，在这一大变局中，和平与发展依然是世界主题。和平与发展这一主题决定了互利共赢势在必行，稳步走向世界舞台中心注定互利共赢贸易思想产生在中国。

（3）全面分析与突出重点相结合。力求从开放、包容、普惠、平衡、共赢的角度全面分析国际贸易领域中的自由与保护、竞争与垄断、绝对优势与比较优势、区域贸易安排与多边贸易体制、摩擦与合作诸多方面的问题，全面分析这些方面对互利共赢贸易思想产生的影响。在全面分析的基础上，重点分析互利共赢贸易思想在中国的实践以及取得的普遍经验。

参 考 文 献

［1］陈文玲. 深刻认识当今世界存在的十大矛盾［OL］. https：//www. thepaper. cn/newsDetail_forward_4106729.

［2］陈岩. 国际贸易理论与实务［M］. 北京：清华大学出版社，2018.

［3］国彦兵. 西方国际贸易理论：历史与发展［M］. 杭州：浙江大学出版社，2004.

［4］海闻，等. 国际贸易［M］. 上海：上海人民出版社，2012.

［5］黄晓凤，等. 习近平新时代开放型经济思想及其世界意义［J］. 广东财经大学学报，2018（4）.

［6］李锐. 为什么要弘扬中华优秀传统文化——学习习近平总书记关于弘扬中华优秀传统文化重要论述［N］. 光明日报，2019 - 03 - 28.

［7］刘津. 两种贸易思想与中国四十年的经济改革实践［J］. 改革与战略, 2019（4）.

［8］马慧敏. 当代中国对外贸易思想研究［D］. 上海: 复旦大学, 2003.

［9］史艺军, 关朋. 开放、包容、普惠、平衡、共赢:"中式"全球化的新理念——论习近平的互利共赢国际经济观［J］. 云梦学刊, 2018（2）.

［10］张宇燕. 积极推进开放、包容、普惠、平衡、共赢的经济全球化［OL］. http://www.china1baogao.com/dianping/20190222/3955717.html.

第二章

国际贸易思想的历史演进

　　研究者一般都认为，国际贸易思想滥觞于前资本主义时期的古希腊时期、古罗马时期、欧洲中世纪、欧洲封建社会兴盛时期；[①] 众多研究国际贸易思想的学术著作也基本上都以前资本主义时期作为研究的起点。[②] 其实，考察贸易思想，仅仅从西方前资本主义时期开始是不科学的，至少是不全面的。因为中国古代也有许多往圣先贤对对外贸易有所研究，也形成了一些有关国际贸易的思想。尽管这些思想没有后来的研究者的思想那么丰富、完善、系统，但这些思想对贸易尤其是对外贸易的有益探讨，对后来国际贸易思想的初创、形成与发展是具有一定的积极影响和贡献的。因此，在探讨传统国际贸易思想之前，我们有必要深入了解中国古代的对外贸易思想。这不仅有助于我们全面了解国际贸易思想的研究历史，也是研究国际贸易思想的题中应有之义。

---

　　① 闫国庆等在《国际贸易思想史》一书中提出"西方的国际贸易思想最早可以追溯到古希腊时期，但那时的国际贸易思想还很不成熟、不完善，不过它还是对后世的经济学家的研究产生了很大影响。"

　　② 比如，［美］查尔斯·希尔的《国际贸易理论》国际贸易理论一章的第一个理论就是"重商主义"、闫国庆等的《国际贸易思想史》第一章第一节就是"前资本主义的贸易思想"、陈岩的《国际贸易理论与实务》国际贸易理论一章中的第一个理论是"古典贸易理论"、国彦兵的《西方国际贸易理论：历史与发展》第一章第一节是"前资本主义的贸易学说"、海闻的《国际贸易》讲到国际贸易理论时第一个问题是斯密之前的贸易思想。许多博士（硕士）学位论文也都是以上述顺序进行研究的。

一、中国古代的对外贸易思想

作为历史源远流长的文明古国，中国古代社会就已经有了十分活跃的商品交易了。《易·系辞（下）》所说的"日中为市，致天下之民，聚天下之货，交易而退，各得其所"描述的是一派商客汇聚、商品荟萃、交易繁华的市场景况。《诗经·卫风·氓》中"氓之蚩蚩，抱布贸丝。匪来贸丝，来即我谋"描绘的是一幅为谈婚论嫁而假商品交换之名的生动活泼的生活场景。《战国策·秦策》里也有这样一段记载："吕不韦贾于邯郸，见秦质子异人，归而谓父曰：'耕田之利几倍？'曰：'十倍。''珠玉之赢几倍？'曰：'百倍。''立国家之主赢几倍？'曰：'无数。'曰：'今力田疾作，不得暖衣余食；今建国立君，泽可以遗世。愿往事之。'"吕不韦与其父亲的这一段对话，精彩地阐释了商业交易的准则和技巧。如此等等，不一而足地记录描写了中国古代商品交易的繁荣景象。

（一）中国古代的对外贸易实践

中国古代的对外贸易可以以秦朝为分界线划分为两个时期，即先秦时期和秦汉至清中叶时期。[①] 历史记载，先秦时期的春秋时期大大小小的诸侯国加起来差不多有 140 多个，到了战国时期，虽然诸侯国数量有所减少，但也有数十个之多，那时的对外贸易基本上都是诸侯国之间的贸易。由于自然环境、交通运输等条件的限制，中国与邻国虽有经济往来，但交往较少关系也薄弱。秦朝建立封建中央集权国家后，初步奠定了中国的版图边界，秦统一度量衡、货币和文字，"车同轨，书同文，行同伦"，形成了大一统思想，国内市场得以统一，各民族得以融合，为经济的发展、文化的交流、社会的进步创造了安全稳定的环境，也为对外贸易的快速发展创造了条件。在秦朝之后的两千多年间，中国的封建制度历经汉、唐、宋、元、明、清等主要朝代的发展和不断完善，经济社会文化也得以发展，中外经济往来日益密切，尤其是通过诸如张骞出使

---

① 丁长清，等. 中外经济关系史纲要［M］. 北京：科学出版社，2003：13.

西域开通的"丝绸之路"、① 郑和下西洋开辟的"海上丝绸之路"② "海上香料之路"③ 等的带动,中国的先进技术对其他国家产生了巨大影响,其他国家的先进技术也促进了中国经济社会的进步。

1. 对外贸易伙伴

先秦时期的贸易主要发生在诸侯国之间,因此,一国的贸易对象也主要是周边的诸侯国,与其他更远地区的国家交往甚少,几乎没有什么历史记载。秦朝统一后,中国的版图界限明显,对外贸易的界限也十分清晰,与周边国家的贸易也越来越多,并且逐渐活跃起来,对外贸易的半径也越来越长,贸易国家也越来越多。因此,贸易伙伴有一个从"邻国"向更远国家扩张,从少量国家向更多国家发展的过程。这样就形成了一个以中国为中心的亚欧大陆经济圈,中国的贸易伙伴最初也主要集中在亚欧大陆。后来通过海上丝绸之路不断扩大联系,经过转向海洋国家,与东南亚、阿拉伯国家、美洲等国家产生了更加广泛的联系。

2. 对外贸易商品结构

先秦时期,中国的对外贸易商品结构较为单一,主要以自然产品为主,包括猪马牛羊等牲畜,还有一些手工制品,如陶器、竹器、铁器、铜器等。秦朝统一后,尽管生产力有了较大发展,但中国仍然长期处于自给自足的自然经济状态,对外贸易商品结构有了一定变化,出口的货物主要是丝绸、瓷器、茶叶、手工制品等有一定技术含量的产品,品种比较单一。进口的主要是珍稀动植物和奢侈品,用以满足中国宫廷和上层社会的需要,比如香料、地毯、玛瑙、钻石、翡翠、玉器、大马士革钢等(清朝中后期被迫进口的毒品鸦片则另当别论)。

---

① 陆上丝绸之路起源于西汉(前202年~公元8年)汉武帝派张骞出使西域开辟的以首都长安(今西安)为起点,经甘肃、新疆,到中亚、西亚,并连接地中海各国的陆上通道。东汉时期丝绸之路的起点在洛阳。它的最初作用是运输中国古代出产的丝绸。1877年,德国地质地理学家李希霍芬在其著作《中国》一书中,把"从公元前114年至公元127年间,中国与中亚、中国与印度间以丝绸贸易为媒介的这条西域交通道路"命名为"丝绸之路",这一名词很快被学术界和大众所接受,并正式运用。

② "海上丝绸之路"是古代中国与外国交通贸易和文化交往的海上通道,该路主要以南海为中心,所以又称南海丝绸之路。海上丝绸之路形成于秦汉时期,发展于三国至隋朝时期,繁荣于唐宋时期,转变于明清时期,是已知的最为古老的海上航线。

③ 在中国古代各类进口商品中,以香料所占比例最大,"海上丝绸之路"也因此被称为"香料之路"。

3. 对外贸易地理方向

中国古代的贸易商路主要是"丝绸之路""海上丝绸之路""海上香料之路""海上香料之路",因此,对外贸易地理方向也大多指向"丝绸之路""海上丝绸之路""海上香料之路"的沿线国家。"丝绸之路"已扩大为对古代东西方经济文化交流的统称……是古代东西方交流的各种途径,其中心是中国的中原地区。[①] "海上丝绸之路"和"海上香料之路"是以中国为中心的亚洲贸易体系。通过东南亚地区渐次与欧洲、非洲、美洲等的国家联系在一起。到了明朝中后期,通过"海上丝绸之路"和"海上香料之路"已初步形成了横跨太平洋、印度洋直达大西洋,连接亚洲、欧洲、非洲、美洲的多个线路的海上贸易网络。其中最为典型的是两条贸易线路,一是中国—菲律宾—墨西哥的海上丝路,二是以澳门为中心的长崎—里斯本的海上航线。

4. 对外贸易方式

中国古代的对外贸易主要有两类,一是官营贸易,二是私营贸易。官营贸易又包括两种方式:朝贡贸易和条约贸易。朝贡贸易是古老而悠久的贸易方式,其形成主要是缘于中国在亚洲乃至世界的大国地位和政治需要。这种贸易方式的存在,与其说是为了满足经济交往的需要,不如说是为了达到中国统治者宣扬国威的政治目的。[②] 条约贸易则是资本主义国家侵略中国而签订不平等条约后形成的特殊贸易方式。明代中后期至清代中叶,以中国为中心的亚洲经济圈和贸易体系受到冲击,中国转而实行闭关锁国政策,中国在对外经济交往中由主动转向被动。经过清代后期的鸦片战争、第二次鸦片战争、中法战争、中日甲午战争、八国联军侵华战争等,清政府与侵略者签订了《南京条约》《北京条约》《天津条约》《马关条约》《辛丑条约》等一系列不平等条约,中国从独立自主的封建社会变成半殖民地半封建社会,中外经济关系的性质也因此发生根本变化,中国的对外经济贸易也由中国与周边国家的朝贡贸易变成中国在不平等条约约束下的、与西方资本主义国家之间的不平等贸易,也就是所谓的条约贸易。私人贸易是适应社会的需要而产生和存续的。尽管历朝历代都或多或少地会限制私人贸易的发展,如宋元时期国家统治者对私人海外贸易有所警觉而颁布严禁官吏经营海外贸易的法令。同时,有些朝代的政府还禁止一些货物出海。但是,由

---

① 丁长清,等. 中外经济关系史纲要 [M]. 北京:科学出版社,2003:13 – 14.
② 丁长清,等. 中外经济关系史纲要 [M]. 北京:科学出版社,2003:15 – 16.

于社会需要和超额利润，这些禁令都没有收到什么实质性效果。[①]

5. 对外贸易管理机构与对外贸易政策

市舶司是中国古代官署名，负责对外（海上）贸易之事。始于唐，盛于宋，至明末逐渐萎缩。唐玄宗开元年间（713～741 年），唐朝在广州即设有市舶司的前身——市舶使。由于明清两个朝代恢复"海禁"，国家加强了对对外贸易的管理。明朝，洪武三年（1370 年）、洪武七年（1374 年）分别"罢太仓黄渡市舶司"，撤销福建泉州、浙江明州、广东广州三市舶司。清朝比明朝更是加强了管理，康熙二十四年（1685 年）撤销全部市舶司，设立江、浙、闽、粤四处海关；乾隆二十二年（1757 年）下旨除粤海关外，撤销所有其他海关，是为"一口通商"。作为中国古代的国家对外贸易管理机构，市舶司见证了中国唐、宋、元、明朝代的海上贸易繁荣。随着市舶司的撤销，中国古代的对外贸易尤其是海外贸易的发展受到了很大限制。

（二）中国古代的对外贸易思想

1. 中国古代的经济思想

中国的经济学研究或者说是经济理论自古有之。梁启超在其所著《〈史记·货殖列传〉今义》中指出："西人富国之学，列为专门，举国通人才士，相与讲肆……观计然、白圭所云，知吾中国先秦以前，实有此学。"[②] 在《管子传》之《管子之经济政策》中，梁启超又指出："然吾国有人焉，于二千年前导其先河者，则管子也。"[③] 由此可见，中国古代学者对经济学的研究已经十分普遍并且比较深入。[④]

---

① 丁长清，等. 中外经济关系史纲要 [M]. 北京：科学出版社，2003：15.

② "富国之学"即经济学。

③ 梁启超. 管子传 [M]. 北京：中华书局，1936：96.

④ 叶世昌在《古代中国经济思想史》一书的"结束语——先秦至清前期经济思想概述"中，将古代中国的经济思想概括为以下几个主要方面：（1）中国古代的经济思想在春秋战国至西汉时期有了飞跃发展，内容极为丰富，对后世有重大影响，往往成为后人讨论经济问题的重要理论依据；（2）义利论是关于道德规范和个人物质利益的关系的理论；（3）在春秋战国时期"君子劳心，小人劳力"的分工理论很流行；（4）一般都以为井田制是最为理想的土地制度；（5）自然经济占统治地位的社会重农一直是最基本的经济思想；（6）对工商业的态度和"末"的含义有一个演变的过程；（7）从汉时起产生了抑兼并的思想；（8）货币理论所涉及的范围很广；（9）不涉及货币因素的商品价格理论；（10）国家经营商业理论；（11）关于国家借贷和私人借贷的理论；（12）节用是普遍的主张；（13）墨子很重视增加和保护人力资源；（14）关于赋税等的财政理论。

2. 中国古代的商品交易思想

中国古代社会是农业社会，自给自足的自然经济占据主导地位，土地和农业问题是最主要的经济问题；但是，由于中国是一个大一统的、等级层次较多、多民族的国家，管理费用和安全开支较大，对财政收入提出了更高要求，仅仅依靠土地和农业收入远远不能满足各级政府各种支出和维护边防安全的需要，能够增加政府收入的商品经济也就有了一定的发展空间。因此，中国古代社会也存在着对商品经济的研究，有关商品经济的思想也就断断续续地作为自然经济思想的补充而存在着。周朝时代，商业与农业是并重的。"《洪范》中货与食皆列为首，古人视二者俱为重要之物，未尝有所偏倚；而《周礼》中所定制度，尤能得农商并重之旨，盖根据于八政中食货之说，重农保商即所以使人民食足货通也""大率周时商业之官，对于交易方面，着重在二大要点：（甲）均赢利，（乙）遏弊窦，故其职务在任商贾之自由竞争，以均平其所得之赢利，其有获利特高者，以其足以侵及同行之利害，政府得禁止之，贾师之设，其用意当在此。"[①] 孔子是比较重视鼓励商品交换的，在孔子所著的诸多著作中，并没有发现他轻视商业的言论，在《论语》之《先进》篇中说子贡"赐不受命，而货殖焉，亿则屡中"，隐隐有几分赞许；司马迁也在《史记·货殖列传》中称子贡为第一生意人，说子贡"好废举与时转货赀""废举，停贮也，与时，逐时也，物贱则买而停贮，贵则逐时转易货卖"。司马迁对子贡的评价其实也是对孔子关于子贡评价的注脚。商鞅是肯定商业的必要性的，他认为，商业可以起到沟通有无的作用，"农少商多，贵人贫，商贫，农贫，三官贫必削。"同时，商鞅又具有抑商思想，他分析了金（货币）和粟（粮食）的交换过程及其矛盾，如果国家喜欢增加黄金储备而不重视粮食生产，就是短时间内增加了货币积累，久而久之粮食不够吃，还得用货币去购买粮食，从而会导致黄金和粮食都匮乏，国家也会越来越虚弱，"金生而粟死，粟生而金死……金一两生于境内，粟十二石死于境外。粟十二石生于境内，金一两死于境外。国好生金于境内，则金、粟两死，仓、府两虚，国弱。国好生粟于境内，则金、粟两生，仓、府两实，国强。"孟子的仁政思想体现在商品交易上就是主张国家要实行自由放任的政策，为了扶助本国商人，吸引别国商人，繁荣市场，提出"市廛而不征，法而不廛，则天下之商，皆悦而愿藏于其市矣。

---

① 唐庆增. 中国经济思想史 [M]. 北京：商务印书馆，2017：66 – 68.

关，讥而不征，则天下之旅，皆悦而愿出于其路矣"的市场开放思想和政策主张。管仲十分重视商业的作用，《管子·轻重》曾说"万物通则万物运，万物运则万物贱，万物贱则万物可因矣。知万物之可因而不因者夺于天下。"因为重视商业的作用，管仲也就十分看重商人的重要性，这一点同样在《管子·轻重》里有所论述，"万乘之国必有万金之贾，千乘之国必有千金之贾，百乘之国必有百金之贾。"因此，管仲提出国家应该制定鼓励商品交易的政策，坚持"关，讥而不征，市，书而不赋。近者市之以忠信，远者市之以礼仪，行之数年"，就能够达到"民归之如流水"的良好状态。司马迁认为农虞工商四个部门都是经济社会和人们生活所必须，无论哪一个部门都既能富国，也能富家，根本否定了重农抑商的思想。[①] 司马迁不仅主张农工商业并重，还主张自由放任，"夫神农以前，吾不知已。至若《诗》《书》所述虞、夏以来，耳目欲极声色之好，口欲穷刍豢之味，身安逸乐而心夸矜势能之荣。使俗之渐民久矣，虽户说以眇论，终不能化。故善者因之，其次利道之，其次教诲之，其次整齐之，最下者与之争。"[②] 梁启超在宣传维新变法时期作的《〈史记·货殖列传〉今义》，对司马迁的思想做出了"符合西方经济学原理的解释"的判断。[③] 王安石是宋朝乃至中国古代著名的改革家，其关于商品交易与流通的思想主要表现在两个方面，一是市易法，二是抑兼并。这一思想的政策效果是兼并势力在经济上受到了一定的损失，从而使得商品价格有所平抑。明代思想家丘濬不仅反对侵犯商人的利益，同时反对国家从事商业活动，主张给商人充分的经营自由，这些思想有利于商品经济的发展，具有进步意义。[④]

---

① 见司马迁《史记·货殖列传序》："夫山西饶材、竹、旄、玉石；山东多鱼、盐、漆、丝、声色；江南出枏、梓、姜、桂、金、锡、连、丹沙、犀、瑇瑁、珠玑、齿、革；龙门、碣石北多马、牛、羊、旃、裘、筋、角；铜、铁则千里往往山出棋置。此其大较也。皆中国人民所喜好，谣俗被服饮食奉生送死之具也。故待农而食之，虞（开发山泽资源）而出之，工而成之，商而通之。"

② 见司马迁《史记·货殖列传》。

③ 叶世昌. 古代中国经济思想史 [M]. 上海：复旦大学出版社，2003：2.

④ 叶世昌在《古代中国经济思想史》一书的"结束语——先秦至清前期经济思想概述"中指出，最早论述工商业作用的是管仲，计然总结了商人经商致富的经验即"积著之理"，商鞅既主张实行抑工商政策又"禁末"，孟子主张实行放任政策给商人以经营的充分便利和自由，韩非开始提出以工商为末，司马迁完全以工商为末，桑弘羊是汉武帝抑商政策的制订者和执行者，傅玄说商贾"其人可甚贱，其业不可废"而主张"急商而缓农，贵本而贱末"，王安石认为对商贾既"恶其盛"又"恶其衰"，徐光启主张用"贱商贾，尊农人"的古法来驱人"去末而就本"，王夫之认为"商贾者，王者所必抑"，欧阳修认为"与商贾利"有利于国家财政而反对"夺商之利"，叶适批评"抑末厚本"不是"正论"，丘濬主张给商人以经营的充分自由，张居正主张"厚农而资商"和"厚商而利农"，黄宗羲反对工商为末而提出工商皆本的思想。

3. 中国古代的对外贸易思想

我国古代对外贸易思想可谓源远流长。萌芽于先秦，滥觞于春秋战国，正式形成于西汉，经过唐宋的发展，到明清时代已基本接近西方对外贸易思想的基本原则和规范。总体来说，中国古代对外贸易在先秦时期主要发生在诸侯国之间，一般距离都比较近，商品品种结构也比较单一；秦统一中国以后，对外贸易开始走出中国境外，贸易半径逐渐增大，商品结构也较前丰富。由于自然经济占统治地位，同时由于中国经济文化发展水平长期高于周围国家，对外贸易往往被视为无足轻重、可有可无。

（1）先秦时期的对外贸易思想。春秋战国时期的中国，群雄逐鹿，这一时期的思想家们往往从富国强兵的目标出发来研究对外贸易问题，管仲就是这种主张的主要代表。管仲提出的"轻重之术"就提出两条主张：一是提出外贸商品的价格须由国家控制，只有因物制宜，区别对待，才能利用它为国家服务，齐国具有独占性的商品，如"渠展之盐"必须以独占价格出售，以谋取巨利；本国不能独占的商品，则随诸侯国间的市场价格之高下而调整，"天下高则高，天下下则下"，有时为了鼓励进口，则实行"天下下我高"的价格政策。二是提出用优惠的条件招徕客商，要"为诸侯之商贾立客舍，一乘者有食，三乘者有刍菽，五乘者有伍养"，即为外商兴建馆舍，提供免费用膳，供应饲料，专人服务等优惠条件。三是提出不仅要利用本国的资源从事对外贸易，还主张利用别国的资源进行转口贸易。

（2）西汉时期对外贸易思想。我国古代正式的对外贸易发轫于西汉时期，从此中国古代进入对外贸易的崭新时代。[①] 相应地，西汉时期的对外贸易思想也出现了十分活跃的局面。西汉时期的对外贸易思想根本的指导思想是通过对外贸易以制伏异国，或以国内商品换取国外的珍奇商品以满足统治者的需求。这正如桑弘羊在《盐铁论·力耕》中所说，"圣贤治家非一宝，富国非一道。昔管仲以权谲霸，而纪氏以强本亡。使治家养生必于农，则舜不甄陶而伊尹不为庖。故善为国者，天下之下我高，天下之轻我重。以末易其本，以虚易其实。今山泽之财，均输之藏，所以御轻重而役诸侯也。……是则外国之物内

---

① 王银荣. 西汉对外贸易研究——以西北陆路对外贸易为中心［D］. 济南：山东师范大学，2009：1.

流,而利不外泄也。异物内流则国用饶,利不外泄则民用给矣。"① 从上述桑弘羊的思想中我们可以看出,西汉时期的对外贸易思想包括两个方面的内容,即自由贸易思想和国家干预思想,两者并行。

(3) 唐宋两代的对外贸易思想又较汉代有了发展。唐代认为开展外贸不是为了追求黄金和增值货币,而是为了使用价值的满足,这反映了封建社会对外贸易的目的和要求。韩愈在《昌黎先生全集·送郑尚书序》中就提出这样的观点:外国之货日至,珠、香、象、犀、玳瑁奇物溢于中国,不可胜用。宋代的对外贸易思想主要是以发展本国经济、满足国内需求为指导。沈括《梦溪笔谈》中有关对外贸易的论述很能代表当时的对外贸易思想:一是反对在河北实施盐专卖的办法,因为在河北实施盐专卖,必然会造成"盐重则外盐日至,而中国之钱日北"的结果;二是指出不在京师附近发展畜牧业,而是通过私商用铜钱从塞外购来所需的牛羊,致使大量铜钱流到塞外;三是主张西北湟、洮、岷三州将积压的铁钱换回百姓需要的羊、马等牲畜。

(4) 明清时代对外贸易一直处于是闭关自守还是开放海禁的矛盾中。一方面,国内商品经济的进一步发展,资本主义因素开始萌芽,开放海禁势属必然;另一方面,明代日本海盗的骚扰,清初东南沿海反清势力的影响,闭关自守也是当然选择。在此大的历史背景下,对外贸易是由国家垄断还是允许民间经营,就必然成为思想家深入研究和对外贸易制度安排的核心问题。明代的丘濬反对闭关自守,主张进行海外贸易,原因在于三个方面。一是中国的商品固然能自足自用,但外国却需要中国的商品,因而海上走私不断,如绳之以法,不惟无益,反而有害,不如开海禁进行对外贸易;二是日本海盗虽"累为沿海之患",但暹罗、爪哇等国却同中国友好通商,只要禁止同日本贸易,开海

---

① 桑弘羊的这一段话可以翻译为:有才能的人治家的方法不止是一种,使国家富裕的途径也并非一个。从前,管仲筹策谋划辅助齐桓公成就了霸业,而纪氏由于只搞农业亡了国。如果为了一家人的生活必须从事农业,那么舜就不应该去制作陶器,伊尹也不应当去当厨师。所以善于治理国家的人,应该是天下人认为低贱的东西,他使之贵重;天下人所贱的商品,他却加价购买。用工商业代替农业,用无用的东西换取有用的。现在从山林川泽取得的财富,实行均输所获得的积累,是为了施用轻重之法来役使天下的诸侯。汝、汉一带的金子,各地进贡的丝织品,可以引诱外国人和换取胡、羌的珍贵财物。用我们两丈丝绸,就能得到匈奴的很多贵重物品,从而减少了他们的财物。这样,骡、驴、骆驼就可以成群结队地进到边塞之内,各种良马也都变成了我国的牲畜,鼠皮、貂皮、狐貉等各种贵重皮料,彩色的毡子,有花纹的毯子将充满皇宫里的仓库,璧玉、珊瑚、琉璃也都成了我国的宝贵物品。这样,外部的各种物品源源不断地运进来,而内地的财物不外流。外族的东西运来,国家财用就充足,自己的财物不外流,人民家用就丰足。

禁不致招惹边患；三是让民间从事贸易，官府征税，对财政收入亦有好处。清代的蓝鼎元也极力反对封关禁海，他在《论南洋事宜书》中指出"百货不通、生民日蹙""沿海居民萧索岑寂穷困无聊之状，皆因洋禁"，因此，他主张开放海禁，官府不加干预，让人民自由经营对外贸易，这样不仅可以增加国家的财富，繁荣沿海地区经济，而且还有助于解决就业问题。清代的魏源第一次对贸易差额的产生和影响进行过分析，主张对外贸易应由国内外私商自由进行，甚至赞成派军舰为私商护航。这些思想和观点对于丰富我国古代的对外贸易思想具有十分重要的意义。

　　以上只是简要地分析了中国古代有代表性的对外贸易思想，挂一漏万，在所难免。但从这些思想中我们依然可以看出中国古代对外贸易思想有三个突出特点。一是作为封建国家，重农思想是最主要的治国理念也是最为重要的经济思想，并且一以贯之，根深蒂固。受重农思想的影响与制约，商品经济只是处于从属地位或者是农业经济的补充，作为商品交换延伸的对外贸易也绝不可能占有主导地位，对外贸易思想也只是在某一历史阶段发挥一定的作用，说是"昙花一现"也不为过。因而，中国古代的对外贸易思想难以形成系统性的理论，也就可想而知了。二是尽管中国古代的对外贸易处于从属地位，但由于不同朝代、不同时代国家的强弱不同，领导者的治国理政指导思想不同，对外贸易对国家经济发展的贡献、在国民生活中的比重、影响国家安全的程度等也就不同，不同朝代都对对外贸易进行了深入研究，因而也形成了对外贸易思想中的两种分支，一种是保护贸易思想，另一种是自由贸易思想，并且这两种思想在不同的朝代所处的地位也有所不同。三是从对外贸易思想的演变历程我们可以看出，从先秦到明清时代，贸易自由化的程度越来越低，甚至可以说先秦时代的自由化程度最高，而明清时代尤其是清代的保护程度最高。这一方面说明随着封建制度越来越完善，其固有的排斥开放的特性也就越来越突出，因而代表开放思想的对外贸易也就越来越受到遏制；另一方面也体现出对外贸易思想不一定与其综合国力呈正比例关系，一个朝代一个国家究竟采取什么样的对外贸易政策有诸多影响因素，国力强盛不一定就会采取自由贸易政策，国力羸弱也不一定必然采取保护贸易政策。

二、传统国际贸易思想的历史演进①

毫无疑问，国际贸易对世界经济发展和人类社会进步都起到了十分重要的促进作用，作为对国际贸易实践进行理论探讨和总结的国际贸易思想也经历了持续而深刻的变革。之所以说总体上国际贸易对世界经济发展与人类社会起到了巨大的促进作用，是因为不同时期国际贸易对世界经济发展与人类社会进步产生的作用是不同的，有时候大一些，有时候小一些，有时候甚至会起到阻碍作用。② 当自由贸易处于主导地位时，国际贸易对世界经济发展与人类社会进步的促进作用就大一些；当保护主义处于主导地位时，国际贸易对世界经济发展与人类社会进步的促进作用就小一些；当贸易保护出现极端情况时，国际贸易对世界经济发展与人类社会进步就会起到阻碍作用。理论来源于实践，国际贸易思想也随着国际贸易实践的变迁相应地发生着持续而深刻的变革，这种变革的总体脉络是贸易保护与自由贸易两种思想交替处于主导地位。

（一）贸易保护思想的历史演进

无论在经济思想史还是在国际贸易思想史中，贸易保护思想都占有着重要的地位。贸易保护思想从萌芽、发展、完善到成熟，再到成为一国的政策选择，经历了多次沉浮，在沉浮变迁过程中，形成了一系列各具特点的发展阶段和有代表性的学术流派。通过梳理各种版本的国际贸易思想文献，我们可以勾

---

① 这里所说的"传统国际贸易思想"是指理论界惯常界定的国际贸易思想，不包括我们前述所讨论的"中国古代贸易思想"。

② 弗里德里希·李斯特在《政治经济学的国民体系》一书中曾经对这一问题有过经典的论述："近来有人为绝对的、无条件的自由贸易原则辩护，认为威尼斯衰亡的原因就是在于它的保护政策。这个说法所含的真理很少而错误却很大。如果我们平心静气地考察一下威尼斯历史，当可看出，就它的情形来说，正与后来范围较大的国家情形相同，国际贸易的自由和限制，对于国家的富强有时有利，有时有害，是随着时期的不同而变化的。无限制的自由贸易对于这个共和国在成立的初期是有利的；它要从仅仅一个农村的地位上升到商业强国，除此以外又有什么别的路线走呢？当它达到了某一富强阶段时，保护政策也仍然对它有利，因为它由此可以取得工商优势。但是当它的工业力量已经有了发展，已经处于优势地位时，保护政策就开始对它不利了，因为由此使它与一切别的国家的竞争处于隔离状态，这就要发生懈怠情绪。所以真正对威尼斯有害的，并不是保护政策的采用，而是当采用的理由已成过去以后，对这个政策仍然坚持不舍。"

勒出贸易保护思想演进的基本脉络，那就是资本主义原始积累时期代表商业资本利益的重商主义，资本主义自由竞争时期代表产业资本利益的保护幼稚工业的贸易思想，资本主义垄断时期代表垄断资本利益的超保护贸易思想，揭示发达国家与发展中国家不平等关系的"中心-外围"思想，以及为发达国家采取贸易保护提供理论支撑的新贸易保护主义。

1. 资本主义原始积累时期代表商业资本利益的重商主义的贸易思想

重商主义是一种倡导贸易保护的经济理论和政策体系，其发展经历了15世纪至16世纪中期倡导"货币差额论"的早期阶段和16世纪中期至17世纪倡导"贸易差额论"的晚期阶段。无论是早期阶段，还是晚期阶段，重商主义都主张积累货币财富。也正是由于积累货币财富的原因或来源不同，重商主义才分为早期阶段和晚期阶段。

早期重商主义者认为保留金银货币在本国国内的有效手段是国家禁止货物进口，以防止金银外流。当时的英国为了不使外国人把出售商品得来的货币带出英国，就颁布了消费法和侦探法两条法令。第一条法令规定外国人必须把自己在英国收到的汇款完全用来购买英国的商品；第二条法令规定"每个外来客人"都必须有一个"主人"或"侦探"把"外来客人"的交易行为统统记录下来，防止他们把货币运出。英国的威廉·斯塔福特就是这一理论的代表人物。威廉·斯塔福特曾经说过，"有一次我问书贾，为什么我们国内不能像海外一样制造白色的和灰色的写字纸。我听到的答复是，若干时期以前，曾经有一个人着手造纸，但没过多久他就把工厂关闭了，因为他看到目前造纸不能像国外那样便宜；这书贾接着又说，但是我相信，如果能够禁止进口或者课以较高关税，那么在我们国内很快就可以使造纸成本低于国外。"威廉·斯塔福特的这段话充分说明了早期重商主义的货币来源和基本思想，也可以看出早期重商主义主张实行高关税以阻止进口从而"把货币留在国内"。因此，早期的重商主义又被称为货币主义或重金主义。以早期重商主义的观点为理论依据，当时欧洲各国普遍制定了严格的贸易保护措施，例如英国当时所采取的保护措施有：一是严禁金银出口；二是外国人售货所得货币不得运出英国，必须在英国消费或购买商品运出国境；三是对外贸易必须在国家制定的市场上进行，以便于政府集中管理；四是国家成立专门的皇家兑换所，统一办理货币兑换；五是成立专门机构对进口商品和出口羊毛课以重税，监督商人在国外销售商品时是否将金银运回国内。

晚期重商主义者则要求发展对外贸易，以确保对外销售商品（即出口）所吸引进来的货币多于购买国外商品（即进口）所需要转移出去的货币，也就是后来所说的贸易顺差。在晚期重商主义者看来，一定时期内的对外贸易逆差是允许的，只要保证货币最终流向国内，长期的贸易结果能保持顺差就可以。从总体观点看，晚期重商主义也不要求对所有国家都保持贸易顺差，只要在对外贸易的总额上保持出口大于进口即可，因此，允许对某些地区的贸易存在逆差。晚期重商主义者为了积累国家财富，主张国家干预对外贸易，鼓励出口，限制进口，实现顺差。晚期重商主义提出的政策包括以下三个方面。一是促进出口的政策，如出口补贴、出口退税、禁止重要原料出口、减低或免除出口关税、实行独占性的殖民地贸易政策等。二是限制输入的政策，如禁止若干国外商品尤其是奢侈品进口、课征保护关税以限制国外商品进口等。三是其他政策，具体包括保护农业，通过法令限制谷物进口；实施职工法，鼓励外国技工的输入；实施行会法，奖励国内工场手工业的发展；1651 年英国通过航海法，规定一切输往英国的货物必须用英国的船只载运或原出口国船只载运，对亚洲、非洲及北美洲的贸易必须利用英国或殖民地船只；奖励人口繁殖，充裕劳工来源，降低劳工成本。托马斯·孟在其代表作《英国得自对外贸易的财富》一书中，把货币和贸易联系起来，提出了"货币产生贸易，贸易增多货币"的著名论断。

无论是早期的重商主义还是晚期的重商主义，他们的研究对象都是流通领域，尚未深入到生产领域，因而其贸易思想有不少的错误和局限性。但是，他们所提出来的许多重要观点和概念为后来的研究者提供了路径，奠定了基础。更重要的是，他们已经开始把整个经济作为一个系统而把对外贸易看作这一系统非常重要的一个组成部分。经济学家熊彼特评价重商主义是"开始为 18 世纪末和 19 世纪初形成的国际贸易一般理论奠定基础"。①

2. 资本主义自由竞争时期代表产业资本利益的保护幼稚工业的贸易思想

保护幼稚工业的贸易思想最早是由 18 世纪的美国经济学家亚历山大·汉密尔顿在其《关于制造业的报告》中提出来的。② 这一理论历史悠久，广泛流

---

① 海闻，等. 国际贸易 [M]. 上海：上海人民出版社，2012：47.
② 汉密尔顿提出幼稚工业是"尚未发展起来的工业，由于强大的外国竞争，它们可能经受不住最初试验阶段和资金方面的压力"，因而需要政府给予保护，采取贸易保护政策。

行于发展中国家。① 19 世纪德国经济学家弗里德里希·李斯特对这一理论进行了真正全面的阐述和发展。

汉密尔顿在《关于制造业的报告》中系统论述了保护幼稚工业的思想，其内容主要集中在抨击重农主义，提倡工业劳动。他认为，农业是一种简单的劳动，虽然有自然力的帮助，但比起工业来，它的生产力还是十分落后的，同时农业还是一种季节性很强的产业，会造成季节性失业，而制造业在国民经济发展中具有特殊重要的地位，在国民经济各部门中具有诸多突出的优点，② 正是由于有这些优点，美国应该提倡工业劳动，大力保护与发展民族制造业。关于如何保护和发展制造业，汉密尔顿提出，作为经济发展刚刚起步的国家，美国难以与其他国家进行竞争，因此，自由贸易不适合美国的现实。在汉密尔顿保护幼稚工业理论指导下，1816 年美国首次将制造品的关税提高到 30%；1824 年平均税率提高到 40%；1828 年将工业品平均税率提高到 45%。③

李斯特生活的时代，无论是在经济发展水平、工业技术水平还是管理方法上，德国不仅落后于英国，而且与法国、美国和荷兰等国也有相当的差距。正是在这种背景下，李斯特受汉密尔顿贸易保护思想的影响和启发，建立了德国的保护幼稚工业的贸易理论。在《政治经济学的国民体系》一书中，李斯特系统阐述了其保护幼稚工业的贸易思想，那就是以保护关税为核心，以阶段保护为特点、为落后国家提供保护贸易政策依据的国际贸易理论体系。李斯特根据其发展阶段理论分析认为，与法国和英国处于农工商业时期、西班牙、葡萄牙、那不勒斯王国等处于农业时期向农工业时期过渡时期不同，德国与美国正

---

① 海闻在其 2012 年出版的《国际贸易》一书中指出，在发展中国家中，贸易保护的最重要最流行的依据是保护幼稚工业论。保护幼稚工业理论的主要观点是：许多工业在发展中国家刚刚起步，处于新生或幼稚阶段，就像初生婴儿一样，而同类工业在发达国家已是兵强马壮，实力雄厚。如果允许自由贸易、自由竞争的话，发展中国家的幼稚工业肯定被打垮被扼杀，永远没有成长起来的希望。如果政府对其新建工业实行一段时间的保护，等"新生儿"长大了，再取消保护，那么它就不但不怕竞争，还可与先进国家的同类工业匹敌了。

② 汉密尔顿认为制造业的优点包括：一是制造业能够为其他部门提供先进的效率更高的生产工具和技术设备，从而提高国家总体的机械化水平，并由此带动专业分工和协作的深化，进一步提高劳动率；二是制造业需要消耗大量的原材料和中间产品以及生活日用品，因而促进了其他相关部门的发展和壮大；三是制造业可以吸收大量劳动力，因而将吸收外国移民迁入，缓解人口稀缺的矛盾，进而能够加速美国中西部的开发；四是制造业的相当一部分投入品来自农业，这就能保证农产品的销路和价格稳定，从而刺激农业的发展；五是制造业能够提供开创各种事业的机会，因而能够使个人才能得到充分发挥。

③ 数据来源：薛荣久. 国际贸易 [M]. 成都：四川人民出版社，2001：313.

处于农工业时期，必须实行保护关税。但是，李斯特的保护幼稚工业思想并不是无原则地一味强调对国内工业的保护，而是主张有选择地对具有发展潜力且面临国外先进同行的激烈竞争的幼稚工业才进行有期限的保护，保护的目的最终是实现自由贸易。[①]

3. 资本主义垄断时期代表垄断资本利益的超保护贸易思想

超保护贸易思想的始作俑者是约翰·梅纳德·凯恩斯，[②] 而使这一思想系统化为完整理论体系的则是其继承者。凯恩斯所处的时代是资本主义进入垄断阶段的时代。世界经济进入垄断资本主义时期后，一方面，科学技术的进步带来的生产集中和垄断使国内市场远远不能满足垄断资本对市场规模的需求，因而不断扩张市场成为迫切需要；另一方面，在 1929 年经济大危机爆发之后，各国为了维护本国垄断资本利益和实现国内充分就业，竞相采取贸易保护政策。这种"科学技术进步促进了国际分工的不断深化和世界市场的迅速发展"所带来的呼唤自由贸易的冲动，与"维护本国垄断资本利益和国内充分就业"所形成的需要贸易保护的欲望之间的矛盾，传统的经济贸易理论不能做出合理和科学的解释因而也就无从解决这种矛盾。凯恩斯在其代表作《就业、利息和货币通论》一书中，开创性地提出了保护国内就业的思想和一系列保护贸易的理论主张。在这些理论主张中，最核心就是对外贸易乘数理论。对外贸易乘数理论把对外贸易与就业理论联系起来，阐述在既定的边际消费倾向下，一国对外贸易收入提高部门的消费增加会促进国民经济其他相关部门收入和消费的增加，最终通过"传递效应"对国民经济增长和国民收入增加产生倍数效应。

凯恩斯的保护贸易因其"以保护国内先进的工业从而增强其在国际市场的垄断地位、大规模地扩张本国商品的出口以最大限度地占领国际市场、利用对外贸易促进国内经济发展的良性循环"为目的，因此，这种保护贸易思想被称为"超保护贸易思想"。

4. 揭示发达国家与发展中国家不平等关系的"中心－外围"贸易思想

二战以后，一大批原帝国主义的殖民地、半殖民地和附属国纷纷取得政治

---

① 闫国庆，等. 国际贸易思想史 [M]. 北京：经济科学出版社，2010：69.

② 约翰·梅纳德·凯恩斯是现代经济学最有影响的经济学家之一，因开创了经济学的"凯恩斯革命"而著称于世。凯恩斯一生对经济学作出了极大的贡献，一度被誉为资本主义的"救星""战后繁荣之父"。凯恩斯的《就业、利息和货币通论》对后世的影响极其深远。

上的独立。但是，这些国家的发展因民族经济固有的落后性和低水平，① 加之旧的国际分工和贸易体系的严重制约，可以说是困难重重。穷国和富国之间存在的经济实力、政治力量的悬殊差异，会造成一方面富国占据国际贸易格局的支配地位，另一方面富国还可以利用专断权利来决定以什么样的条件向穷国转移技术和提供私人资本。为改变这种被动的局面，一些发展国家纷纷抛弃传统的自由贸易政策，实行贸易保护政策。"中心－外围"思想就是顺应这一潮流和需要而产生的。

"中心－外围"思想是劳尔·普雷维什站在发展中国家的立场上提出来的。"中心－外围"思想的主要内容包括以下两个方面：一是国际经济体系分为由发达工业国家构成的"中心国家"和广大发展中国家构成的"外围国家"两个部分，造成"中心国家"与"外围国家"发展水平差距不断加大的最根本原因是经济上的不平等。② 二是"外围国家"贸易条件不断恶化。在比较优势基础上形成的经济体系是发展中国家贸易条件恶化的根源之所在，其结果造成"富国与贫国之间的经济差距越来越大"，这就是著名的"普雷维什命题"。③ 因此，普雷维什认为，处于外围的发展中国家必须独立自主地发展民族经济，实行工业化，才能实现国家经济的发展。为此，外围国家应该充分利用本国资源发展本国工业，逐步实现工业化；实施进口替代的发展战略。普雷维什还认为，实行保护贸易政策是外围国家实现工业化的保障。

作为发展中国家的代言人，普雷维什从发展中国家的利益出发，揭示了发达国家与发展中国家之间的不平等关系，同时指出了发展中国家实现经济发展的进口替代战略。普雷维什的这些思想对广大发展中国家的经济发展具有积极指导作用。④

① 按照美国经济学家迈克尔·托达罗的归纳，发展中国家的社会经济具有以下共同特征：一是低下的生活水平；二是低下的生产率水平；三是高人口增长率和高赡养负担；四是较严重的劳动力资源闲置及使用不当；五是对农业生产和产品的高度依赖；六是在国际贸易格局中处于受支配、依附和脆弱地位。

② "中心"和"外围"的不平等表现为：（1）中心是技术的创新者和传播者，外围则是技术的模仿者和接受者；（2）中心主要生产和出口制成品，外围则主要从事初级品生产和出口；（3）中心在整个国际经济体系中居于主导地位，外围处于依附地位并受中心的控制和剥削。

③ 后来，美国辛格（Hans W. Singer）与瑞典的缪尔达尔（Gunnar Myrdal）也发表了类似的观点，经济学界把他们三人的观点合称为"辛—普—缪命题"。

④ 发展中国家在世界经济体系中的地位及其发展前景问题一直是世界经济理论界关切的重要问题。一些学者通过对普雷维什"中心－外围"思想的补充与发展，对发展中国家的发展提出了新的见解，其中有代表性的有萨米尔·阿明的依附理论和威廉·阿瑟·刘易斯的新古典主义。依附理论认为，中心国家对外围国家的掠夺和控制是外围国家不发展的原因；新古典主义认为，中心国家向外围国家提供了资本、市场和技术，造成了外围国家发展的机会，发展中国家没有发展起来是因为没有利用好这个机会。

5. 为发达国家采取贸易保护提供理论支撑的新贸易保护主义

无论原始积累时期代表商业资本利益的重商主义，还是自由竞争时期代表产业资本利益的保护幼稚工业的贸易思想，或者垄断时期代表垄断资本利益的超保护贸易思想，它们都是为了使本国经济不断发展从而强大起来而建议采取贸易保护的理论。即便是揭示发达国家与发展中国家不平等关系的"中心 - 外围"思想，其目的也是支持国内经济发展。但当本国成为经济强国之后是否还需要贸易保护呢？本国经济强大起来以后是否就要考虑采取自由贸易了呢？20 世纪 70 年代发达国家的贸易实践给出了否定的答案；而这一时期逐渐兴起的新贸易保护主义更是提供了理论支撑。新贸易保护主义的理论基础是凯恩斯主义和新福利经济学，主要手段是非关税壁垒。新贸易保护主义认为，国内市场由于外部经济、工资差额、生产要素非移动性等"扭曲"的存在，使价格机制未能充分发挥作用，为了改善贸易条件、改善贸易收支或国际收支、增加国内就业、维持高水平工资、保护国家或国防安全，必须实施反倾销、保护知识产权，甚至作为报复手段与谈判手段而进行贸易保护。

战略贸易理论为新贸易保护主义提供了直接的理论工具，[①] 成为新贸易保护主义的理论基石。[②] 战略贸易理论是 20 世纪 70 年代以后兴起的一种新贸易保护理论，这一理论是由美国经济学家克鲁格曼（P R Krugman）、加拿大经济学家巴巴拉·斯潘塞（Barbara J Spencer）和詹姆斯·布朗德（James Brander）等创建的。战略贸易理论认为，在现实的不完全竞争的国际市场中，自由贸易并不是最佳的选择，政府出面进行战略性政策干预是完全必要的，它可以帮助国内企业从外国竞争者手中攫取额外收益，更多地占领国际市场。

（二）自由贸易思想的历史演进

在国际贸易中，自由贸易和贸易保护是一对矛盾体，它们相比较而存在、相对立而发展。考察国际贸易发展史我们可以发现，自由贸易和贸易保护总是交替处于主导地位，占主导地位的贸易发展到一定程度必然向其对立面转变，无论是就世界性的贸易来说，还是就一个国家的贸易来说，莫不如此。作为国际贸易实践之理论升华的贸易思想，也同样存在着这种规律，从自由向保护，

---

① 薛荣久. 国际贸易［M］. 成都：四川人民出版社，2001：321.

② 陈岩. 国际贸易理论与实务［M］. 北京：清华大学出版社，2018：35.

再从保护向自由，交相更替，循环往复。前面我们分析了贸易保护思想的历史演进，现在我们来分析自由贸易思想的历史演进。从下面的分析中我们可以看出，自由贸易思想几乎是两种贸易保护思想中间"空白时期"的"填充"。梳理以往的研究成果，属于自由贸易思想的有重农主义的贸易思想、古典贸易理论、新古典贸易理论、新贸易理论、新新贸易理论等。

1. 重农主义的贸易思想

兴起于18世纪50～70年代的重农主义，因主张经济自由和重视农业，从而逐渐形成为法国的一个经济学流派，即重农主义学派。[①] 重农学派的先驱是比埃尔·布阿吉尔贝尔，创始人是弗朗斯瓦·魁奈，而另一个重要代表人物是雅克·杜尔阁。"自然秩序"在重农主义学派的思想体系中占有重要地位，是整个重农主义学说的基础。该学派的经济学家认为自然界和人类社会存在着"自然秩序"，而实现"自然秩序"的唯一途径是实现经济自由。因此，重农主义学派的核心思想是主张包括自由贸易的经济自由，尤其是谷物的自由进出口。重农主义学派的代表人物布阿吉尔贝尔在《谷物论》、魁奈在《经济表》、杜尔阁在《论财富的形成与分配》等著作中，从不同方面论述了重农主义的自由贸易思想。

2. 古典贸易理论

19世纪中叶，随着资本主义的迅速发展，英国在世界上确定了"世界工厂"的地位，新兴资产阶级要求扩大对外贸易，扩大海外市场和原料来源。由于当时英国资产阶级革命的不彻底性，封建残余势力仍然存在着影响。这种影响表现在经济生活上就是重商主义依然存在并发挥着作用，并在对外贸易方面坚持实行一系列重商主义的政策和保护关税制度，这种贸易理论和政策限制了新兴资产阶级的利益，阻碍了资产阶级的发展。因此，英国新兴资产阶级迫切要求废除重商主义的贸易保护政策，实行自由贸易，自由贸易理论便由此而生。古典自由贸易理论的代表人是英国古典经济学家亚当·斯密和大卫·李嘉图，另外还有大卫·李嘉图国际贸易理论的追随者和补充者约翰·穆勒。

亚当·斯密在批判重商主义的基础上，创立了"自由放任"的经济思想，提出了分析国际贸易动因的绝对优势理论。绝对优势理论为国际贸易的开展找

---

① 杜邦·德内穆尔在1767年编辑出版魁奈著作时，曾以"重农主义"为书名，后来便把该学派称为重农主义学派。

到了基本的依据，即绝对成本优势原则，并在历史上首次阐明了国际贸易可以使贸易双方都能得到好处。绝对成本优势这一贸易基础的发现对于国际贸易发展无疑具有开拓性的历史贡献。但这一理论本身的缺陷也是显而易见的：只有具有绝对成本优势的国家可以开展贸易，不具有绝对成本优势的国家则无法开展贸易，这是不符合国际贸易实际状况的。这一缺陷被后来的大卫·李嘉图的比较优势理论所克服。李嘉图在《政治经济学及赋税原理》中认为，只要各国的生产成本之间存在着相对差别即存在比较成本，就会使国际分工和国际贸易成为可能。李嘉图的比较成本优势理论克服了斯密绝对成本优势理论（只有拥有绝对成本优势才能参与国际贸易）的缺陷，从普遍性上阐明了国际贸易的有利性，即任何国家都能从国际贸易中获得好处，从而成为"分析巨大'贸易利益'来源的基本方法"。①

约翰·穆勒是英国著名的经济学家，是李嘉图国际贸易学说的补充者和完善者。穆勒对国际贸易思想的一个重要贡献是他提出了决定国际贸易商品价格的法则，其实也是国际贸易产生的原因，即相互需求思想。穆勒秉承斯密以来的自由主义思想传统，极力反对政府对个人自由的干涉，主张实行自由贸易。穆勒在《政治经济学原理及其在社会哲学上的若干应用》一书中详尽地阐述了其提倡自由贸易，反对保护贸易的思想。

3. 新古典贸易理论

古典贸易理论以"劳动价值论"为基础，认为劳动是创造价值的唯一要素，也是造成生产成本差异的因素。但是，随着资本越来越成为一种重要的生产要素，决定生产的要素就由过去的一种变成了两种或两种以上，在这种情况下，古典经济学的许多分析框架不再有效。在此背景下，新古典经济学和新古典贸易理论应运而生。在新古典经济学"要素投资数量变动"和"多种产品多种要素总体均衡"的框架下，建立起了比较完整的国际贸易理论体系。②

瑞典经济学家赫克歇尔和俄林创立的要素禀赋理论是新古典国际贸易理论中影响最大的理论。赫克歇尔在《对外贸易对收入分配的影响》一文中提出

---

① 刘力. 国际贸易学：新体系与新思维 [M]. 北京：中共中央党校出版社，1999：11.
② 海闻在 2012 年出版的《国际贸易》一书中提出，在建立新古典国际贸易理论体系方面的主要贡献者有埃利·赫克歇尔、伯尔蒂尔·俄林和保罗·萨缪尔森；还有许多经济学家在拓展、应用或检验新古典贸易理论方面亦作出了重要贡献，这些学者包括杰罗斯拉夫·凡耐克、罗纳德·琼斯、沃夫冈·斯托尔珀、罗伯津斯基、瓦西里·里昂惕夫、杰格迪西·巴格沃蒂等。

了要素禀赋的论点，俄林对这一论点加以发挥，创立了要素禀赋理论，也叫赫克歇尔－俄林理论，简称赫－俄模式。要素禀赋理论是对比较优势理论的重大发展。要素禀赋理论的主要内容可以概括为以下几个方面：一是生产要素的禀赋差异是国际贸易产生的根本原因。由于各个国家的要素禀赋差异从而要素的相对价格不同，所生产的同一种商品在不同国家的价格也就不同，如果在国内同时具有比较成本优势，商品就会从价格低的国家流向价格高的国家，导致国际贸易发生。二是各国出口的是密集使用本国丰裕资源生产的商品，进口的是密集使用本国稀缺资源生产的商品。三是自由贸易不仅会使本国商品价格趋于均等，而且要素价格也会趋于均等。要素禀赋理论首先从生产要素角度分析国际分工和国际贸易发生的原因，这是对比较利益学说的重大发展；要素禀赋理论还认为，在国际竞争中，土地、劳动力、资本、技术等要素的结合是构成一国商品价格的重要因素，对一国的对外贸易生产重大影响。同时，要素禀赋理论掩盖了资本主义生产关系对国际分工和国际贸易的影响，忽视了科学技术在国际分工和国际贸易中的地位和作用，因而具有一定的局限性。

　　要素禀赋理论成为 20 世纪初期以降的很长一段时间内解释贸易产生原因的主要理论。但是这一解释的合理性受到瓦西里·里昂惕夫实证检验的挑战。里昂惕夫利用美国 1947 年进出口行业所用的资本存量和工人人数数据来检验要素禀赋理论的合理性。[①] 验证结果与事实不符，得出了相反的结论，出现了著名的"里昂惕夫之谜"。[②] "里昂惕夫之谜"对传统国际贸易思想提出了严峻挑战，对国际贸易的经验性和理论性研究都起到了巨大的促进作用，因为它引起了经济学家尤其是国际贸易学家们极大的兴趣和热情去积极探讨"里昂惕夫之谜"的答案，也就是正确解释国际贸易产生的原因。归纳起来，对"里昂惕夫之谜"进行的解释也就是解释国际贸易产生的原因，具有代表性的理论主要有以下几种：一是劳动效率说。这一解释的基本逻辑是，劳动效率和劳动熟练程度或技能的存在改变了一个国家的要素禀赋，使进出口的商品结构发

---

　　① 更进一步地，里昂惕夫想要同时验证两个命题：一是要素禀赋理论是否正确；二是与它的贸易伙伴相比，美国是一个资本充裕的国家，美国应该出口资本密集型产品、进口劳动密集型产品。

　　② 1956 年，里昂惕夫在《要素比例和美国的贸易结构：理论经验再分析》一文中，运用 1951 年的统计数据对美国的对外贸易结构进行第二次检验，检验结果与第一次检验结果是一致的，"里昂惕夫之谜"仍然存在。

生逆转，从而出现"里昂惕夫之谜"。[①] 二是人力资本说。一些经济学家如凯南（P. B. Kenen）、鲍德温（Baldwin）、基辛（D. H. Keesing）等试图在要素禀赋思想的框架下引入人力资本这一因素来解释"里昂惕夫之谜"，他们认为，里昂惕夫在计算资本时只包括物质资本没有包括人力资本，而人力资本是必须包括进去的。如果加入人力资本，那美国出口的产品就不再是劳动密集型而是资本密集型的了，这样"里昂惕夫之谜"也就不存在了。三是贸易保护说。要素禀赋思想假设贸易的两国之间没有壁垒，贸易自由进行，而现实经济生活中自由贸易是很难实现的。由于贸易壁垒的存在，发生贸易的两国之间的贸易商品结构就会相应产生变化，需要进口的劳动密集型商品可能因为壁垒的存在而减少，[②] 出现"里昂惕夫之谜"。四是自然资源说。由于许多自然资源要素如土地、矿藏、水资源、森林等都会对贸易商品的生产产生作用甚至是主体作用，而要素禀赋思想中却只考虑了劳动和资本两种要素而忽略了自然资源要素，如果出口产品中的自然资源要素成本资本化，那出口商品就可能成为资本密集型的了，"里昂惕夫之谜"也就可能消失了。[③] 五是研究与开发要素说。随着科学技术的发展，研究与开发要素对国际贸易结构和商品流向产生越来越大的影响，具有较强研究与开发实力的工业部门生产的产品更有能力获得比较优势。[④] 由此可见，倘若将研究与开发要素纳入研究框架，"里昂惕夫之谜"也就迎刃而解了。六是要素密集型逆转说。要素禀赋说的一个假设条件是要素

---

① 里昂惕夫认为，由于美国工人的生产率大约是其他国家的3倍，按生产效率计算的美国工人数与美国的资本量之比，较之于其他国家，美国就成了劳动力丰富而资本相对短缺的国家，所以美国出口劳动密集型产品而进口资本密集型产品；基辛认为，由于美国拥有大量的技术熟练工人，它出口的产品并非劳动密集型产品，而是技术密集型产品，因此，"里昂惕夫之谜"也就不存在了。

② 鲍德温（Baldwin）认为，美国保护程度较高的是劳动密集型商品，根据他的计算，如果剔除美国对进口设置的贸易壁垒，1947年进口产品中的资本 – 劳动比率将比里昂惕夫计算的比率低5%。克拉维斯（Kravis）在1956年的研究中也发现，美国受贸易保护最严密的产业是劳动密集型产业。

③ 美国经济学家范涅克（J. Vanek）在1959年的一篇文章中指出，美国的进口商品中初级产品占60% ~ 70%，而且这些初级产品大部分是木材和矿产品，自然资源密集程度很高，把这类产品划归资本密集型产品无形中加大了美国进口产品的资本与劳动比率，使"谜"产生。鲍德温（Baldwin）在1971年研究1962年的数据时发现，某些自然资源产品同资本密集型产品的确存在着替代关系，美国自然资源商品进口具有资本密集型的特点，这就在美国的进口贸易中加大了资本密集型商品的份额，从而导致"谜"的产生。

④ 1965年，基辛（D B Keesing）在《劳动技能与国际贸易：用单一方法评价多种贸易》一文中，用美国在10个发达工业国家不同部门的出口总额中的比重代表竞争能力，分析研究开发要素与出口竞争力的关系。结果表明，从事研究开发活动的高质量劳动力比重越大的部门，国际市场竞争能力就越强，出口比率就越高。这就证明了一个国家出口产品的国际竞争能力和该种产品的研究与开发要素密集度之间存在着很高的正相关关系。

密度不变，即如果在一种要素价格比率下，一种商品较之其他商品是劳动密集型的，那么它在所有的要素价格比率下也属于劳动密集型的。但现实中，要素密度是会发生逆转的，即当劳动的相对价格提高时，进口竞争部门会用相对便宜的资本替代相对昂贵的劳动，致使该部门生产的产品由劳动密集型变成资本密集型。美国因为资本丰裕而劳动力稀缺，致使劳动的相对价格提高而资本相对价格降低，出现出口劳动密集型产品、进口资本密集型产品的情况。

里昂惕夫对要素禀赋思想的检验和"里昂惕夫之谜"的发现，以及对"里昂惕夫之谜"的解释，开创性地推动了第二次世界大战后国际贸易思想的繁荣与发展。

4. 新贸易理论

第二世界大战以后，尤其是 20 世纪 60 年代以来，迅速发展的科技革命使得世界经济、国际分工和国际贸易都相应地发生了巨大变化。这些变化主要表现在，一是发达国家之间的贸易成为国际贸易的主要部分。二是产业内贸易大大增加，许多国家的同一部门既出口又进口。[①] 国际分工与国际贸易出现了诸多与传统贸易理论不相符的特征，使得传统的国际分工与国际贸易理论越来越脱离现实，有的理论已不再适用于指导实践。理论与实践的矛盾促使人们对国际贸易的原因进行重新评价和探索，于是，许多新的国际贸易理论应运而生。

产品生命周期学说是关于产品从进入市场到退出市场的一系列过程中要素变化、利润与竞争者变化的周期理论。这一学说是美国经济学家雷蒙德·弗农（Raymond Vernon）提出来的，他认为，在产品生命周期的不同阶段，一国出口和进口商品的结构是不同的。根据产品要素的密集型变化特点，比较优势将发生国与国之间的转移。创新国家具有技术创新的优势，技术禀赋丰富，因此在创新阶段拥有比较优势；发达国家管理经验先进、熟练工人多，资本禀赋丰富，因此在成熟阶段拥有比较优势；发展中国家劳动力禀赋丰富，从事标准化生产的劳动力资源丰富，因此在标准化阶段拥有比较优势。从贸易格局的变化来看，创新阶段的生产主要是为了满足国内消费者的需求，因此，这一阶段基本上没有国际贸易发生；成熟阶段的国外需求也已产生，国内生产因为规模不断扩大而有能力供应国外需求，创新国家开始出口，伴随着产品出口，成熟的生产技术也转移出去，国际贸易的格局主要表现为创新国出口，其他国家进口；标准化阶

---

① 刘力. 国际贸易：新体系与新思维［M］. 北京：中共中央党校出版社，1999：34.

段的产品生产已经十分普及，无论是创新国、发达国家发展中国家都可以生产了，由于标准化阶段发展中国家拥有劳动资源优势，所生产的产品价格低廉，因此，这一阶段则是创新国和发达国家进口，发展中国家出口。

传统的贸易理论（从古典到新古典）都假设产品的规模报酬不变，所有投入增加1倍，产出也增加1倍。但在现代化工业生产中，许多产品的生产存在着规模经济效应。规模经济理论认为，如果两个国家由于国内市场容量不同等原因，生产规模不同，规模经济效果也就不同，从而产生成本上的不同。其中一国由于生产和经济规模较大，就可以获得规模经济效益，取得成本优势，其产品在国际市场上就具有较高的比较优势。因此，规模经济存在使得两个技术水平和资源禀赋完全相同的国家也可以发生专业化分工和国际贸易。当代发达国家之间的许多贸易就是这种以规模经济为主的专业化分工的结果。

技术差距理论是美国经济学家波斯纳（M. Posner）提出的、把不同国家之间的技术差距作为贸易发生原因的理论。该理论认为，由于各国技术进步的进展不一致，一国在研发出一种新技术或新工艺之后，由于国外尚未掌握，便产生了国家间的技术差距。技术创新国可以依据新技术享有新技术带来的比较优势。随着新技术向国外转移，国家间的技术差距将逐步缩小或消失，这种新产品的贸易最终也会由于各国国内生产的增加而逐步减少和停止。

国家竞争优势理论是美国学者迈克尔·波特（Michael E. Porter）提出的、解释一国兴衰的根本原因和国际贸易竞争力的理论。传统比较优势思想一般认为一国在国际贸易中的竞争力主要来源于劳动力、自然资源、金融资本等物质禀赋的投入，而波特认为，一国在国际贸易中的竞争力取决于生产力的发展水平，而生产力发展水平提高的关键在于国家是否具有适宜的创新机制和充分的创新能力。由此可见，一国国际贸易的竞争力源泉关键在于是否具有适宜的创新机制和充分的创新能力。波特的国家竞争优势理论是建立在现代产业竞争和产业战略基础上的动态理论，指明了竞争优势与比较优势是一种互补关系，并不互相排斥，比较优势是竞争优势的基础，而一国要想获得持久的比较优势必须建立起竞争优势。

需求决定理论从需求的角度分析了国际贸易发生的原因。以前的分析中都是假定需求是给定的，事实上，各国对各种商品的需求是各不相同的。正是这种各不相同的需求使国际贸易的发生存在可能性。有代表性的、从需求角度探讨国际贸易发生原因的理论有需求偏好相似理论和需求重叠理论。瑞典经济学家林德提出的需求偏好相似理论，认为工业制成品贸易发生的原因是不同国家之间的需求相似。同时指出，这些国家的需求越相似，其贸易的可能性和贸易量就越大。需求重叠理论认为，工业制成品的生产和出口结构决定于本国的需求结构，而一国的需求结构又决定于该国的平均收入水平。因此，收入水平相同的国家，由于需求结构类似，存在许多重叠之处，相互之间发生贸易的可能性最大。

产业内贸易学说是关于产业内同类产品贸易增长和特点的理论，是美国经济学家格鲁贝尔（H. G. Grubel）提出的。二战以后，国际贸易领域发展最快的当属工业部门内部的双向贸易，[①] 经济学家把这种现象称为产业内贸易。产业内贸易迅速发展的原因有以下四个方面。一是产品的差异性。营销推广、售后服务、消费心理等方面的不同使得品牌、型号、款式、规格、包装、颜色等方面相同的产品出现差异，满足消费者的不同偏好，导致产业内贸易的发生；另外，同类产品的差异性贸易还可能表现为季节性贸易、[②] 转口贸易、[③] 跨国公司的内部贸易、[④] 边境贸易、[⑤] 政府干预性贸易[⑥]等。二是企业追求规模效益。同类产品因产品差异或者消费者偏好差异而相互出口，可以扩大生产规模和市场，获得贸易方面的利益，产业内贸易也就形成了。三是经济发展水平提高。由于消费者的消费需求的多样化、高级化和个性化，会形成对差异性产品的强烈需求。四是需求的相似性。不同国家、相同阶层的消费者的消费需求具有相同性，比如收入较低的消费者的消费需求一般为生活必需品，而收入较高的消费者的消费需求一般是高档消费品，使得国家之间具有差异性的产品相互

---

① 刘力在其著作《国际贸易学：新体系与新思维》一书中详细列举了产业内贸易的增长情况。1970～1980 年，美国、日本、德国、法国、英国、意大利、加拿大、荷兰、比利时、西班牙这 10 个发达国家的产业内贸易占这些国家贸易总额的比重由 49.0% 上升到 55.5%，1987 年，这一数字又上升到 57.8%。其中，西班牙由 1970 年的 25.8% 上升到 1987 年的 56.4%，同期法国由 65.5% 上升到 72.3%。

② 有些产品的生产和需求具有一定的季节性，因此未解决国内供需矛盾，国家间会形成产业内贸易，如果蔬的季节性进出口等。

③ 那些不把转口贸易分开统计的国家，在统计贸易额时产业内贸易水平会明显提高。

④ 跨国公司的内部贸易是指在母公司与子公司或者子公司与子公司之间产生的贸易，由于统计上常常将零部件、中间产品以及加工产品都视为同样的产品，因此，跨国公司的内部贸易也会形成产业内贸易。

⑤ 当运输成本非常高时，虽然一国国内某地区可能生产一种产品，这个国家的边境地区由于购买这种产品运输成本高而去进口运输成本低的邻国的同类产品，也就是边境贸易，比如中国的云南可能会从缅甸等国进口水泥、砖瓦、玻璃等而不从黑龙江购买同类产品。

⑥ 政府干预产生的价格扭曲，比如倾销与补贴，会使一国在进口的同时为了占领其他国家市场而出口同类产品，从而形成产业内贸易；此外，出口退税、进口优惠等也会使国内企业为了与进口货物竞争而出口已得到退税、再进口以享受进口优惠，从而产生产业内贸易。

出口成为可能。

新经济地理学理论是以美国经济学家保罗·克鲁格曼（Paul Krugman）为代表的学者提出的，用以解释即便是没有比较优势的国家也会以提高福利为目的而进行贸易的理论。在新贸易理论报酬递增假设的基础上，克鲁格曼等通过向心力和离心力解释报酬递增、运输成本和要素流动三者之间相互作用并如何演变出完全不同的经济结构。克鲁格曼认为，较大规模的产业能够提供较大的市场，生产者有可能被激励到上游产业生产。同时，由于外部规模经济的存在，具有较大规模产业的地区将为最终商品的生产者提供多种中间投入品，导致该产业最终商品成本下降；最终商品成本下降又可以激励中间产品的生产者在所控制的市场内布局生产。如此，在特定的区域可以产生一种专业化过程，聚集上游产业和下游产业，形成专业的产业集聚区。这一产业集聚的过程则会带动贸易的发生。

5. 新新贸易理论

古典贸易理论、新古典贸易理论和新贸易理论都是从国家和产业层面上来解释贸易原因、贸易结构和贸易效应的。但现实中，更为微观层面上的许多现象，比如同一产业内的不同企业在规模大小、组织结构、产品质量、员工技能、生产效率等方面都存在巨大差异，同一产业内有的企业从事出口而其他企业却仅仅从事国内贸易[1]等，传统的贸易理论对这些现象无法进行解释。为了解释这些现象，哈佛大学梅里兹教授发表了《贸易对行业内重新配置和总行业生产率的影响》一文，以此为基础，建立了从企业层面研究国际贸易的"新新贸易理论"。新新贸易理论以异质性企业模型和企业内生边界模型为分析工具，突破了传统贸易理论和新贸易理论中企业同质性假定，将异质性纳入企业微观分析框架中，把企业看作全球价值链不同环节上的一个个节点，成为当代国际贸易理论研究的新领域。

异质性企业贸易理论假定微观企业存在异质性，建立微观企业层面的分析框架，使贸易理论的分析和研究从宏观层面深入到微观领域，更加与现实接近且具有说服力。异质性企业贸易理论主要包括伯纳德的异质性企业静态贸易模

---

[1] 美国国家统计局 1999 年对 30 多万家企业的调查研究显示，从事出口的企业不到 5%，而且这些出口企业中前 10% 的企业出口量占美国出口总量的 96%。出口企业与非出口企业在劳动生产率、要素密集度和工资水平上都存在显著的差异。相对非出口企业，出口企业具有较高的劳动生产率和工资水平。

型和梅里兹的异质性企业动态贸易模型。异质性企业静态贸易模型以寡头价格垄断竞争模型为基础，采用比较静态分析方法，引入李嘉图技术差异、冰山运输成本等市场不完全条件，研究企业生产率和出口之间的关系。研究的结论是国际贸易对不同生产率企业会带来不同影响：生产率最低的企业可能倒闭、相对较高的企业会选择出口，行业总的生产率会由于低生产率企业的倒闭和高生产率企业扩大出口而不断提高。异质性企业动态贸易模型在克鲁格曼新贸易理论基础上，采用垄断竞争分析框架，研究企业从事国际贸易的可能性。异质性企业动态贸易模型的核心思想是，企业在进入特定产业之前对自己的生产率水平是不了解的，但当它进入之后所做出的投资又是不可逆的。所以，在同一行业里存在许多不同生产率水平的企业。同时，当企业准备进入国际市场时，对自己的生产率已经有了一定程度的了解，并且在出口产品时会支付超过国内市场销售成本以外的流通费用、运输费用和服务费用等各种成本，出口数量和出口目的地越多，这种成本就越高。这种为出口单独支付的成本造成企业的分化：生产率很高的那部分企业选择出口，生产率水平次之的企业只能选择国内市场，生产率最低的企业会被迫退出行业。贸易的结果将提高国内和国外市场上销售产品的企业生产率，同时通过资源在行业内的重新配置提高整个行业的生产率水平。

全球价值链理论是美国杜克大学教授格里菲（Gary Gereffii）在全球商品链基础上提出的、用以研究生产活动在全球空间范围内布局的方法和当前世界经济运行中动态特征的理论。全球价值链理论提供了一种基于网络的、揭示全球产业动态性特征的分析方法。在全球价值链的影响下，国际贸易的利益来源、获得主体、分配机制等方面都发生了很大的变化，改变了原有贸易利得的分配格局。首先，跨国公司主导着全球价值链背景下贸易利得的分配。就跨国公司而言，它可以获得因在东道国进行直接投资和服务外包所带来的来自利润、劳动力成本节约、加工贸易、产品出口的利益，这是全球价值链贸易利得中的主要部分。就东道国而言，它的贸易利得包括跨国公司在东道国进行直接投资和服务外包所引致的人力工资、税收和土地租金等收益，还包括跨国公司的出口行为通过示范效应、技术溢出和产品机构调整可能会使东道国整体经济增长而得到的贸易利得。当然，东道国的贸易利得也可能存在因跨国公司对东道国国内企业造成的挤压、推升东道国原材料价格甚至通过转移价格避税而降低的现象。其次，全球价值链条成为价值增值和分配的主线。在全球价值链背景下，所有国家、产业、企业都沿着价值链条参与分工，其实质是不同国家、不同行业、不同企业的生产要素在产品价值链条上的重新组合，生产要素成为产业内分工的基本单位，贸易利得主体由过去的国家层面演变为产品层面和企业层面，即更直观地体现为两国要素的所有者，其贸易利得则是要素所有者参与国际分工过程中获得的要素报酬及相关收益。最后，贸易利得的分配更加复杂和隐蔽。由于在全球价值链背景下，所有国家、产业、企业都沿着价值链条参与分工，不同国家、不同行业、不同企业的生产要素在产品价值链条上进行重新组合，因此，一国参与分工所获得的贸易利益最终并不能全部为这个国家所有，还要进行相应的剔除。这种剔除包括：（1）一国出口中包含的外国中间品的价值；（2）本国创造的国内增值中由跨国公司创造的、通过利润转移等方式输出国外的部分；（3）要素层面上参与分工的生产要素所有权中归属于跨国公司的部分所创造的价值。

三、现实背景下国际贸易的几个新特点

在和平与发展这一世界性主题下，世界及各国的发展也只能采取和平的方式，因此，以和平的方式谋求发展成为时代的主要特征。历史证明，贸易是实现和平发展的基石和有效途径。当今世界，贸易的环境和基本特征则是自由化与保护主义并存，贸易保护和自由贸易相互作用、相互影响、相互转向，共同形成了当今国际贸易的基本状态，构成了国际贸易的主要特征。

（一）贸易商品生产的新特点

从贸易商品的生产方面看，随着全球价值链的形成和发挥作用，越来越多的企业成为价值链上的一个生产构成要件或者是一个价值增值环节，国际市场上的任何一种商品都不可能再是一个企业甚至是一个国家所生产，更不可能再是利用一个企业甚至一个国家的资源所生产，"世界工厂"出现，跨国公司的产生，"万国牌"产品的生产等，这些现象都说明了当今的国际市场已经成为一个有机的、不可分割的整体，可以毫不夸张地说，国家与国家之间的生产及产品真正是"你中有过，我中有你"了。

（二）国际商品消费的新特点

从消费者的角度来看，作为市场全球化的主要载体，跨国公司通过海外投资和对外贸易，将低成本、标准化的产品推向国际市场，在全球范围内形成了近乎标准化的消费和生活方式，直接影响着世界各地消费者的偏好和选择，加之全球互联网、物联网的逐渐形成，日益发达的交通、运输、物流、信息、通讯业支撑，全球消费方式进一步互相渗透和融合，全球消费逐步出现了"以同而异，以异而同"的趋势，消费领域出现了全球范围内消费理念和消费方式的趋同。[①] 与此同时，随着收入的提高、个性的张扬、自由的表达，消费的个性化倾向也越来越明显，小批量生产的消费品、定制产品等日益成为国际市场上的主要部分。在全球化、互联网时代，各国的消费已不再是孤立的，在"平的世界"市场上，各国消费需求的变化和消费结构的调整都受着来自世界的影响。

（三）国际分工的新特点

增加值贸易日益增大，贸易利益的分配更加复杂和模糊，也更加难以界定和划分。信息技术的快速发展、物流成本的大幅下降，全球分工由传统的产业间分工向更为精细的产业内和工序分工演变，中间产品成为国际贸易的主流，[②] 中间品贸易在一些发展中国家尤为突出。这些发展中国家的贸易结构虽然表面上看主要出口资本密集型商品，但其实质仍然是仅在国内完成劳动密集型生产环节中的加工装配，创造的价值较少，却在传统的关境统计中显示较大的出口额，存在大量贸易顺差，出现"统计假象"。这种"统计假象"是发展中国家在新型国际分工体系下获得的贸易利益与贸易差额极不匹配。为了摒除这种"统计假象"，反映一国的实质出口规模，越来越多的学者倾向于采用增加值贸易口径。所谓增加值贸易，是指将出口总额分解为每一生产环节形成的增加值，进而提出关境统计出口额中的进口部分，仅考虑国内的新增价值。增

---

① 杨丹辉. 消费全球化与中国消费品市场对外开放 [J]. 中国软科学，2001（4）：36 – 40.
② 一般地，中间品的直接流向有三种：一是流向国外的生产类部门，二是流向国内的生产类部门，三是流向国内和国外的消费类部门。

加值贸易包括增加值进口和增加值出口，增加值进口是指一国吸收的另一国创造的增加值；而增加值出口则是指由他国最终消费的本国初始创造的增加值。由此可见，由于增加值贸易的存在，传统关境统计会重复计算跨越国界的中间品价值，使本国实际创造的增加值小于本国的实际出口值；同时，传统统计也无法有效地反映两国实际创造的价值增值，高估了一国通过国际贸易获得的贸易利得。

（四）贸易主体的新变化

国际贸易主体从宏观层面向产业和企业等中微观层面深入的深刻变化，使得贸易分配的原则和标准变得更加注重倾向于经济利益。传统的国际贸易理论讨论的出发点基本上都停留在国家层面，从斯密的绝对优势理论、李嘉图的比较优势理论等古典模型的假设"两个国家、两种产品"到赫克歇尔－俄林等的新古典模型的假设"两个国家、两种产品、两种要素"，从资本主义原始积累时期代表商业资本利益的重商主义、资本主义自由竞争时期代表产业资本利益的保护幼稚工业的贸易思想、资本主义垄断时期代表垄断资本利益的超保护贸易思想，到为发达国家采取贸易保护政策提供理论支撑的新贸易保护主义，概莫能外。这些从国家宏观层面进行研究的贸易理论，除了主要考量经济因素，不能否认的是，无论是自由贸易还是贸易保护，还都被赋予了超越经济增长手段本身的含义。① 随着全球产业价值链、产品价值链的不断形成与加强，产业内贸易、产品间贸易和跨国公司内部贸易的不断增加，产业或者企业成为参与国际经济活动的主体。毫无疑问，产业或企业的经济活动所考虑的主要是经济利益和效果，因此，产业或者企业成为参与国际经济活动的主体，理论研究也要相应地回归经济活动本题，更主要地基于经济规律，使用经济学方法，利用经济学思维来分析、研判、解释贸易现象，并以此为基础构建贸易理论。

四、国际贸易思想演进的现实启示

综上所述，在人类经济发展的历史长河中，尤其是有了对外贸易经济活动

---

① 刘津. 两种贸易思想与中国四十年的经济改革实践［J］. 改革与战略，2019（4）：32－40.

以后，贸易保护理论和自由贸易理论作为两种相互矛盾的经济思想，[①] 无论在经济学史上还是在经济政策的实践上都产生了十分重要的影响。但是，又从来没有哪一种贸易思想一直处于指导地位，也从来没有哪一种贸易政策一直处于主导地位。一定时期，究竟是采取贸易保护还是自由贸易，是当权者综合考虑当时的国家状况、经济背景、发展需要以及国际环境来决定的，哪一种贸易实践和政策对国家发展和社会利益有利，就会采取那种贸易实践和政策；由于经济理论和思想都来源于对现实经济活动的总结和提炼，与当时的贸易实践相适应，相应的贸易理论和思想也就随之而产生。比如，新中国成立以来的中国贸易实践、指导思想和贸易政策就经历了一个由贸易保护到自由贸易的转变过程；美国建国以后也是经历了从建国初期的贸易保护（1776～1812 年）、贸易保护主义为主间或自由贸易主义（1812～1934 年）、贸易自由主义为主间或贸易保护（1934～1974 年）、贸易保护主义回归（1974 年至今）这样一个演变的过程；[②] 英国工业革命前后的贸易政策同样是经历了由重商主义的保护政策向自由贸易政策转变。同时，同一历史时期，不同国家的贸易实践和所采取的贸易政策也不一样，比如，同是在 19 世纪初期，英国因为工业革命取得成功而采取自由贸易，美国因需要保护幼稚工业而采取贸易保护。因此，无论从历史的横截面还是从一个国家的发展历程，都不能系统、连贯、完整地分析一种贸易思想存在的合理性和发展的内在逻辑。我们试图结合现实的国际贸易实践，沿着保护贸易的历史发展和自由贸易的历史发展这两条线索来考察国际贸易思想的历史演变，或许能够从中找到国际贸易思想演变、演进的历史规律，探讨为什么国际贸易思想演进到现实背景下，无论是贸易保护主义还是自由贸易思想都已不再适应现实世界经济发展的需要了，新的国际贸易理论必然应运而生。

参 考 文 献

［1］陈岩. 国际贸易理论与实务［M］. 北京：清华大学出版社，2018.

［2］丁长清，等. 中外经济关系史纲要［M］. 北京：科学出版社，2003.

［3］恩格斯. 政治经济学批判大纲，马克思恩格斯全集［M］. 北京：人

---

① 毫无疑问，中国古代的对外贸易思想也是分为保护贸易思想和自由贸易思想的。
② 高艳辉. 美国对外贸易政策的历史演变［J］. 财讯，2017（13）：164－165.

民出版社，1956.

　　[4] 弗里德里希·李斯特. 政治经济学的国民体系 [M]. 北京：商务印书馆，1997.

　　[5] 高艳辉. 美国对外贸易政策的历史演变 [J]. 财讯，2017 (13).

　　[6] 海闻，等. 国际贸易 [M]. 上海：上海人民出版社，2012.

　　[7] 海闻. 国际贸易理论的新发展 [J]. 经济研究，1995 (7).

　　[8] 李大钊. 李大钊文集 [M]. 北京：人民出版社，1999.

　　[9] 梁启超. 管子传 [M]. 北京：中华书局，1936.

　　[10] 刘津. 两种贸易思想与中国四十年的经济改革实践 [J]. 改革与战略，2019 (4).

　　[11] 刘力. 国际贸易学：新体系与新思维 [M]. 北京：中共中央党校出版社，1999.

　　[12] [美]迈克尔·波特. 李明轩，邱如美，译，郑凤田，校. 国家竞争优势 [M]. 北京：华夏出版社，2002.

　　[13] 唐庆增. 中国经济思想史 [M]. 北京：商务印书馆，2017.

　　[14] 王银荣. 西汉对外贸易研究——以西北陆路对外贸易为中心 [D]. 济南：山东师范大学，2009.

　　[15] 薛荣久. 国际贸易 [M]. 成都：四川人民出版社，2001.

　　[16] 闫国庆，等. 国际贸易思想史 [M]. 北京：经济科学出版社，2010.

　　[17] 杨丹辉. 消费全球化与中国消费品市场对外开放 [J]. 中国软科学，2001 (4).

　　[18] 叶世昌. 古代中国经济思想史 [M]. 上海：复旦大学出版社，2003.

　　[19] [英] 约翰·凯恩斯. 张耿，译. 就业、利息与货币通论 [M]. 上海：上海译文出版社，2020.

第三章

从贸易保护到自由贸易：国际贸易开放思想的历史演进

　　无论是中国古代的对外贸易思想，还是西方经典的传统贸易思想，尽管方法和手段不同，但其出发点都是为了促进国内经济增长，提高本国国民福利水平。为达此目标，不同的国家会根据本国经济发展的实际需要来选择是采取贸易保护还是自由贸易。一般而言，一国大都会经历由贸易保护向自由贸易的转变，或者是相反的转变。1978 年开始实行改革开放以来，中国也经历了一个由保护向自由转变的过程。可见，贸易保护和自由贸易只是发展经济的手段，是服务于经济发展实践的。但通过考察世界经济和国际贸易发展进程可以看出，贸易保护思想处于主导地位时，一国国内的经济发展，福利水平可能会出现增长，但就整个世界来看，经济发展则可能会受到阻碍，福利水平可能会下降。而在自由贸易处于主导地位时，一国国内的经济发展，福利水平可能会受到不利影响，但就整个世界来看，经济发展则可能会得以增长，福利水平可能得以提高。所以，从总的演变趋势和经济发展的实际需要看，从贸易保护到自由贸易是大势所趋，国际贸易的开放思想会越来越重要。

一、贸易保护思想的局限性及其对国际贸易的影响

（一）重商主义贸易思想

重商主义关于"货币是财富的唯一代表"，为了增加国家财富，必须增多金银货币的观点，严重阻碍了各国之间贸易的发展。

早期重商主义者极力主张通过国家严厉的行政手段严格控制国外工业品和奢侈品的进口；外国商人在本国出售货物后获得货币必须购买当地商品，而本国商人在对国外出售商品后获得的货币必须直接输入国内；金银一旦流入国内就绝对不允许再流出；以政府补贴的方式鼓励输出，换取金银流入。尽管晚期重商主义者的主要代表人托马斯·孟提出了"贸易差额论"，认为"货币产生贸易，贸易增多货币"，反对限制货币输出，同时主张发展航运业和转运贸易，但是，他也只是从流通领域抓住了"货币和贸易之间联系"的表面现象，没有能够深入到现象的内部去探寻和揭示"货币和贸易之间关系"背后的经济关系的本质。首先，晚期重商主义把流通过程和生产过程混为一谈，把流通领域和对外贸易看作财富的直接来源，必然会得出错误的结论：把利润和财富都错误地归结为从流通中产生，生产只是创造财富的先决条件，不是财富的直接来源，掩盖了利润的直接来源及其本质，导致国家在制定对外贸易政策措施时出现偏差，在处理与其他国家的经济贸易关系时出现偏激。另外，晚期重商主义的另一个代表尼古拉斯·巴尔本甚至把对外贸易和对外侵略结合起来，提出：对外贸易除了制造和提供为生活的维持、防御、舒适、欢乐和豪华所必需的或有用的物品、提高地租，带来富裕与和平，为政府取得税收、增加就业以外，更重要的作用就是"提供战争的军火库"，有助于帝国的扩大。巴尔本的这种思想，一方面说明对外贸易对于对外侵略所起的作用，揭示了当时资本主义国家进行对外扩张时总是对外贸易与对外侵略并行，另一方面也说明对外贸易已经脱离经济的基本属性，一个国家为了增多本国财富、扩大对外贸易可以不惜采取侵略这样残酷的手段。

在一定程度上，重商主义的贸易思想推动了资本主义生产方式的形成，但是，随着资本主义的进一步发展，这种贸易保护的理论和政策主张不断与资本主义的经济基础和生产方式发生矛盾，从而由促进生产力发展

的因素变成了阻碍生产力发展的桎梏。各国为了自身利益，不惜牺牲别国利益的做法，久而久之必然出现相互损害、两败俱伤的结果，阻碍世界整体贸易的发展。

（二）保护幼稚工业贸易思想

保护幼稚工业的贸易思想提出的以关税方式保护国内尚处于萌芽或者发展阶段的民族工业的主张，过分强调贸易保护的重要性，忽视自由贸易对国家经济发展的作用，忽视了自由贸易在优化资源配置上的优势，导致保护范围泛滥，保护强度无限，影响了各国之间正常的贸易交往，最终会形成各自为战的封闭状态。

汉密尔顿是美国独立以后坚决主张保护和发展民族工业的经济学家。之所以坚决主张保护和发展民族工业，是因为他认为民族工业对维护美国经济和政治上的独立具有十分重要的意义，如果不能独立地发展民族工业，就会失去经济发展的基础，其结果将直接导致国家变得越来越弱小，同时国家还因此会丧失已经取得的独立地位。因为美国的民族工业起步晚、基础弱、技术差、成本高、效率低，难以与英国、法国等欧洲的工业化国家相抗衡，在这种情况下，美国要想在受英国、法国等工业化国家控制的全球经济体制和贸易体制中生存，汉密尔顿认为没有其他的路可以选择，只能走封闭的经济发展之路，采取以关税措施作为手段的贸易保护政策，"关起门来搞建设"。由于采取了汉密尔顿的主张，在1804年禁运法案和第二次独立战争之后，美国终于走上了独立发展资本主义的工业化之路。尽管汉密尔顿的保护民族工业的贸易主张促进了美国经济的发展，但这种主张所存在的局限性（削弱资源配置效率因而制约国内经济发展，进而引起其他国家抵制），长期来看依然会影响国内经济乃至世界经济的健康发展。

弗里德里希·李斯特是德国历史学派的先驱，经济学家，他所处时代的德国无论在经济发展水平、工业技术还是管理方法上，都既远远落后于工业革命已经完成的英国，也不能与已经进入工业革命时期的法国、荷兰、美国等国家相比拟。德国的工业体系面临崩溃的边缘，因为它所生产的工业品不仅在国际市场上毫无竞争力可言，甚至在国内市场上也会遭受到来自外国的具有优势竞争力的商品的冲击。在此背景下，受汉密尔顿思想的影响，李斯特开始研究德国如何才能保障本国工业的发展，提出了保护幼稚工业的思想。李斯特的保护幼稚工业的思想集中在促进生产力的发展、划分社会发展阶段，以及实行关税保护等方面。尽管李斯特的保护幼稚工业思想在一定时期内促进了德国工业资本主义的发展，为发展民族工业提供了借鉴，但是，我们从其内容上也可以看出，李斯特在对生产力概念的理解、影响生产力发展的各种因素的分析、以经济部门作为划分经济发展阶段的基础等方面都存在着基础性错误。这些存在基础性错误的理论又岂能持久地指导一国经济的持续发展呢？

在实践中，保护幼稚工业理论存在着两个自身难以克服的困难。一个是保护对象选择的困难。由于受到各种政治经济力量的影响，许多选择不可能完全根据经济利益，而是综合考虑经济和政治或其他利益做出的，其结果也就难以达到预期的目标。① 另一个是保护手段发挥作用的困难。如果采取提高进口关税的手段，那么，因为企业的收益来自国内消费者的更多支出，而不是来自企业自身的技术创新和劳动生产率的提高，最终被保护的企业可能就因为没有压力而拒绝或推迟接受先进的技术和知识而失去发展的动力和时机。

（三）超保护贸易思想

超保护贸易思想在批评自由贸易理论关于"国际收支自动调节说"的基础上，主张国家干预经济，实行"奖出限入"政策，因为"奖出限入"政策可以有效实现顺差，而顺差能增加国际收入，扩大就业。殊不知，如果各国为了追求顺差，无节制地"奖出限入"，其结果必然导致关税提高，非关税壁垒增加，贸易战难以避免，最终阻碍各国经济和国际贸易的发展。

超保护贸易思想与传统的贸易保护思想不同。传统贸易保护思想旨在为落后国家通过实施贸易保护走上独立自主的发展道路提供理论依据，超保护贸易思想却是为发达国家实施贸易保护、实现充分就业、提高国民收入水平从而确

---

① 海闻在其《国际贸易》（上海人民出版社，2012）一书中指出，在现实中，许多受保护的工业并不符合标准，结果是，保护的目的没有达到，保护的代价却很高。美国经济学家富兰克·陶西格（Frank Taussing）在19世纪末考察了当时受到关税保护的美国新兴铁器制造业，结果发现该行业的生产方式20年内没有变化，市场份额也没有任何扩大，保护并没有使这一幼稚行业长大。近几年来，一些经济学家对第三世界国家中受保护的"幼稚工业"做了一些研究，发现受保护工业的生产成本的下降速度并不比不受保护的工业快，而保护的代价则相当于由此而节约的外汇支出的两倍。

保其在国际贸易中的优势地位而提供政策工具。实质上，超保护贸易理论的"奖出限入"政策也受到了现实的挑战。首先，一国限制进口，则伤害了别的国家的出口，因此，别的国家也会为了保护本国利益而限制进口，那奖励出口也就难以实现。其次，本国顺差带来其他国家的逆差，长此以往，大量逆差必然影响其他国家的经济发展和支付能力，其他国家对本国商品的购买力因此而削弱，其结果必然影响本国出口。之所以会出现这种结果，其原因在于超保护贸易自身存在的无法克服的内在矛盾。一是贸易顺差与国内通货膨胀的矛盾。超保护贸易思想认为，一国的生产和就业主要取决于对本国商品的有效需求，如果有效需求不足，那么相应的国内生产和就业也就不足，出现生产过剩，经济衰退。而有效需求则是由消费、投资、政府开支和净出口四部分组成。根据这一逻辑，一国要想促进生产不断发展，实现国内充分就业，除了增加国内消费、投资和政府开支，就是要不断扩大出口以保证实现和扩大净出口。如果一国国内已经处于充分就业状态，出口的继续扩大就意味着有效需求的进一步增加，从而将出现过度需求，过度需求引发通货膨胀。二是贸易顺差引起的国内价格上升与出口持续增加之间的矛盾。一国如果国内已实现充分就业，出口增加则意味着总需求的增加，国内将出现过度需求，过度需求会推高生产资料价格，提高商品生产成本，从而最终削弱本国商品的国际竞争力。三是各国贸易顺差与世界总进口额之间的矛盾。就整体而言，所有国家的出口额之和应该等于世界总的进口额，在总进口额一定的情况下，所有国家的出口总额也就确定了，要想再按原来的价格扩大出口已经不可能了，除非降低商品价格，而降低商品价格又会导致出口企业利润率降低而不愿出口，出现各国贸易顺差与总进口额之间的矛盾。

（四）"中心－外围"思想

"中心－外围"思想从发展中国家（即外围国家）的利益出发，对发达国家（即中心国家）控制与剥削发展中国家的当代国际分工和国际贸易体系的实质进行深刻分析，认为发展中国家处于被控制和被剥削地位的根本原因在于发展中国家贸易条件的不断恶化，而要想根本改变这种状态就必须进行贸易保护，实施进口替代战略，以改善贸易条件。但是，通过贸易保护来改善贸易条件的有效性却值得反思。

"中心－外围"思想认为发展中国家贸易条件恶化原因主要包括：一是技

术进步利益分配不均，中心国家由于科技先进、工业发达，几乎全部享受科技进步的利益，外围国家由于技术落后、工业技术基础薄弱几乎享受不到世界科技进步的利益。二是需求收入弹性的差异造成不同产品销售差距加大，外围国家提供的初级产品的需求收入弹性大大低于中心国家提供的制成品，这样实际收入的增加就会引起对制成品需求更大程度的增加，而对初级产品的需求产生的效果则较小。三是中心和外围国家工会的作用不同。外围国家工会力量薄弱，组织不健全，没有能力控制或影响工资。中心国家强大的工会组织则可以保证工业品的价格维持在较高水平。① 外围国家要想改变这种贸易条件长期恶化的状况，必须发挥国家的作用，通过国家政权来加强贸易保护。因为，国家可以通过财政、货币、海关、经济计划安排等手段来建设基础设施，治理通货膨胀，保护国内工业，补贴出口商品，调节收入分配，提高出口商品价格，外围国家的贸易条件因而得到改善。

（五）新贸易保护主义

新贸易保护主义主张政府在战略产业进行贸易干预，给予本国企业生产补贴，对本国消费者购买本国产品进行补贴，对外国竞争产品征收进口税或者实行配额，以图谋取规模经济之外的战略收益，同时占领他国市场份额，并分享更多的工业利润。

理论上，进口国通过征收关税可以提高本国国际收益，通过政府补贴等可以帮助本国企业在国际竞争中获胜以实现规模经济进而获得超额利润。但是，实践中的效果如何呢？进口国能否通过征收关税提高本国国际收益呢？进口国能否通过政府补贴等帮助本国企业在国际竞争中获胜以实现规模经济进而获得超额利润呢？首先我们来看第一个问题。就进口国家的整体利益来看，这一目的是可以达成的。但是，达成的前提是建立在国家利益和个人利益等价的假设基础上的，实际上进口国政府征收关税会使本来已经很高的进口商品价格变得更高，因此，消费者的利益会受到更大的伤害。如果外国企业把关税转嫁到商品价格上，那进口国政府的收益就会等于消费者购买商品的支出，最终进口国家毫无利益增加可言。其次，我们来看第二个问题，进口国能否通过政府补贴帮助本国企业在国际竞争中获胜以实现规模经济进而获得超额利润。如果外国

---

① 闫国庆，等. 国际贸易思想史［M］. 北京：经济科学出版社，2010：82.

政府"以牙还牙"，采取同样的补贴措施，那通过政府补贴帮助本国企业在国际竞争中获胜以实现规模经济进而获得超额利润的目的就难以实现，因为外国政府进行同样的补贴，补贴所产生的功效就会被抵消，各国政府反而会因为补贴增加支出，造成整个经济受损失。同时，如果被保护的企业与政府之间存在信息不对称，企业与政策所采取的策略不一致，同样达不到补贴的效果。由以上分析可见，新贸易保护主义所要达到的目的，在现实经济生活中的实现是十分困难的。

综合上述分析，我们可以对贸易保护思想有一个较为全面的理解和认知。总体来看，贸易保护思想具有以下三个共同的特征。

一是分析问题的出发点是立足于国家层面，解决问题的落脚点是解决国内问题。所有贸易保护思想，他们保护的首先是国内市场，有些理论甚至只保护国内市场，不顾其他国家贸易和国际贸易因此而可能遭受的损失和伤害。这种保护的结果要么引起其他国家的强烈反对以至于引发贸易报复，要么削弱世界市场和国际贸易发展的基础——统一市场的形成与完善，这两种情况的结果都可能会引发贸易争端甚而至于发生"贸易战"，影响世界经济发展，降低世界整体福利水平。

二是保护的手段和措施具有利己性和排他性。为了保护国内市场，无论是采取关税措施、配额等非关税措施以保护国内市场，还是采取倾销、补贴等鼓励出口的措施，贸易保护思想的政策主张首先或者唯一考虑的都是本国利益而从不或者甚少考虑别国利益，凸显出其保护手段和措施的利己性和排他性。

三是保护的效果短期内可能有利于本国经济发展，但长期来看不仅不利于国际贸易的发展，甚至连本国的利益也难以保证。每次贸易保护主义盛行几乎都伴随着贸易争端不断发生，经济冲突时有出现，甚至因贸易不公而发生战争，短期内会造成国际市场割裂，商品流通受阻，长期则会导致价值利益冲突，影响世界的和平与发展。[1]

因此，"任何干预贸易的政策都会给本国或整个世界带来一定的损失"。[2]

---

① 路透社曾对美国总统特朗普的"美国优先"贸易政策这样评价：特朗普的"美国优先"贸易政策将70年的贸易自由化共识付之一炬。

② 海闻，等. 国际贸易［M］. 上海：上海人民出版社，2012：336.

二、自由贸易思想的开放性及其对国际贸易的促进作用

（一）重农主义思想

重农主义者因为相信社会受某些固定不变的规律所支配而认为，自然界和人类社会存在着某种不受任何地区、政府、集团和个人约束或干预的"自然秩序"，实际上就是不以人的意志为转移的客观规律。他们主张，经济学研究的任务在于解释清楚"自然秩序"中的规律，保证人们的经济活动符合"自然秩序"的规律，而保证人们的经济活动符合"自然秩序"的规律的唯一途径就是还经济活动自由的"本来面目"，这种经济活动的自由也包括贸易的自由。

重农主义为以后政治经济学（包括国际贸易理论）的研究指明了方向，那就是认识经济范畴内存在的这种客观规律，承认其内在联系具有理论上的可预测性。魁奈本人强调自由贸易重要性的理论正是基于这种认识而提出来的。魁奈的国际贸易理论对以后国际贸易的发展起到巨大的推动作用；同时，对现实世界经济全球化格局的构建与发展有着很大的借鉴意义。

（二）古典国际贸易理论

古典国际贸易理论最早对国际贸易发生的动因和基础做出了科学的分析。斯密认为，国际贸易发生的动因和基础在于各国生产成本的绝对差别；李嘉图认为，国际贸易发生的动因和基础在于各国相对成本的不同，即各国与其他国家相比所具有的比较优势；约翰·穆勒则认为国际贸易发生的动因和基础在于各国之间存在的相互需求，即两国商品交换的比率正好是进口国在这种比率下愿意接受的商品数量等于出口国在这种比率下愿意提供的商品数量。古典贸易理论在历史上首次为国际贸易的开展找到了基本的依据和遵循，那就是国际贸易可以使贸易双方都能得利。

斯密认为，由于不同的国家具有不同的地理环境、土壤、气候等自然条件，而且还具有不同的历史条件，每一个国家都会有一些生产成本绝对低的产品。因此，每个国家都应集中生产这些产品，在专业化生产的基础上进行国际

贸易，那么，世界各国的要素禀赋就都能够得到充分利用，劳动生产率得到普遍提高，物质财富增加，对各国都是有利的。① 在斯密的理论体系中，不仅出口能带来利益，进口也同样能带来好处，因此，不论是出口还是进口都应是市场上的一种自由交换，不应加以任何形式的限制。李嘉图的比较优势理论是在回答斯密的绝对优势理论不能回答的、"不具有绝对优势的国家能否参与国际贸易"的问题时发展而来的。与斯密的绝对优势理论相比，李嘉图的比较优势理论更具有普遍意义，因为比较优势理论不仅更广泛地论证了国际贸易的基础，也部分解释了先进国家与落后国家之间贸易的原因。② 因此，李嘉图的比较优势理论为国际贸易在世界范围内的更广泛开展，为世界各国参与国际分工，发展对外贸易提供了理论依据。世界上任何一个国家都可以根据各自的比较优势组织生产、从事贸易，这不仅可以获得利益，还会提高国内生产率，为促进国际贸易的进一步发展提供物质支撑。③ 穆勒的相互需求思想对李嘉图的比较优势理论进行了补充和发展，提出贸易条件取决于两国的互相需求状况，而相互需求状况则对贸易利益产生影响，进而影响一国从事国际贸易的积极性：利益越大，积极性越高。另外，穆勒通过对国际需求方程式的论述说明在需求和供给一致基础上的均衡价格才是国际价值，这一论证补充了李嘉图只是从生产成本（即供给）角度来论证国际贸易问题，而并未考虑需求因素对国际贸易影响的不足。穆勒认为自由贸易会给贸易国家带来巨大利益，因此强烈批评各种保护贸易的学说和做法，反对对进出口征收关税。穆勒的这些观点无

---

① 斯密在《国富论》中，通过对国家和家庭的对比来描述国际贸易的必要性。他认为，既然每个家庭都认为只生产一部分他自己需要的产品而用那些他能出售的产品来购买其他产品是合算的，同样的道理应该适用于每个国家：如果一件物品的购买费用小于自己生产的成本，那么就不应该自己生产，这是每一个精明的家长都知道的格言。裁缝不想自己制作鞋子，而向鞋匠购买。如果每一个私人家庭的行为是理性的，那么整个国家的行为就很难是荒唐的。如果一个国家能以比我们低的成本提供商品，那么我们最好用自己有优势的商品同其进行交换。

② 海闻，等. 国际贸易［M］. 上海：上海人民出版社，2012：60.

③ 在阐述比较优势原理时，李嘉图使用了英国与葡萄牙进行棉布和葡萄酒贸易的例子，这个例子后来成为比较优势原理最权威的阐述。英国的情形可能是生产棉布需要 100 个人劳动一年，而如果酿制葡萄酒则需要 120 人劳动同样长的时间。因此，英国发现通过出口棉布来进口葡萄酒对自己比较有利。葡萄牙生产葡萄酒可能只需要 80 人劳动一年，而生产棉布却需要 90 人劳动一年。因此，对葡萄牙来说出口葡萄酒以交换棉布是有利的。即使葡萄牙进口的商品在本国制造时所需要的时间少于英国，这种交换仍然会发生。虽然葡萄牙能够以 90 个人的劳动生产棉布，但他宁可从一个需要 100 人的劳动生产的国家进口棉布。对葡萄牙来说，与其挪用种植葡萄的一部分资本去织造棉布，还不如用资本来生产葡萄酒，因为由此可以从英国换取更多的棉布。因此，英国将以 100 个人的劳动产品交换 80 个人的劳动产品。

论对当时还是对后来的国际贸易都产生了十分重要的影响。

古典贸易理论解释了国际贸易产生的原因，首次论证了无论出口国还是进口国都可以从国际分工与贸易中获得利益的思想：国际贸易不是"零和博弈"，是"正和博弈"，国际贸易可以实现"双赢"，并且在多国贸易模型中，国际贸易还可以实现"共赢"。另外，从斯密的绝对优势，到李嘉图的比较优势，再到穆勒的相互需求，古典贸易理论把国际贸易的原因层层扩充和深入，不但使越来越多的国家找到了参与国际贸易的根据，而且打开了国际贸易的自由之门，使国际贸易的现实基础和理论基础不断加强，从此，国际贸易在自由开放的国际市场上走上了快速发展的"康庄大道"。

（三）新古典贸易理论

新古典贸易理论提出的要素禀赋理论以比较优势理论为基础，按照生产要素禀赋差异——生产要素价格差异——生产成本差异——商品价格差异这一逻辑思路，解释了国际贸易发生的根本原因在于各国要素禀赋的不同。要素禀赋理论找到了国际贸易发生的另一基础即要素禀赋的差别，有利于国际贸易活动空间的拓展。同时，在生产要素的投入上，要素禀赋理论把一种生产要素（劳动）投入的假定扩展至两种或两种以上的要素（劳动和资本）投入，使国际贸易理论分析更加符合现实。另外，要素禀赋理论还注意到，国际贸易对一国要素价格、产品价格、生产和消费、要素收入再分配、贸易模式等也会产生影响。为了综合分析这些变量及其相互影响，新古典贸易理论首次把一般均衡分析方法运用于国际贸易问题的研究，为国际贸易理论研究开辟了一条新途径。

里昂惕夫把统计学运用于经济理论分析，利用投入－产出方法分析贸易结构，对传统的资源禀赋理论进行验证，这在国际贸易理论发展史上是一个创新，具有里程碑意义。这种分析发现了传统贸易理论存在的理论与实践不相符合的严重缺陷——许多国家参与贸易不一定是因为资源禀赋上的差异，这一发现开辟了国际贸易理论研究的新境界，使国际贸易理论研究开始向不完全竞争、规模经济、产品周期、需求差异与变动等领域延展与深化，推动了国际贸易的理论研究大大向前发展。

从要素禀赋理论提出到"里昂惕夫之谜"再到对"里昂惕夫之谜"的各种解释，新古典贸易理论关于贸易原因的研究经历了一个从简单到多样化的过程。对"里昂惕夫之谜"的各种解释，使我们了解到，国际贸易的发生不止是因为各国之间存在着要素禀赋的差异，还存在着更多其他的动因。如果各个国家都能在本国发现或者创造这些"动因"，充分挖掘本国的禀赋潜力，那么，这些国家就能够利用这些禀赋开展国际贸易并在国际贸易中获取利益。另外，由于商品的自由流动带动的各国要素价格的均等化倾向，也会在一定程度上弥补因要素稀缺而导致的经济结构的缺陷，促进各国国内经济发展更加均衡。

新古典贸易理论关于国际贸易动因的要素禀赋从固有的"天然禀赋"向创造性的"后天禀赋"的转变，为更广大国家参与国际贸易提供了新机遇。

（四）产业内贸易理论

第二次世界大战以后特别是20世纪60年代初以来，国际贸易出现了主要由同一产品之间的贸易（即"产品间贸易"）转向不同产品之间的贸易（即"产业间贸易"）、大部分贸易由发生在发达国家与发展中国家之间的贸易（即"南北贸易"）转向发达国家相互之间的贸易（即"北北贸易"）、世界市场上主导出口或出口处于领先位置的国家由一个或少数几个转向诸多国家"轮流坐庄"等现象。经济学家利用产品生命周期、不完全竞争、规模经济、需求弹性和恩格尔法则等理论工具和方法，对这些国际贸易实践中出现的新现象进行解释，形成了新的国际贸易理论。新贸易理论不是一种理论，而是一个理论组合，在这一理论组合中，产品生命周期学说、规模经济理论、技术差距理论、国家竞争优势理论、需求决定理论、产业内贸易学说、新经济地理理论等竞相绽放，相互辉映，共同演绎着"当代国际贸易发展的故事"。

产品生命周期学说认为，处于产品生命周期不同阶段上的国家的比较优势也不同，那么该国在国际贸易中的地位也就不同。规模经济理论认为，只要有规模经济存在，即使是两个技术水平和资源条件完全相同的国家之间也可以发生专业化分工和贸易。技术差距理论从技术进步、技术创新、技术传播的角度，以不同国家之间的技术差距为分析前提分析了国际贸易产生的原因，认为技术差距和模仿时滞决定了现实的国际贸易格局。国家竞争优势理论依据"企业竞争优势——产业竞争优势——国家竞争优势"的逻辑，把竞争优势从企业层面扩展到国家层面，深化了对竞争优势的认识。该理论提出并利用"要素创造比要素禀赋对于一国的竞争优势来说更加重要""用贸易和对外投资综合在一起的思路来解释一国何以能成为在一个特定产业中成功并维持竞争优势的国际竞争者的'母国基地'""国内因素对竞争优势十分重要，因而国家在决定国际竞争优势方面也就十分重要"等理念，不仅在理论上归纳总结了当时的世界经济和贸易格局，而且对国家未来贸易地位的变化也提供了具有一定前瞻性的预测。① 这一理论也说明国家竞争优势在世界经济和贸易竞争中的作用越来越重要。需求决定理论中的需求偏好理论认为，两国国内的需求偏好不同导致了价格的差异，从而为贸易提供了可能性。而重叠需求理论则认为，一国的出口是由其国内需求结构决定的，两国人均收入水平相同，其需求结构就相似，两国间贸易的可能性就大；人均收入水平有较大差别，需求结构就会相异，两国贸易就存在潜在障碍。产业内贸易学说包括张伯伦模型和新赫克歇尔－俄林模型，主要解释了产业内贸易发生的原因。张伯伦模型将分析建立在解释水平差别产品的产业内贸易上，从产品差别化、消费需求和规模经济的相互影响来解释产业内贸易发生的原因；新赫克歇尔－俄林模型以产品的垂直差异性为基础分析产业内贸易发生的原因。新经济地理理论利用"核心－边缘""城市与区域演化""向心力与离心力"等理论方法，解释了即使没有比较优势的国家也会以提高福利为目的进行贸易。

新贸易理论针对第二次世界大战以后尤其是 20 世纪 60 年代以来世界市场和国际贸易中出现的一些新现象进行了解释，提出了诸多不同于古典和新古典的思想或理论，甚至提出在传统分工和贸易理论看来不可能存在贸易的领域也可以创造出贸易条件的可能性和依据。这些新的国际贸易思想或理论为国际贸易发展提供了新思路。

（五）新新贸易理论

新新贸易理论分析了在产业内分工逐渐占据国际贸易主导地位、企业成为国际贸易核心主体，全球经济日益围绕全球价值链进行重构、全球价值链在全球生产、国际贸易和就业中所占比例不断上升这些背景下，为什么一些企业采用出口贸易的形式供应国际市场而一些企业只供应国内市场，为什么一些企业会得到越来越多的资源进而获得越来越丰厚的利润，而一些企业则会逐渐被市场所淘汰，为什么一些企业在采取内部化和一体化生产结构把产品生产的各个

---

① 陈岩. 国际贸易理论与实务［M］. 北京：清华大学出版社，2018：22.

环节和上下游产品都纳入企业内部以节约交易成本，而一些企业则把部分生产环节外包出去。新新贸易理论利用企业异质性和全球价值链两个基本概念及其对国际分工和国际贸易影响对这些问题进行了回答。

新新贸易理论把对国际分工和国际贸易的研究范式从传统的"两个国家、两种要素、两种商品"发展为"多个国家、多种要素、多种商品"，以静态分析和动态分析相结合的研究方法，研究并提出了"异质性企业中的生产率较高的企业进入出口市场而生产率较低企业只能继续为本国市场生产甚至退出市场""贸易自由化会引起异质性企业的产业内竞争从而引起资源重新配置到生产率较高企业""任何国家的任何企业都可能只是某个全球价值链条上的一个环节""因为全球价值链各个环节的附加值不同因而嵌入其中的各国企业之间的收益分配也不平等""全球价值链中领导企业因掌握着战略环节的控制权而拥有对全球价值链的协调和管理力量，而供应商则处于被领导的地位"等观点。这些观点深化了国际分工和国际贸易的动因，为众多新发展起来的新兴工业化国家参与国际分工和国际贸易找到了新的出路，同时也为企业更深入地参与国际分工和国际贸易提供了新的理论支撑。

通过上述对自由贸易思想的梳理与分析，我们可以感受到自由贸易思想有以下几个特点。

一是分析问题的出发点是立足于国家之间的层面，解决问题的落脚点是如何排除国家与国家之间的贸易障碍。尽管每一种贸易理论的提出都是基于国内的实践，因此都是出于首先解决国内问题，但是，自由贸易是在充分考虑本国利益的基础上也考虑其他国家的利益诉求，是在解决国内问题的基础上解决国家与国家之间的问题。或者也可以说，自由贸易是超越国家层面去看待贸易问题，是在确保本国获利的前提下也保证贸易伙伴获利，把贸易伙伴获得利益当作本国获利的条件或者是手段。其落脚点是大家一起获得利益，大家一起富裕，也就是"我好，他也好"，实现共同富裕，从而促进世界市场的统一和国际贸易的发展。

二是促进贸易的手段和措施具有开放性和利他性。为了实现贸易利益，促进出口，无论是重农主义贸易思想、古典贸易思想、新古典贸易思想，还是新贸易思想、新新贸易思想，他们都有一个共同的特点，那就是，在促进本国出口的同时也允许他国商品进口到本国，尽管这种进口有可能是有条件的，也有可能不是一一对应的，但至少指导思想上是开放的，是允许和接受别国商品进口的。这样就兼顾了本国利益和别国利益，彰显了自由贸易的手段和措施的开放性和利他性。

三是自由贸易不仅有利于促进本国生产发展和福利提高，而且有利于其他国家经济的发展。这正如李嘉图在《政治经济学及赋税原理》一书中所说，"在商业完全自由的制度下，各国都必然把它的资本和劳动用在最有利于本国的用途上。这种个体利益的追求很好地和整体的、普遍的幸福结合在一起……它使人们都得到好处，并以利害关系和互相交往的共同纽带把文明世界各民族结合成一个统一的社会。"①

三、国际贸易思想演变的基本脉络与趋势

（一）国际贸易思想演变的基本脉络

前面我们分析过，国际贸易思想的演变整体上是沿着从保护到自由，再从自由到保护，再到自由这样一个循环往复的轨迹发展的。尽管为了明晰起见，我们在前述分析中把国际贸易思想简单地划分为贸易保护思想和自由贸易思想，但实际上在这样一个演进轨迹中，保护和自由不是绝对能够分开的，而是孰主孰次的关系，是保护中蕴含着自由成分，自由中蕴含着保护的成分。比如在典型的贸易保护思想重商主义那里我们可以看到"货币产生贸易，贸易增多货币"这种蕴含允许进口的自由思想的因素；② 在典型的自由贸易思想比较优势理论那里我们也可以看到"特殊时期可适当采用贸易保护手段"这种保护贸易思想的影子。③ 到底是保护贸易处于主导地位还是自由贸易处于主导地位，是由所处时代国内国际诸多影响因素共同决定的。

---

① ［英］大卫·李嘉图（著），郭大力，王亚南，译. 政治经济学及赋税原理［M］. 北京：译林出版社，2014：224.

② 托马斯·孟曾说过，"凡是我们将在本国加之于外人身上的，也会立即在他们国内制成法令而加之于我们身上……因此，首先我们就将丧失我们现在所享有的可以用现金带回本国的自由和便利，并且因此我们还要失掉我们输往各地许多货物的销路，而我们的贸易与我们的现金将一块儿消失。"见［英］托马斯·孟（著），袁南宇（译）. 英国得自对外贸易的财富［M］. 北京：商务印书馆，1965.

③ 李嘉图曾经说过："在战争时期，由于商业不便，谷物不能以最低价格购买，一国便将大量资本转入农业生产。但是到战争结束时，商品输入的障碍消除了，有害于本国种植者的竞争开始了，而退出这种竞争会牺牲大量资本。这时，这种国家最好的政策就是在一定年限之内对外国谷物的输入征收一种不断递减的税，以便本国经营农业的人有机会逐渐从土地上撤出其资本。"见［英］大卫·李嘉图（著），郭大力，王亚南（译）. 政治经济学及赋税原理［M］. 北京：译林出版社，2014.

前资本主义时期的国际贸易思想还很不成熟、不完善、不系统，甚至经济学界都不把它们称为国际贸易理论。因为前资本主义时期的国际市场处于割裂状态，不同国家之间的联系也很少，贸易交往稀疏，以实践为来源的理论研究也就相应地失之阙如。但即便如此，依然有一些学者（如古希腊的色诺芬、柏拉图、亚里士多德等，古罗马的贾图、西塞罗、奥古斯等，欧洲中世纪的阿奎那等）对市场、分工、货币、交换、价格、财富、公平等这些涉及经济学和国际贸易问题的最基本概念和范畴进行了研究并获得了一些有意义的成果。[①] 这些成果对后世的经济学研究产生了较大影响，同时这些成果也为以后国际贸易理论的发展奠定了一定的基础。[②]

资本主义原始积累时期的贸易思想明显分成两种倾向，一是以重商主义为代表的保护贸易派，重商主义又因为主张不同分为早期和晚期，而早期重商主义思想主要源于威廉·斯塔福德的《对我国同胞某些控诉的评述》（1581年），晚期的思想主要源于托马斯·孟的《英国得自对外贸易的财富》（1664年）。二是以批判重商主义贸易思想的重农主义为代表的自由贸易派，重农主义贸易思想主要源于魁奈的《经济表》（1758年）和杜尔阁的《论财富的形成与分配》（1776年）。可见，在资本主义原始积累时期，无论从时间早晚这一纵向序列看，还是从国家不同这一横向队列看，贸易思想都不是一成不变、一以贯之的，会因时期不同、国家不同而存在较大差别。从时间上看，资本主义原始积累的早期重商主义处于主导地位，而后期则出现了批判重商主义的自由贸易思想；从不同国家来看，英国贸易政策的重商主义色彩较为浓厚，而法国贸易政策的重农主义色彩较为浓厚。因此，可以说，在资本主义原始积累时期，同时存在着贸易保护思想和自由贸易思想，只是因时代和国别不同而不同而已。

资本主义自由竞争时期贸易思想以自由贸易为主，也有一些国家采取贸易保护思想。众所周知，这一时期自由贸易思想的代表人物是亚当·斯密和大卫·李嘉图，斯密的思想体现在他的著作《国民财富的性质和原因研究》

---

① 中国古代的有关国际贸易思想的研究成果也具有相同的性质，这里不再一一赘述。

② 马克思对此曾给予高度评价："因为历史地出现的政治经济学，事实上不外是对资本主义生产时期的经济的科学理解，所以，与此有关的原则和定理，能在例如古代希腊社会的著作家那里见到，只是由于一定的现象，如商品生产、贸易、货币、生息资本等，是两个社会共有的。就希腊人有时涉猎这一领域来说，他们也在其他一切领域一样，表现出同样的天才和创见。所以他们的见解就历史地成为现代科学的理论的出发点。"马克思恩格斯文集（第 9 卷）[M]. 北京：人民出版社，2009：240.

（1776年）中，李嘉图的思想体现在他的著作《政治经济学及其赋税原理》（1817年）中。这一时期的贸易保护思想的支持国家主要是美国和德国，美国的贸易保护思想来源于汉密尔顿的《关于制造业的报告》（1791年），德国的贸易保护思想来源于李斯特的《政治经济学的国民体系》（1841年）。英国之所以采取自由贸易思想，是因为英国已经完成原始积累进入了自由竞争时期，需要自由的开展对外贸易，不断扩大国际市场以销售本国工业产品、购买国外的原材料；而美国和德国之所以采取保护贸易思想，是因为美国和德国还没有完全进入自由竞争时期，既需要开放的国际市场，更需要保护本国民族工业的基础和发展。

资本主义垄断时期的贸易思想主要是超保护贸易思想，这一思想的始作俑者是凯恩斯，其代表作是《就业、利息和货币通论》（1936年）。尽管凯恩斯没有一本专门研究国际贸易的著作，但他和他的弟子们有关国际贸易方面的观点与论述却形成了颇具影响的超保护贸易学说。这一时期同时还产生了被称为现代国际贸易理论基础的要素禀赋思想。要素禀赋思想被称为新古典贸易思想，其思想来源主要是赫克歇尔的著作《外贸对收入分配的影响》（1919年）和俄林的《区域贸易和国际贸易》（1933年），后来保罗·萨缪尔森和斯托尔伯在其合作的文章《实际工资和保护主义》（1941年）中，在要素价格均等化方面对要素禀赋思想进行了发展。萨缪尔森的经济学被称为新古典综合派，作为其经济思想内容组成部分的要素价格均等化思想毫无疑问也是综合考虑了自由贸易思想和贸易保护思想作用的。

第二次世界大战以后国际贸易思想进入了"群雄并立"时期，各种思想和观点如雨后春笋，层出不穷。这可能与二战以后的世界政治、经济格局的剧烈变化有关。二战以后，世界政治格局变化最主要的表现就是从"两极"向"多极化"转变，在此期间伴随着众多民族国家独立、苏联解体、东欧剧变、社会主义阵营解体等重大事件；经济格局的变化最主要的表现是从战后初期到20世纪60年代末的美国称霸世界经济领域，到70年代后世界经济向多极化方向发展，再到80年代末以来区域经济集团化加快发展，其间也伴随着以贸易自由化为基本原则的贸易体制建立、布雷顿森林体系瓦解与美国经济霸权地位的衰落、日本经济崛起、欧洲国家经济复苏、新兴工业化国家和地区的兴起、中国实行改革开放政策等重大事件。世界政治经济格局的急剧变化和重大事件的发生，必然引起各个国家（或地区）对经济发展道路的反思、对国际经济交往的重新选择，进而影响一国如何构建与国际市场的关系，采取什么样的国际贸易政策，世界政治经济的这种格局为各种贸易思想的产生和发展提供了丰饶的"土壤"。因此，这一时期的"中心－外围"思想、新贸易保护主义、新贸易理论、新新贸易理论等自由思想和保护思想"你方唱罢我登场"，也就各有其用武之地了。

（二）国际贸易思想演变的大势所趋

海闻在其《国际贸易》（2012 年）一书中说，国际贸易的基本理论主要研究贸易基础、贸易影响、贸易与经济发展的相互作用等三方面的问题。国际贸易思想演变的这种大趋势也与国际贸易的基本理论主要研究这三方面问题的变化趋势相伴而发生。

首先，我们从贸易基础的变化来看贸易思想的变化。研究国际贸易的基础就是研究国际贸易发生的原因问题。各国之间为什么发生贸易，在什么情况下发生贸易，发生什么贸易，进出口模式的决定因素是什么，这些就是国际贸易的基础问题。基于时代状况的、对这些基础问题的不同解释就形成了不同的国际贸易思想。最初时代，劳动是唯一的生产要素投入，因此对这些基础问题解释也是从劳动成本进行的，包括重商主义和古典贸易思想都是这样。到了赫克歇尔－俄林这里，投入的要素增多了，产品的成本由投入要素的配置来决定。到了"规模经济"时代，产品的成本不仅取决于要素配置，还受生产规模大小的影响。而到了"产品生命周期理论"这里，各国在产品中的成本领先地位是在不断变化的。到了现当代，人们又发现产品的进出口不仅取决于供给方面的产品成本高低，还受需求方面的收入和偏好的影响。由此可见，国际贸易的基础存在着由一种要素投入向多种要素投入、由供给决定向供给需求共同决定的转变，这种转变上升为理论层面（即贸易思想上）必然是由单纯的贸易思想向复杂的贸易思想转变。

其次，我们从贸易产生影响的变化来看贸易思想的变化。重商主义认为进口会减少国内财富，只有出口才能增加国内财富，为了增加国内财富，必须保持出超（早期重商主义主张每次贸易都要保持出超，晚期重商主义主张长期内保持出超就可以），因此，重商主义只考虑贸易对本国的影响而不考虑对别国的影响，或者可以说重商主义认为别国利益的增加就会损害本国利益，本国利益与别国利益是互害相克的。古典贸易思想和新古典贸易思想都认为贸易对本国福利的增加，有赖于进口别国具有比较优势的产品或别国利用其丰裕资源生产的产品，因此古典或新古典贸易思想在考虑本国福利增进的同时也考虑别国的福利，当然主要是考虑本国的福利增进，或者可以说是"主观为本国，客观为他国"。到了现当代，由于国际贸易从产业间向产业内发展甚至由企业间向企业内发展，这个时期国家已经不再是衡量贸易利弊得失的唯一范畴，或者不是直接的范畴，企业成为贸易利弊得失的直接承受者；另外，这个时期的贸易影响不仅是获得利润、福利增加，还表现为经济增长、技术进步、结构优化、价值链升级等。就整个国家而言，是否能够从贸易中获利要综合考虑对本国经济和社会福利的影响，也要考虑对国际市场和贸易伙伴利益的影响。因此，这个时期贸易的影响很难简单地判定为有利或有害，甚至可以说，贸易对一国影响与对贸易伙伴或国际市场的影响是相生共存的，"一荣俱荣，一损俱损"。由此可见，国际贸易的影响由国家层面向企业层面、由单一影响向多方面影响的转变，这种转变导致贸易思想也从利益相克的观念向利益相生的观念转变。

最后，我们从贸易与经济发展相互作用的变化来看贸易思想的变化。前面我们分析过，早期的贸易思想只考虑贸易对本国利益的影响而不考虑或者是不主要考虑对贸易伙伴利益的影响，在此观念下是不可能考虑贸易伙伴双方的经济发展对彼此贸易的影响的，更不可能考虑贸易伙伴的经济发展对国际贸易进而对本国的影响。出现这种现象的原因在于早期的贸易思想考虑问题的视野是相对狭隘的，结论也是相对封闭的。但是，到了现当代，由于技术进步，资本和劳动力资源不断增加，生产要素在国际上流动，全球价值链跨国构成，跨国公司内部贸易不断增加等，国际贸易出现了许多新的特征，封闭的、狭隘的思想已经不可能解释在这些因素影响下的国际贸易实践了，代之而兴的是开放的、具有包容性的贸易思想，因为只有开放具有包容性的贸易思想才能解释"为什么一国的经济增长能够给别的国家带来福利增进""为什么损害别国利益的贸易行为最终会损害本国的经济发展和福利增进""为什么搬起石头会砸了自己的脚"。[①] 由此可见，对国际贸易与经济发展相互影响的认识，由封

---

① 这也契合了张夏准的一段话："允许发展中国家采用更适合它们发展阶段的、更适合它们自身条件的政策和制度，能够使它们发展得更快，就像20世纪60~70年代那样。从长远看，这不仅有利于发展中国家自身的发展，也有利于当今发达国家的发展，因为这可以增加贸易和投资机会。"（张夏准. 富国陷阱：发达国家为何踢开梯子？[M]. 肖炼，倪延硕，译. 北京：社会科学文献出版社，2009：153.）转引自：刘津. 两种贸易思想与中国四十年的经济改革实践 [J]. 改革与战略，2019（4）：32 - 40.

闭、狭隘性向开放、包容性的转变，这种转变也引发了国际贸易思想由封闭走向开放。

根据国际贸易思想演变的基本脉络，我们可以知道国际贸易思想演变由单纯的贸易思想转向复杂的贸易思想，由相克的贸易思想转向相生的贸易思想，由保护思想占主导地位转向自由思想占主导地位，总的趋势是由保护向自由、由封闭向开放发展。

（三）构建开放的国际贸易思想体系

开放性是人类社会发展的一个基本的内在遵循和方向。正如马克思在《德意志意识形态》中指出的那样，"各个相互影响的活动范围在这个发展进程中越是扩大……不同民族之间的分工消灭得越是彻底，历史也就越是成为世界历史。"[①]

开放的贸易思想体系在目标上是实现所有国家互利共赢，共同发展；在手段上是实现统一开放的世界市场，实现自由贸易、投资自由化和便利化；在理念上主张每个国家都有发展权利，同时都应该在更加广阔的层面上考虑自身利益，不能以损害他国利益为代价。

因此，构建开放的国际贸易思想体系，需要考虑以下几个方面的问题。首先，关于贸易的新动力来源问题，也就是新的贸易格局为什么能够形成。传统的贸易的动因我们前面已经论述了很多，从而可以知道任何一种贸易思想都必须考虑贸易的动因，因此，开放的国际贸易思想也必须考虑这一问题。其次，关于贸易的可持续发展问题，开放的国际贸易思想要解决的问题不是"一时一事"，而是"一世长久"，既会涉及不同地区国家之间的均衡，也会涉及不同发展水平国家之间的均衡，因此，构建开放的国际贸易思想必须要充分考虑国际经济的平衡化发展。最后，关于贸易的主体关系问题，在统一的世界市场上，国家不分大小无论强弱，都是国际贸易的主体，都有从国际贸易中获得贸易利得的权利，当然也负有构建开放贸易新体系的义务，因此，开放的国际贸易思想还必须体现世界经济发展的联动性。

---

①　马克思恩格斯选集第一卷［M］．北京：北京大学出版社，1995：88 – 89.

参 考 文 献

［1］［法］布阿吉尔贝尔. 布阿吉尔贝尔选集［M］. 北京：商务印书馆，1984.

［2］陈岩. 国际贸易理论与实务［M］. 北京：清华大学出版社，2018.

［3］［英］大卫·李嘉图（著），郭大力，王亚南（译）. 政治经济学及赋税原理［M］. 北京：译林出版社，2014.

［4］［法］弗朗索瓦·魁奈. 魁奈《经济表》及著作选［M］. 成都：西南财经大学出版社，2018.

［5］海闻，等. 国际贸易［M］. 上海：上海人民出版社，2012.

［6］刘津. 两种贸易思想与中国四十年的经济改革实践［J］. 改革与战略，2019（4）.

［7］刘力. 国际贸易学：新体系与新思维［M］. 北京：中共中央党校出版社，1999.

［8］马克思恩格斯选集第一卷［M］. 北京：北京大学出版社，1995.

［9］史艺军，关朋. 开放、包容、普惠、平衡、共赢："中式"全球化的新理念——论习近平的互利共赢国际经济观［J］. 云梦学刊，2018（2）.

［10］习近平. 共担时代责任共促全球发展——在世界经济论坛2017年年会开幕式上的主旨演讲［N］. 文汇报，2017 - 01 - 18.

［11］习近平. 弘扬和平共处五项原则建设合作共赢美好世界——在和平共处五项原则发表60周年纪念大会上的讲话［N］. 光明日报，2014 - 06 - 29.

［12］徐雅. 马克思国际贸易思想研究［D］. 大连：东北财经大学，2019.

［13］闫国庆，等. 国际贸易思想史［M］. 北京：经济科学出版社，2010.

第四章

从区域贸易安排到多边贸易体制：
国际贸易包容思想的历史演进

从上述国际贸易思想演进的过程和结果分析中，我们可以看到，自由贸易不仅是理想的世界经济发展的理论模式，也是各国在经济发展中努力追求的现实目标，这种追求很大程度上表现在为消除贸易壁垒所进行的坚持不懈的多边谈判、局部的或区域性的自由贸易与经济合作，以及各国贸易投资政策的改革和开放等。因此，以贸易和投资自由化为主体的经济全球化成为当今国际经济发展的重要趋势，[①] 而作为经济全球化具体实施方案的多边贸易体制迅速发展起来。然而，在经济全球化发展的过程中，由于 20 世纪上半叶发生的两次世界大战对国际经济活动和国际贸易体系造成的毁灭性破坏，导致全球面临着经济衰退的压力，各国国内普遍存在经济发展停滞，国际收支困难。为了缓解这种经济衰退的状况，各国纷纷实行外汇管制和资本流出的限制政策，奉行贸易保护主义；贸易保护主义反过来又妨碍正常的国际经济交往，阻碍各国经济恢复和发展的进程。因此，重建国际经济秩序成为世界各国共同的一项紧迫任务。[②] 各国为了迅速找到重建国际经济新秩序的方案，在难以形成或者没有形成全球贸易组织体系的情况下，开始寻求区域间的经济合作，于是，区域间贸易安排成为国际经济领域十分突出的现象。由此，在二战以后的国际经济领

---

① 海闻，等. 国际贸易［M］. 上海：上海人民出版社，2012：370.
② 刘力. 国际贸易学：新体系与新思维［M］. 北京：中共中央党校出版社，1999：335.

域，同时出现了区域贸易安排和多边贸易体制两种相互影响、相互制约、又相互促进的国际贸易体制。从本质上看，区域贸易安排具有排他性，多边贸易体制则具有包容性。所以，从国际贸易体制总的发展趋势及其对世界经济发展的促进作用看，从区域贸易安排到多边贸易体制是必然趋势，国际贸易的包容性也必将会越来越强。

一、区域贸易安排的排他性及其对国际贸易发展的消极影响

（一）区域贸易安排的内涵和形式

区域贸易安排目前尚无一个统一的定义，但一般认为是指区域内的国家和地区之间通过签订区域贸易协定等方式，使得区域内贸易的自由化程度高于区域外贸易的自由化程度。梁瑞在《区域贸易安排原产地规则研究》一书中，通过总结刘力和宋少华在《发展中国家经济一体化新论》① 一书中的观点，提出：从学者们关于区域贸易安排不尽相同的论述中，我们可以发现其具有的共同特征：第一，区域贸易安排是两个或两个以上国家通过某种制度安排在区域内保持特殊的经济联系；第二，区域贸易安排实行"对内自由，对外保护"内外有别的歧视性政策；第三，区域贸易安排既是一个过程，又是一种状态——作为一个过程，它是指走向一体化安排或在已有一体化安排的基础上向更高合作层次的提升或向更大范围的拓展；作为一种状态，它是指一体化成员间就消除差别待遇已达成的某种制度安排。②

根据发展目标和一体化程度，区域贸易安排可以划分为以下六种类型：（1）优惠贸易安排（Preferential Trade Arrangement，PTA）；（2）自由贸易区（Free Trade Area，FTA）；（3）关税同盟（Customs Union，CU）；（4）共同市场（Common Market，CM）；（5）经济同盟（Economic Union，EU）；（6）完全的经济一体化（Perfectly Economic Integration，PEI）。区域贸易安排主要形式的目标和一体化程度如表 4 - 1 所示。

---

① 刘力，宋少华. 发展中国家经济一体化新论 [M]. 北京：中国财政经济出版社，2002：1 - 4.
② 梁瑞. 区域贸易安排原产地规则研究 [M]. 北京：知识产权出版社，2012：1.

表 4 – 1　　　　　　　　　区域贸易安排主要形式的比较

区域贸易安排形式	优惠 关税	商品的 自由流动	共同对 外关税	生产要素 自由流动	经济政策 的协调	超国家 经济组织
优惠贸易安排	√					
自由贸易区	√	√				
关税同盟	√	√	√			
共同市场	√	√	√	√		
经济同盟	√	√	√	√	√	
完全的经济一体化	√	√	√	√	√	√

区域贸易安排的出现既是 20 世纪后半叶各国经济发展的需要，也是世界经济发展的必然选择，是当代世界经济发展的最主要特征之一。在区域贸易安排发展进程中迄今已经出现过三次高潮，目前仍然处于快速发展阶段。第一次高潮发生在 20 世纪 50 ~ 60 年代。这一时期，许多国家通过建立区域性贸易集团如欧洲经济共同体、欧洲自由贸易联盟、石油输出国组织、东南亚国家联盟、南部非洲关税同盟等，以实现区域内的贸易自由化进而摆脱国内经济发展的困境。第二次高潮发生在 70 ~ 80 年代。这一时期，发达国家的区域贸易安排发展稳定，发展中国家的区域贸易安排发展迅速，形成了许多新的规模较大的组织，如欧洲经济共同体、西非经济共同体、经济合作组织、海湾合作委员会等，世界各国把自由贸易的希望重新寄托在区域贸易安排等区域性经济集团身上。第三次高潮发生在 80 年代末至今。由于关贸总协定乌拉圭回合谈判久拖未果，世界各国普遍对关贸总协定的协调机制和能力感到失望，更加重视区域贸易安排，相信只有区域贸易安排才能够促进贸易自由化，也才能给本国经济发展带来转机。这一时期，一些发达国家比如美国成为区域贸易安排发展的重要推动力量，欧共体发展为经济联盟，美国和加拿大成立美加自由贸易区等都是例证；发展中国家也建立很多区域贸易安排，如阿拉伯合作委员会、阿拉伯马格里布联盟等；发达国家与发展中国家之间也开始共同建立区域贸易安排，如亚太经济合作组织、北美自由贸易区等。目前，在多边贸易谈判停滞不前、WTO 改革缺乏共识的情况下，区域贸易协定的签署也就变成了各方贸易

战略的次优选择，也可以说是一个更加务实的选择。[①]

（二）区域贸易安排发展的原因与经济效应分析

经过二战以后近 70 年的发展，区域贸易安排已经遍布世界各地。据 WTO 统计数据，截至 2001 年底，关贸总协定和世界贸易组织得到通知的区域贸易安排协议有 200 多个，其中生效的有 150 多个协议。[②] 截至 2010 年 7 月，有 474 个区域贸易协定向 GATT 或 WTO 通报，其中 283 个协议已经生效。[③] 截至 2020 年 1 月，全球共有 698 项有关区域贸易协定的通知送达 WTO，其中有 303 个区域贸易协定已生效实施。[④] 中国也是区域贸易安排的积极参与者和推动者，目前中国加入的区域贸易安排组织主要有 APEC（亚太经合组织）、上海合作组织、澳门经贸合作、中泰蔬菜水果免关税协议、中国－南非关税同盟自由贸易区、中国东盟自由贸易区、中国－新西兰自由贸易区、中国－印度自由贸易区、中国－澳大利亚自由贸易区、中国－韩国自由贸易区、中日韩自由贸易区等。区域贸易安排之所以能迅速发展，与其内在的运行机理以及对成员国的影响是分不开的。

追求利益最大化是一切经济活动首要的内在驱动力，区域贸易安排的形成与快速发展也与其追求利益最大化密不可分。前文我们已经介绍过，20 世纪上半叶的两次世界大战，造成了世界经济的巨大破坏，战后重建是世界各国面临的共同任务。然而，由于保护主义抬头，各国普遍采取保护本国市场的发展战略，再加上多边贸易体制运行不力，致使战后重建遇到阻碍。就是在此背景下，实现利益最大化的冲动促使有相互需要和联系的国家联合起来构建区域贸易安排，互相消除贸易壁垒，享受贸易自由化的好处，保持区域内拥有巨大市场，降低经营成本，提高竞争力和发展规模经济。众多的发展中国家自 70 年代以后因为加入区域贸易安排而得到了很大的好处，这种示范效应又带动了更多的发展中国家加入区域贸易安排。同时，发展中国家加入区域贸易安排还有一个原因就是可以"抱团"提高自身的竞争实力，抵制发达

① 张丽娟．为何区域经济一体化再次成为潮流［OL］．https：//www.fx361.com/page/2020/0316/6442044.shtml.
② 刘力，宋少华．发展中国家经济一体化新论［M］．北京：中国财政经济出版社，2002：8.
③ 张晓君．区域贸易安排中的自由化规则研究［M］．北京：中国检察出版社，2011：6.
④ https：//www.fx361.com/page/2020/0316/6442044.shtml.

国家的控制与剥削。正是基于以上原因，无论是发达国家还是发展中国家，在遇到多边贸易体制难以解决的困难和问题时，就会转而到区域贸易安排那里去寻找解决方案。

任何形式的区域贸易安排对成员方以及区域之外的国家都会产生一定的影响，这就是区域贸易安排的效应。一般而言，区域贸易安排的经济效应分为两个方面：一是静态效应，二是动态效应。静态效应主要包括贸易转移效应和贸易创造效应。贸易转移效应是组建区域贸易安排所带来的贸易由非成员国向成员国转移造成的福利变化，而贸易创造效应则是组建区域贸易安排所带来的成员国之间贸易规模的扩大造成的经济福利的变化。① 除了贸易转移效应和贸易创造效应，区域贸易安排的静态效应还有降低行政支出、减少走私、改善贸易条件、提高经济地位等。区域贸易安排的动态效应主要包括以下几个方面：一是获取规模经济效益；二是加剧竞争；三是刺激投资；四是吸引外资；五是提高要素流动性；六是促进技术进步。② 另外，人们普遍认为区域性的经贸合作有利于促进贸易自由化，有利于促进多边贸易体制的形成与发展，会给成员国和全球经济带来新的动力。正是因为如此，以推动全球贸易自由化为目的的GATT 和 WTO 在原则上支持区域性经济合作的发展。③ 因此，对多边贸易体制的促进作用也应该算是区域贸易安排的效应。

---

① 为了说明"贸易转移效应"和"贸易创造效应"，一般都以下面例子进行解释。假设有三个国家，美国、墨西哥和中国，其中美国是运动鞋的纯进口国，中国与墨西哥都生产并出口运动鞋。中国出口价为 10 美元，墨西哥出口价为 11 美元，假设美国对两国的运动鞋都征收 2 美元的进口关税，中国运动鞋在美国市场价格为 12 美元，墨西哥鞋则卖 13 美元。在美国与墨西哥签订自由贸易协定前，美国只从中国进口，国内市场售价 12 美元。美国与墨西哥结成区域贸易安排后，取消了所有从墨西哥进口商品的关税，但仍保持着对中国的贸易壁垒。在不需要缴纳进口关税的情况下，从墨西哥进口的运动鞋售价只有 11 美元，而中国运动鞋仍要支付关税，其市场售价仍要 12 美元。在这种情况下，人们当然购买墨西哥鞋而不是中国鞋。其结果是，美国不再从中国而转从墨西哥进口运动鞋，由于墨西哥鞋便宜，增加了美国消费者对运动鞋的需求量，进口量也会增加。可见，建立区域贸易安排以后，美国的进口有两个方面的变化：一是改变了进口来源，从原来的中国变成了墨西哥，即从非贸易集团成员转向了成员国，这一变化被称为"贸易转移效应"，二是增加了总进口量，由于不征收关税的墨西哥运动鞋比征收关税的中国运动鞋便宜，美国从墨西哥的进口总量要比原来从中国进口的多，这种由于取消对成员国关税而增加的进口量被称为"贸易创造效应"。

② 刘力，宋少华. 发展中国家经济一体化新论 [M]. 北京：中国财政经济出版社，2002：395 - 396.

③ 《GATT》第 24 条第 4/5 款规定，"通过自愿签订协议发展各国之间的经济一体化对扩大贸易的自由化是有好处的"，"本协定规定，不能禁止缔约各方在其领土之间建立关税同盟和自由贸易区"。这从一个侧面也说明了区域贸易安排对多边贸易体制的建设和发展是有可能起到促进作用的。海闻，等. 国际贸易 [M]. 上海：上海人民出版社，2012：407.

（三）区域贸易安排的排他性及其对国际贸易发展的消极影响

通过上述分析我们可以发现，区域贸易安排产生发展的根本原因还是在于世界经济政治发展的不平衡。但是，区域贸易安排的产生和发展却并没有从根本上解决世界经济政治的这种不平衡性，反而因为区域贸易安排的排他性加重了这种不平衡性，阻碍了全球化的进程和国际贸易的发展。

无论哪种形式区域贸易安排，它执行的都是在区域内实行贸易优惠政策，消除贸易壁垒及障碍，推进区域内的贸易自由化进程。在这些区域内部实行的是一种"优惠制"，但是对区域外则实行歧视性的优惠排他贸易保护政策。这实际上构成了全球贸易中的区域性壁垒，造成对区域外国家的贸易不公平。第一，区域贸易安排在关税方面一般采取的措施是对内取消关税，对外征收统一关税甚至是高于成员国没有加入区域贸易安排之前的关税，这对区域外国家的产品进入区域内形成了障碍，构成对区域外国家的贸易壁垒。[1] 第二，区域贸易安排一般都规定，区域内部的原产地规则对本集团成员国产品实行特别优惠。区域贸易安排的这一原产地规定明显背离了 GATT/WTO 最惠国待遇原则。[2] 第三，区域贸易安排的"贸易转移效应"背离国际比较优势的原则，而国际比较优势则是自由贸易的基石。这将诱使各国在国际竞争中不再首先考虑依靠本国的比较优势，转而想办法依靠贸易保护来获取竞争的胜利。这显然对奉行自由贸易原则的多边贸易体制来说是一种致命打击。[3] 第四，在发生贸易争端情况下，会出现用区域贸易安排争端解决机制还是用 GATT/WTO 解决争端机制进行解决的矛盾。为保证区域贸易安排顺利运行，一般区域贸易安排内部都会有一套自己的贸易争端解决程序。同时，在全球范围内，GATT/WTO 又有自身的贸易争端解决机制。当某区域贸易安排成员国间发生争端时，如果

---

① 1994 年 11 月 17 日，国际货币基金组织在关于国际贸易政策的报告中曾以北美自由贸易协定为例，说，北美自由贸易协定的消极作用之一就是，东南亚地区在劳动密集型产品出口方面"大都面临着美国高关税和顽固不化的给关税壁垒的阻碍，而在出口钢铁和电子设备时，中国，韩国，马来西亚和新加坡等国也遇到了美国相当严重的贸易壁垒的阻碍。"资料来源：郑周明. 论区域贸易安排对 WTO 多边贸易体制的挑战 [J]. 开放导报，2005（6）：63－66.

② GATT 第 9 条对"原产地标记"做了原则性规定，第 1 款明确规定"每个缔约方给予其他各方领域内产品在标记规格上的待遇，其优惠不得低于任何第三国相同产品的待遇"，即在原产地规则方面实行最惠国待遇原则。

③ 刘力. 国际贸易学：新体系与新思维 [M]. 北京：中共中央党校出版社，1999：424.

一方要求采用区域贸易安排的机制解决争端，而另一方要求采用 GATT/WTO 的机制或者是多边仲裁的机制解决争端，不同的解决机制因为程序或规则不同极有可能得出不同的结果。再有一种情况，区域贸易安排与多边贸易体制之间关于争端解决的依据也可能会出现不一致，如 GATT/WTO 规定成员方之间的争端应按《关贸总协定争端谅解》的相关规则和程序来进行，① 而北美自由贸易区规定缔约方可自行选择关贸总协定的争端解决机制或北美自由贸易区的争端解决机制。② 如果出现上述情况，已经发生的争端不仅得不到解决，反而又会出现新的争端，从而阻碍贸易的顺利开展。第五，由于区域贸易安排在世界经济乃至政治领域的作用越来越重要，尤其是在协调国际争端时的重要性日益凸显，因此，区域贸易安排逐渐成为各国参与全球竞争重要方式和手段。各个区域贸易安排在全球范围内谈判时，从各自利益出发，相互对抗，致使多边贸易谈判难以开展，多边贸易体制规则难以发挥作用，越多的区域贸易安排出现，这种对多边贸易体制的削弱作用就越明显。第六，区域贸易安排的一些规则与 GATT/WTO 的原则和制度存在不一致，有的区域贸易安排在建立时其法律框架就没有完全符合 GATT/WTO 的要求，③ 有的区域贸易安排在运行过程中制定的规章制度与 GATT/WTO 原则不一致，实施滥用反倾销规则、增设非关税壁垒等违反 GATT/WTO 精神的举措，以保护本区域贸易安排内部的市场和产品。无论哪种违背 GATT/WTO 的行为都直接影响多边贸易法律制度的实施。

---

① 《关贸总协定争端谅解》第 23 条规定："如成员国谋求排除违反适用协定的义务或其利益的丧失或损害的一项行为或事项或排除实现各项适用协定任何目标的一项障碍，他们应该诉诸且遵守本《谅解》的各项规则和程序。"

② 《北美自由贸易协定》（NAFTA）在第 20 章第 5 条就关于 SAFTA 的争端解决机制与 GATT 的争端解决机制的关系做出了规定，即原则上就协定、关贸总协定及其随后的协定以及由此签订的任何协定引起的争端，缔约方可自行选择关贸总协定的争端解决机制或本协定的争端解决机制。

③ 例如，根据《建立欧洲自由贸易同盟的公约》的规定，英国等 7 国建立了欧洲自由贸易联盟，关贸总协定缔约方在其第 16 次会议上建立了工作小组，对其合法性进行审查。通过审查，工作小组认为，总协定第 24 条第 8 款规定自由贸易区各组成领土之间实质上所有贸易都要取消关税和其他贸易限制，而《欧洲自由贸易同盟公约》却将农业这个经济活动的主要方面排除在外是不恰当的，是与关贸总协定第 24 条规定相悖的。这种情况不单发生在欧洲自由贸易同盟上，其他一些经济集团也有不同程度的类似问题。到 1994 年底，在 66 个审查自由贸易区与关贸总协定一致性的工作小组中，只有 6 个小组就其所审查的问题达成一致意见，其余的均有争议。这既说明有关集团的法律制度与总协定的要求不能完全一致，也表明总协定的规则和程序规定得含混，不明确。资料来源：郑周明. 论区域贸易安排对 WTO 多边贸易体制的挑战 [J]. 开放导报，2005（6）：63－66.

由此可见，无论区域贸易安排在关税制度设置方面、原产地规则实施方面形成贸易壁垒，还是在发生贸易争端情况下因争端解决机制不同而产生矛盾，或者因成员国将区域贸易安排当作抗衡、竞争和划分全球势力范围的方式和手段削弱多边贸易体制重要性，或者区域贸易安排的一些规则与GATT/WTO的原则和制度不一致而造成的制度性障碍，这些因区域贸易安排的排他性所引致的对世界经济一体化的危害，都不同程度地阻碍了全球化进程和国际贸易的发展，而且这种阻碍作用会随着全球化的不断深入发展而越来越明显。

二、多边贸易体制的包容性及其对国际贸易发展的促进作用

（一）经济全球化与多边贸易体制的建立

经济全球化是当今世界经济发展的最显著特征和必然的趋势。世界各国的经济发展无不与经济全球化休戚相关，荣辱与共，因为世界各国的经济生活越来越国际化，都被纳入统一的全球经济体系之中。在这个体系中，任何国家都不再可能做到自给自足，都必须与国际经济保持千丝万缕的联系。[①] 国际货币基金组织（IMF）认为，"经济全球化是指跨国商品与服务贸易及资本流动规模和形式的增加，以及技术的广泛迅速传播使世界各国经济的相互依赖性增强。[②] 保罗·赫斯特和格雷厄姆·汤普森指出，经济全球化是与国家间经济不同的理想类型，可以通过与国家间经济的对比加以阐述。在这种全球体系中，不同的民族国家经济为国际过程和国际交易所包括并被重新整合进这一体系。相反，国家间经济是这样一种经济：在这种经济中，在民族国家经济层面决定的过程仍然居于支配地位，国际现象是从民族国家经济的独特和不同的表现中产生的。国家间经济是以国家为落脚点的种种职能的总和。因此，虽然在这种经济中存在着越来越广泛的国际经济方面的相互影响（例

[①] 联合国贸易和发展会议前秘书长鲁本斯·里库佩罗在向第九届贸发会议提交的报告中说："生产者和投资者的行为日益国际化，世界经济是由一个单一市场和生产区组成的，而不是由各国经济通过贸易和投资流动联结而成，区域或国家只是分支单位而已。"资料来源：鲁本斯·里库佩罗. 全球化与自由化：在两大潮流下谋求发展［R］. 联合国TD/366号文件，1996：12.

[②] 国际货币基金组织. 世界经济展望［M］. 北京：中国金融出版社，1997：45.

如，金融市场和工业制成品贸易），但这些相互影响对立足于国际的经济角色及其公共调控者来说往往是要么提供机会，要么产生限制。"① 经济合作与发展组织（OECD）认为，"经济全球化可以被看作一种过程，在这个过程中，经济、市场、技术与通信形式都越来越具有全球特征，民族性和地方性在减少。"② 刘力认为，"经济全球化是指由商品和生产要素跨国界流动所导致的世界各国经济依赖程度日益提高、国内规则趋于一致和全球经济治理结构不断强化的过程。"③ 从上述关于经济全球化的观点中，我们可以看到，经济全球化不仅涉及世界各国经济联系密切程度的提高，而且包括各国经济体制和政策的趋于一致性和国家经济协调机制的强化，但至今尚无一个统一的定义。通过上述对经济全球化概念的分析，我们可以把经济全球化的内涵概括为以下几个方面：（1）世界各国经济联系的加强和相互依赖程度的不断提高，如贸易全球化、投资和市场全球化等；（2）世界各国经济规则的趋同化，如市场和贸易投资自由化等；（3）全球经济治理结构的强化。因此，"经济全球化是科技革命的产物，是市场经济的结果，是贸易和投资自由化的必然……无论你把经济全球化视为福音，还是看作灾难，经济全球化已经成为不可抗拒的客观现实。尽管存在一些消极影响，但从根本上讲，经济全球化大大实现了全球资源的最优配置，促进了世界各国的经济发展和福利水平的提高。"④

在经济全球化背景下，多边贸易体制的形成是一种历史必然。前面我们已经分析过，由于20世纪前半叶发生的两次世界大战导致正常的国际贸易体系遭受破坏，世界各国面临着空前的经济衰退，因此，重建国际经济秩序成为二战以后世界各国面临的一项最为紧迫的任务。⑤ 经过以美国为主导的世界各国（主要是发达国家）的共同努力，作为国际经济秩序重建内容的国际货币基金组织和国际复兴开发银行于50年代相继成立，而另一个更为重要的、国际经济秩序重建内容的国际贸易组织的成立却并不顺利，因为各方在谈判过程中难

①　保罗·赫斯特，格雷厄姆·汤普森. 质疑全球化［M］. 北京：社会科学文献出版社，2002：12.

②　https：//zuoye. zqnf. com/shimes202042516497. htm.

③　刘力. 经济全球化与中国和平崛起［M］. 北京：中共中央党校出版社，2004：8.

④　刘力. 经济全球化与中国和平崛起［M］. 北京：中共中央党校出版社，2004：1.

⑤　战后国际经济秩序重建包括三个方面的内容：一是在国际金融方面，成立国际货币基金组织，重建国际货币制度以维持汇率和国际收支的平衡；二是在国际投资方面，成立国际复兴开发银行（即世界银行）以鼓励对外投资并为战后各国的经济恢复和发展筹集资金；三是在国际贸易方面，建立国际贸易组织以扭转日益盛行的贸易保护主义政策，促进国际贸易发展。

以达成一致而中途夭折。尽管国际贸易组织的建立夭折了，但在谈判过程中关于具体产品的关税减让问题却达成了协议，即"关税与贸易总协定"。因此，关税与贸易总协定成为管理多边贸易的临时性工具，并成为存在 40 多年的事实上的准国际经济组织。

作为一个临时性的协定，关贸总协定对战后国际贸易的发展却起到了巨大的促进作用，启动和推进了各国的贸易自由化进程，缓和了各国在国际贸易中的矛盾和摩擦，推动了发展中国家贸易和经济的发展。但也存在着许多难以克服的内在缺陷。一是由于不具有国际法主体资格，面对日益加速的经济全球化进程显示出越来越多的局限性，使其权威性大打折扣；① 二是由于管辖范围过于狭窄，无法协调诸如服务贸易、知识产权贸易、农产品、纺织品和服装的贸易等；三是由于关贸总协定的规则存在许多漏洞严重影响多边贸易体制的权威性和有效性从而动摇整个关贸总协定的体制基础；② 四是由于关贸总协定的争端解决机制存在缺陷而难以协调建立多边贸易体制的争端解决机制。③ 在新的历史条件下，关贸总协定必然要被更加完善的多边贸易体制所取代。针对关贸总协定存在的无法克服的内在缺陷，乌拉圭回合谈判各方决定成立一个崭新的多边贸易体制即世界贸易组织，以适应国际贸易和经济全球化发展的需要。④ 世界贸易组织是具有国际法主体资格的法人组织，其目标是推动世界贸易的自由化。为了体现其宗旨，保证其目标的实现，WTO 坚持非歧视性原

---

① 比如，当代经济全球化的过程中，贸易、金融和投资的关系日益密切，迫切需要相关领域的国际经济组织加强合作与协调。但是，由于关贸总协定不是正式的国际性组织，在同国际货币基金组织和世界银行等国际组织的合作中，就缺乏足够的法律、制度和组织上的保证。

② 这些漏洞主要包括但不限于以下几个方面：一是东京回合后，许多规则从多边转向"诸边"，只适用于签署协议的成员国；二是在诸如反倾销和反补贴这类规则中对认定标准规定得很不明确；三是存在贸易集团、国际收支保障、特殊保障、幼稚工业保护等除外条款；四是存在诸如自愿出口限制、有秩序的销售安排等违背关贸总协定原则的"灰色区域措施"。

③ 这些缺陷包括但不限于以下几个方面：一是专家小组的权限很小；二是争端解决的过程很长；三是监督后续行动不力；四是"全体一致同意"原则致使某个违反规则的成员国有可能得不到惩罚。

④ 早在乌拉圭回合谈判之初，参加方就意识到有必要建立一个正式的多边贸易组织。1990 年，当时的欧共体提出了建立"多边贸易组织"的倡议，得到了其他国家的支持。1990 年 12 月，关贸总协定成员国布鲁塞尔部长会议正式决定成立"多边贸易组织"。1993 年 12 月，乌拉圭回合结束时，根据美国提议，"多边贸易组织"更名为"世界贸易组织"（World Trade Organization，WTO）。1994 年 4 月 15 日，在马拉喀什部长会议上正式通过了《关于建立世界贸易组织协议》，正式决定成立世界贸易组织。1995 年 1 月 1 日，世界贸易组织正式成立，从此国际贸易进入世界贸易组织时代。

则、① 贸易自由化原则、② 透明度原则、③ 允许例外和差别待遇原则。④ 由于坚持了这些基本原则，WTO 对世界经济和国际贸易的影响力是任何其他区域贸易安排都无法比拟的，也是任何国家都无法忽视的。因此，从某种意义上说，WTO 的建立为世界经济的全球化和稳定发展奠定了制度基础。⑤

（二）多边贸易体制产生和发展的动因与经济效应分析

迄今为止，具有全球意义或者具有全球性质的多边贸易体制出现过两个，一个是关税与贸易总协定，另一个是世界贸易组织。众所周知，关贸总协定与世界贸易组织之间存在着起始与承继、前因与后果的关系。作为世界贸易组织的前身，关贸总协定为世界贸易组织的产生与发展提供了借鉴与动因；作为关贸总协定的延展，世界贸易组织为关贸总协定的作用发挥提供了空间和舞台。可以说，没有关贸总协定，世界贸易组织可能还只是停留在"谈判过程中"；没有世界贸易组织，关贸总协定可能也已经消失在"贸易争端中"。实质上，关贸总协定和世界贸易组织都是对多边贸易体制发展动因的诠释。相应地，多边贸易体制的发生发展也是通过关贸总协定和世界贸易组织的发生发展体现出来的。下面，我们就以 GATT 和 WTO 为"麻雀"来解剖多边贸易体制产生和发展的动因。

首先，多边贸易体制的产生和发展是国际分工深化与发展的客观要求和必然结果。在《国富论》中，斯密告诉我们一个道理，分工是经济发展和财富增加的源泉，而分工的实现和深化又取决于市场的范围。在国际市场上，世界经济发展的原动力就是国际化的专业分工，世界范围的大市场为这种专业化分

---

① 非歧视性原则是通过最惠国待遇条款和国民待遇条款实现的。联合国国际法委员会把"最惠国待遇"定义为："给惠国给予受惠国或者与该受惠国有确定关系的人或物的优惠，不低于该给惠国给予第三国或者与该第三国有同样关系的人或物的待遇。"国民待遇指的是一国给予所有成员国的公民和企业在经济上的待遇不低于给予本国公民和企业的待遇，这种待遇主要包括税收、知识产权的保护、市场的开放等，以保证成员国产品与本国产品以同样的条件竞争。

② 贸易自由化原则是指所有世界贸易组织成员限制和取消一切关税和非关税壁垒，消除国际贸易中的歧视待遇，提高本国市场准入程度。这主要体现在关税减让、一般取消数量限制原则和促进公平竞争原则中。

③ 透明度原则是指各成员方一切影响贸易活动的政策和措施都必须及时公开，以便于各成员方的政府和企业的了解和熟悉。

④ 允许例外和保障措施原则是指在某些特殊条件下，世界贸易组织成员可以不履行已承诺的义务，对进口采取一些紧急的保障措施，如提高关税、实施数量限制等。

⑤ 海闻，等. 国际贸易 [M]. 上海：上海人民出版社，2012：396.

工的深入发展提供了空间。在分工水平深化与市场范围扩大的过程中，规模经济效应发挥了重要作用。专业化分工是规模经济的基础，规模经济是国际分工深化的优势之所在。世界经济的发展必然带来经济规模的不断扩大，经济规模的扩大又会生产更多的商品，商品的销售需要更加广阔的市场，更加广阔的市场必须排除各种障碍，形成统一市场。而统一市场的形成只有依靠多边贸易体制。所以，多边贸易体制的建立是国际分工深化发展的客观需要和必然结果。

其次，多边贸易体制是协调和化解区域贸易安排诸多矛盾和消极影响的产物。具体来说，区域贸易安排的诸多矛盾和消极影响主要包括以下几个方面：（1）持续发展的愿望与现实壁垒的限制之间的矛盾，这也是区域贸易安排"对内自由，对外保护"这种内外有别的贸易政策的必然结果。任何一个国家无论是国家层面对繁荣富强的愿景还是公民层面对美好生活的向往都有赖于国内经济的持续发展和外部空间的无限扩展，只有这样，才能支撑生产水平的持续提升和产品被市场消化，也就是我们常说的实现可持续发展。在区域贸易安排内部这种协调是没有问题的，但是一旦超越就会碰到壁垒，进而遏制区域内经济向外扩张。所以，我们说区域贸易安排既可以为区域内的成员国发展提供支持，同时也是限制成员国进一步发展的障碍。（2）区域贸易安排的"贸易转移效应"造成资源配置的低效率与资源配置全球化而可能提高效率之间的矛盾。我们知道，从斯密之后的经济学都是以比较优势作为资源配置原则的，但是区域贸易安排的"贸易转移效应"却打破了这一原则，造成全球资源配置的低效率。因为区域贸易安排建立后，成员国进口从外部低成本的优势产品转向内部高成本的劣势产品，伴随着这种产品的转移必然引起生产进而资源配置的转移，其结果是资源配置从外部的高效率转变成内部的低效率，从而造成全球资源的浪费。（3）区域贸易安排造成的市场垄断与多边贸易体制推崇的全球自由化之间的矛盾。区域贸易安排奉行"一致对外"原则，必将抑制区域内外的自由竞争，削弱多边贸易体制的作用。[①] 其危害主要表现在四个方面：一是区域贸易安排因为左右商品市场价格而损害区域外国家有关商品的自由进出口；二是区域贸易安排因谈判能力提高而操纵多边贸易体制的通行规则；三是区域贸易安排的"集体行动"可以扩大诸如借口反倾销、反补贴所采取的贸易保护措施的危害性；四是区域贸易安排的"好处"掩盖了其"危害"，把各国追求自由贸易的目光由多边贸易体制转向区域贸易安排。"解铃

---

① 刘力. 国际贸易学：新体系与新思维［M］. 北京：中共中央党校出版社，1999：424.

还须系铃人"，化解矛盾，消除这些消极影响，还必须从矛盾出现的根源着眼，从消极影响产生的因素入手。上面的分析充分说明了出现矛盾，产生消极影响的最关键问题在于区域贸易安排自身存在难以克服的"先天不足"和"制度障碍"。弥补区域贸易安排"先天不足"，克服其"制度障碍"的良方妙药就是建立多边贸易体制，以多边贸易体制遏制区域贸易安排，以实现全球自由贸易这一国际贸易政策的最优目标，吸引更多的国家加入多边贸易体系。

最后，多边贸易体制建立与发展是科学技术进步的必然要求。在当代世界经济社会中，任何一个国家都不可能单纯依靠自身力量来进行科学技术研发以满足经济社会发展的需要。当代各国对新技术的使用已经成为相互依赖、密不可分的全球化活动，而且新技术的研发本身也日益国际化和全球化。因此，科学技术越是深入发展，越是离不开外部世界力量的支持与配合，越是需要多边贸易体制来协调与整合这些外部力量。正如世界著名经济学家约翰·H. 邓宁所言："除非有天灾人祸，经济活动的全球化不可逆转。这是技术进步的结果，而技术进步的趋势不可逆转。"[①] 鲁杰罗也曾指出："如果有人认为全球化是可以阻止的，那么他必须告诉大家，他有没有设想过阻止经济和技术发展的后果。阻止全球化无异于想阻止地球自转。"[②] 作为经济全球化载体和结果的多边贸易体制的建立和发展，毫无疑问，也是必然的。

（三）多边贸易体制的包容性及其对国际贸易发展的促进作用

通过前面的分析我们可以认为，如果说区域贸易安排是国际经济合作的次优选择，那么，多边贸易体制则是国际经济合作中的最优选择。之所以说相对于区域贸易安排的次优性，多边贸易体制具有最优性，主要是因为多边贸易体制具有的包容性及其对国际贸易发展的巨大促进作用。

多边贸易体制的最大好处是可以实现资源在全球范围内的最优配置。受本国资源和市场的限制，无论一国经济运行的效率有多高，当达到资源或市场的临界点的时候，其发展就会因遇到壁垒而难以为继。在这种情况下，建立区域贸易安排可以缓和这一限制，因为是次优选择，这种缓和也只能限于参与贸易安排的成员国区域内，说到底不过是一国所受限制的有限宽松。只有建立多边

---

① 约翰·H. 邓宁，杨长春. 全球化若干反论之调和 [J]. 国际贸易问题，1996（3）：12–18.
② 刘力. 经济全球化与中国和平崛起 [M]. 北京：中共中央党校出版社，2004：39.

贸易体制，才能为一国经济发展最大限度地摆脱资源和市场的限制提供机会，才能实现"在最有利的资源条件下生产，在最需要的需求市场上销售"，从而达到"生产效率更高、商品更符合市场需要"这一最优目标。联合国开发计划署在《1999 年人类发展报告》中有关此类问题的描写更是充满了浪漫的理想主义色彩，"全球化的时代为全世界成千上万的人创造了许多机遇。不断增长的贸易、新技术和外国投资，日益扩展的媒体和互联网的连接，促进了经济增长和人类进步。所有这些，在 20 世纪取得前所未有的进步基础上，为在 21 世纪消除贫困发掘了巨大的潜力。我们拥有比以往更多的财富和技术，以及对全社会更多的承诺。全球市场、全球技术、全球意识和全球团结，能够使世界各地民众的生活更加丰富多彩，能够大大拓展人们的选择。"① 无论是朗沃斯的现实主义描述还是联合国开发计划署的理想主义憧憬，其实都可以作为多边贸易体制作用的注脚。

多边贸易体制之所以能够起到如此巨大的作用，根本在于其具有的包容性，超越国家和区域贸易安排的、排除一切发展障碍和贸易壁垒的包容性。第一，多边贸易体制构建的是一个"人人平等，时时公开，事事公平"的共同体，一般都坚持非歧视性、贸易自由化、透明度、允许例外和差别待遇等原则。这些原则保证了每个国家都能够公平地获得发展的机会，公正地享受发展的好处。比如，作为多边贸易体制的代表和全球贸易自由化、便利化最核心平台的世界贸易组织，目前有 160 多个成员国，其贸易额占全球贸易额的 90%以上。第二，为了实现贸易自由化的总体目标，多边贸易体制采取一揽子方案。"一揽子方案"既包括货物贸易方面，也包括非货物贸易方面；既包括谈判方面，也包括监督谈判结果及协议落实方面；既包括裁决纠纷方面，也包括技术援助和培训进化方面；既包括协调成员国关系方面，也包括协调其与国际机构关系方面。总之，多边贸易体制是一个开放的、涵盖世界经济几乎所有方面的组织。第三，多边贸易体制发展的同时，对其他区域贸易安排持有包容的态度。比如 WTO 成立后，2001 年通过的《多哈部长级会议宣言》就强调"各成员国重申将世界贸易组织视为全球贸易规则制定和促进贸易自由化的独特论坛，同时承认地区贸易协议在推动贸易自由化、扩大贸易以及促进发展方面所起的重要作用"。多边贸易体制对区域贸易安排的这种包容性要比区域贸易安排"对内自由，对外保护"的狭隘性，无疑地，能够在更高层次、更大程度

---

① 联合国开发计划署.1999 年人类发展报告［M］. 北京：财政经济出版社，2002：1.

上促进全球经济和贸易的发展，WTO 这一多边贸易体制成立近 30 年来所取得的成绩已经充分证明了这一点。另外，多边贸易体制对区域贸易安排的包容性还表现在多边贸易体制为区域贸易安排提供纪律约束和规则基础，防止区域碎片化和"意大利面条碗"效应。[①] 第四，多边贸易体能够协调不同的区域贸易安排的规则标准和贸易目标，以尽量减低区域贸易安排的歧视性和排他性，引导区域贸易安排朝着多边贸易体制方向发展。博鳌亚洲论坛 2021 年年会举行的首场新闻发布会发布两份旗舰报告即《亚洲经济前景与一体化进程》和《可持续发展的亚洲与世界》指出，截至 2021 年 2 月，亚洲经济体与区域内外经济体生效的区域贸易协定共有 186 个，占全球区域贸易协定总数的 54.9%。由此可以推断，全球生效的区域贸易协定（即区域贸易安排）有 339 个之多。这么多的区域贸易安排，其内在模式会由于各自的规则不同而有所不同。[②] 这样就会造成区域贸易安排之间的诸多摩擦和障碍从而不利于全要素生产率的提高与经济的长期增长。因此，区域贸易安排最终会融入多边贸易体制，形成统一的多边或全球的贸易体系，这样才能够使各国贸易实现利益最大化。

三、国际贸易体系演变的历程与发展方向

（一）国际贸易体系演变的历程

国际贸易是国家间相互依赖、相互影响的一种具体形式。国家间的相互依

---

① "意大利面条碗"效应是指在双边自由贸易协定（FTA）和区域贸易协定（RTA）下，各个协议的不同的优惠待遇和原产地规则就像碗里的意大利面条，一根根地绞在一起，剪不断，理还乱。这种现象贸易专家们称为"意大利面条碗"现象或效应。例如，在每个双边自贸协定和区域贸易协定中，有关"原产地规定"的条款越来越多，也变得更加复杂，北美自由贸易协定的汽车原产地规则就是一个典型。

② 比如，关于关税自由化问题，各国区域贸易协定（RTA）的解决办法各有不同；关于保障措施，各国 RTA 并没有形成明显的模式；但是近年来仍有明显的趋势表明，一部分国家或联盟已经形成了其 RTA 的独特模式，这种国家群体通常表现出明显的地理区域化。例如，在服务与投资领域，北美自贸协定（NAFTA）采用负面清单模式，并且这种模式在 NAFTA 之外的很多美洲和亚太地区国家盛行；正面清单模式在亚洲国家流行；而欧盟则采取混合模式。有时区域贸易安排模式表现出"中心－辐条"的特性，主要是由于核心 WTO 成员采用同样的模板作为 RTA 的基础。例如，在知识产权规则方面，中心国主要是美国、欧盟和日本，也包括发展中国家智利和墨西哥。在原产地规则方面，大多数的 RTA 采用欧盟模式或 NAFTA 模式。转引自：尹政平，等. 多边贸易体制与区域贸易安排的关系与前景 [J]. 国际贸易，2017（7）：11 – 15.

赖自古有之，因此正如我们在第二章中所论述的那样，国际贸易（对外贸易）也是历史久远、源远流长。随着当今国际经济联系的不断加强，一体化与全球化程度的逐步深化，今天国家间的相互联系"不仅包括资本、劳动力、科学技术、信息、产品、服务等在全球范围的流动和合理配置，包括所有经济活动和经济关系在全球范围内的相互交织和融合，而且还包括思想文化在全球范围的广泛交流，包括政治制度、意识形态、科学技术、文化艺术等在全球范围的沟通和相互影响。"① 由于国家间这种相互依赖程度的扩大和加深引发并促进了国家间为了规范这种相互依赖和联系而制定某些规则、协定和安排。这些国家间的相互依赖和联系与规则、协定和安排被称为国际机制或体系；而国际贸易领域的这些联系与规则、协定和安排则被称为国际贸易机制或体系。因此，国际机制或体系是"国际关系特定领域中行为主体愿望趋同的一系列隐含或明示的原则、规范、规则和决策程序"，② 是"有关国际关系特定问题领域中的、政府同意建立的、有明确规则的制度"；③ 而国际贸易机制或体系也就是国际贸易领域中行为主体即国家愿望趋同的一系列隐含或明示的原则、规范、规则和决策程序，是国际贸易关系中的、政府同意建立的、有明确规则的制度。国际贸易体系建立的目的是通过权威式或约束性制度安排或规范以提高贸易效率和促进全球福利。尽管没有一个统一的政府管理国际贸易，但各个国家的相互依赖及其建立的基于共同利益和愿望的国际贸易体系却可以减少纷争与冲突，从而增强合作与融合。因此，国际贸易体系反映的是一段时间内国家与国家之间竞争与合作的状态，也就是国际贸易体系中的国家政策调整与否及其趋同程度。在国际贸易体系中，合作与竞争是并存的，合作是对竞争的反映，没有竞争或规范竞争的要求也就没有合作，因此，国际贸易体系正是在竞争和合作中演进并得到加强的。

因此，分析国际贸易体系演进的一般逻辑之前，首先要分析清楚国际贸易体系中的竞争与合作关系及其发展变化。国际贸易体系中的竞争与合作，作为一对矛盾其存在和演变的因素有各国的生产力发展水平、国际分工结构、国际

---

① 李琮. 世界经济学大辞典 [M]. 北京：经济科学出版社，2000：632.

② Stephen Krasner. International Regime [M]. Cornell University Press，1983：2. 转引自：张斌. 多边贸易体制的变迁：一个国际机制理论的解释 [J]. 世界经济研究，2003（7）：50–55.

③ Robert Keohane. International Institutions and State Power：Essays in International Relations Theory [M]. Westview Press，1989：4. 转引自：张斌. 多边贸易体制的变迁：一个国际机制理论的解释 [J]. 世界经济研究，2003（7）：50–55.

贸易结构、国际贸易诉求、国际贸易政策、国际贸易体系。其基本的逻辑是：各国生产力发展水平决定国际分工结构，国际分工结构决定国际贸易结构，国际贸易结构决定国际贸易诉求，国际贸易诉求决定国际贸易政策，[①] 国际贸易政策决定了一国在国际贸易体系中的矛盾选择即是采取竞争还是采取合作。一般情况下，如果一国的生产力发展水平比较高，它在国际分工结构中就会处于有利地位；在国际分工结构中处于有利地位就会主导国际贸易结构；主导国际贸易结构就会把本国的国际贸易诉求通过本国的国际贸易政策加诸国际贸易体系之上，使国际贸易体系符合本国的要求。相反，如果一国的生产力发展水平比较低下，它在国际分工结构中就会处于不利地位；在国际分工结构中处于不利地位就只能被动依附于国际贸易结构；依附于国际贸易结构的结果是本国的国际贸易诉求难以通过本国的国际贸易政策影响国际贸易体系，本国只能从属于国际贸易体系。这一演变规律，我们可以通过二战以后国际贸易体系的历史变迁得以佐证。二战之后国际贸易体系经历了三个阶段，即自由贸易快速发展阶段、区域经济一体化组织大量出现阶段、贸易保护主义重新抬头阶段。[②] (1) 自由贸易快速发展阶段的国际贸易体系的建立是美国霸权的产物，很大程度上是美国国内法及其双边贸易协定的延伸，同时美国国内立法与授权还直接决定了多边贸易谈判和规则制定的进程。一定程度上可以说，自由贸易快速发展阶段是"美国阶段"，尤其是在全球贸易领域。[③] 如果说第一个阶段的国际贸易体系建立是由美国一个国家主导的，那么第二个阶段的国际贸易体系建立则是受多边因素的影响了。(2) 区域经济一体化组织大量出现。这一阶段由于美国实施去工业化与金融化，使得其国际收支结构发生了重大变化，导致其从一个贸易顺差国蜕变为一个贸易逆差国家，受美国这一变化的影响，全球贸易和国际收支失衡成为这一阶段世界经济体系中最显著的特征。与之相应的变化是，国际贸易体系的主导权在由美国霸权向美国、欧洲二极、美国、欧洲、日本三极，到美国、欧洲、日本、加拿大和发展中国家多极格局转变，[④] 这是第二个阶段区域经济一体化大量出现的原因所在。由此可见，国际贸易体系进入第二个阶段的主要推动力正是世界多极化发展的结果。(3) 贸易保护

①②　乔晓楠，等．国际贸易体系的变革与中国的应对策略 [J]．中共杭州市委党校学报，2019 (4)：87 – 96.

③　首任 WTO 总干事鲁杰罗就曾在 1998 年纪念全球贸易体系 50 周年的活动上表示，全球贸易体系在过去 50 年中，唯一不变的就是美国的领导地位。

④　张斌．多边贸易体制的变迁：一个国际机制理论的解释 [J]．世界经济研究，2003 (7)：50 – 55.

主义重新抬头阶段。2001 年 "9·11" 恐怖袭击事件，2008 年全球金融危机等使美国消耗甚巨，实力削弱，贸易政策随之发生由自由主义向保护主义的变化。美国贸易政策的变化引起国际贸易政策的连锁反应，贸易保护主义重新抬头，致使国际贸易体系包括区域贸易安排和多边贸易体制都发生了相应的变化。人们开始反思，国际贸易体系的正常运行究竟应该受什么样的力量掌控。事实证明，一国独霸或多极化都难以持久。反思 WTO 成立以来所取得的成就，我们觉得无论是货物贸易的众多规则本身，还是服务贸易总协定和知识产权协定，都需要有强有力的国际组织作为依托才有可能有效执行。① 因此，贸易保护主义抬头这一现象的出现，使我们更加明白了多边贸易体制之于国际贸易体系正常运行的重要性。

综上所述，国际贸易体系的演进历程从逻辑上看有这样两条主线：一是国际贸易体系中的竞争与合作的关系变化是由强权之下的被动合作到自由竞争，再到自由竞争基础上的合作，最后统一于多边贸易体制；二是体现竞争与合作关系的国际贸易体系主导权的变化是霸权主导到多极化主导，再到超国家的、合法的多边贸易体制统领。这一逻辑演变的基本线索是由单边贸易政策到双边贸易协定，再到区域贸易安排，最后归宿于多边贸易体制。

（二）国际贸易体系演变的未来方向

"区域化自其出现起，就在与全球化并行发展。以 WTO 为代表的多边贸易体制是全球贸易规则的主渠道，区域贸易自由化是其有益补充。多边贸易体制与区域贸易安排始终是推动贸易自由化的两种路径、两个轮子：多边可以给区域提供纪律约束，是区域的终极目标；区域安排比多边更灵活，更容易成功，增加了经济合作丰富的内容，也是推动多边贸易体制发展的重要途径之一。"② 上述关于区域贸易安排与多边贸易体制关系的描述，为我们研究国际贸易体系演进和发展的未来方向提供了一个基本借鉴。

首先，区域贸易安排与多边贸易体制是矛盾的统一体，这正如自由贸易与贸易保护是一个矛盾的统一体一样。一定时期内，区域贸易安排可能处于主导

① 张斌. 多边贸易体制的变迁：一个国际机制理论的解释 [J]. 世界经济研究，2003 (7)：50 - 55.

② 尹政平，等. 多边贸易体制与区域贸易安排的关系与前景 [J]. 国际贸易，2017 (7)：11 - 15.

地位，另一个时期内，多边贸易体制有可能处于主导地位。究竟哪种贸易体系处于主导地位，是由当时的国际经济环境甚至是政治、安全、军事等环境决定的。当经济增长较快、合作处于主导地位、世界处于和平时期时，多边贸易体制的发展就相对要快一些；当世界经济发展出现困难、竞争与对抗处于主导地位、世界处于动荡不安时期时，多边贸易体制发展会受到阻碍，区域贸易安排则会成为某些国家谋求发展的主要形式。无论是多边贸易体制处于主导地位，还是区域贸易安排处于主导地位，这两种形式的国际贸易体系都只是此消彼长的一种状态。因为，这两种状态本身就是互为依存，互为依据的关系。区域贸易安排是多边贸易体制的有益补充并为多边贸易体制发展产生积极的推动作用。多边贸易体制为区域贸易安排提供纪律约束和规则基础，防止区域碎片化和"意大利面条碗"效应。

其次，国际贸易体系在朝着多边贸易体制演进的过程中，区域贸易安排是必不可少的阶段，这一阶段可能还会很长，也可能会表现出不同的具体形式，但总的方向是不会逆转的。从前面的分析中我们可以知道，在国际贸易体系演进的过程中出现了诸如自由贸易区、共同市场、完全经济一体化、关税与贸易总协定、世界贸易组织等形式。这些具体形式的出现可能是顺次的，比如沿着优惠贸易安排→自由贸易区→关税同盟→共同市场→经济同盟→完全的经济一体化，关税与贸易总协定→世界贸易组织，或者中间少了一个或几个形式，但总体上是由优惠贸易安排这种较为低级的形式向完全一体化这种高级的形式演化；也可能是几种形式同时出现，比如一个国家同时与其他不同的国家结成不同形式的联盟。但是，无论具体情况如何，都不可能出现逆向演化，也就是完全的经济一体化→经济同盟→共同市场→世界贸易组织→自由贸易区→优惠贸易安排，世界贸易组织→关税与贸易总协定，根本原因在于，区域贸易安排有寻求相似的规则标准和贸易目标的趋势，区域内的成员国更是有向更高级层次和更广阔领域发展的"天然冲动"。

最后，国际贸易体系发展的终极目标必定是多边贸易体制。长期以来，建立一个全球性的多边贸易体制以处理国际贸易及与此有关的国际经济合作问题，是世界许多国家尤其是发达国家的夙愿。世界贸易组织这一多边贸易体制的具体形式自身具有许多的优势和有利条件，比如经济全球化提供了最深厚的物质基础、和平与发展为主题的时代发达国家普遍强调经济安全有利于减少对世界贸易组织的阻碍、世界经济多极化发展有利于避免少数大国对世界贸易组织的控制、世界贸易组织建立了较为完善的内部机制为充分有效地发挥作用提供了根本保证等。① 但是，我们也要看到，多边贸易体制的建立也面临着一定的挑战，比如区域贸易安排的快速发展削弱了多边贸易体制的吸引力、区域间频繁发生的贸易摩擦会给多边贸易体制统一行动带来麻烦、多边贸易体制的内在缺陷也会增加其运行的困难等。正是多边贸易体制建立与发展具备的这些优势和存在的挑战昭示着，国际贸易体系朝着多边贸易体制发展的道路必然是曲折的，但前途一定是光明的。

（三）构建具有包容性的国际贸易体系

在前述"国际贸易体系演变历程"这一节中，我们已经分析过，影响国际贸易体系演变的因素包括生产力发展水平、国际分工结构、国际贸易结构、国际贸易诉求、国际贸易政策等。因此，构建具有包容性的国际贸易体系就需要从这些影响因素入手，不断调整、巩固、丰富、提高这些因素，为包容性国际贸易体系奠定长久的坚实基础。首先，以提高生产力发展水平带动国际分工结构和贸易结构水平的提升。构建国际贸易体系首要的问题就是要提高生产力水平，以高水平的生产力带动国际分工结构和贸易结构水平的提高。这里的关键问题是世界生产力水平的普遍提高，而不是个别国家的提高。生产力水平只有普遍提高了，各国才能生产出资源禀赋不同但生产力禀赋相同的具有差异性的商品，在相同的水平上参与国际分工，"各卖所能，各买所需"，公平交易，各得其利。其次，调整国际贸易诉求和政策取向，摒弃"以我为主，本国优先"的对立思想，实行均衡发展的合作战略。传统的贸易思想中，"出口至上"一直处于主导地位，各国总是觉得只有多出口才能在国际贸易中获利。现实中，2017 年特朗普上台以后推行"美国优先"政策，通过双边甚至单边主义的手法迫使贸易伙伴减少对美贸易顺差，抵制产业外包，促使制造业回归。这种贸易保护主义尤其是单边主义的做法，是"重商主义的阴魂再现"，是典型的排他性诉求。因此，构建包容性的国际贸易体系必须突破排他性以及歧视性、垄断性和以邻为壑贸易思想的束缚，合作包容地对待一切国家、一切商品、一切利益。

---

① 刘力. 国际贸易学：新体系与新思维 [M]. 北京：中共中央党校出版社，1999：371 – 374.

参 考 文 献

［1］［英］阿兰·鲁格曼．全球化的终结［M］．北京：三联书店，2001.

［2］［英］保罗·赫斯特，格雷厄姆·汤普森．质疑全球化［M］．北京：社会科学文献出版社，2002.

［3］迪帕克，等．贸易集团与多边自由贸易［J］．经济资料译丛，1994（1）.

［4］国际货币基金组织．世界经济展望［M］．北京：中国金融出版社，1997.

［5］国际货币基金组织．世界经济展望报告．1993.

［6］海闻，等．国际贸易［M］．上海：上海人民出版社，2012.

［7］赖肖尔．近代日本新观［M］．北京：三联书店，1992.

［8］［美］朗沃斯．经济革命的痛苦代价［N］．芝加哥论坛报，1996 - 10 - 06.

［9］李琮．世界经济学大辞典［M］．北京：经济科学出版杜，2000.

［10］李计广，郑育礼．多边贸易体制改革：背景、性质及中国方略［J］．国际经济评论，2020（5）：6，76 - 91.

［11］联合国开发计划署．1999 年人类发展报告［M］．北京：财政经济出版社，2002.

［12］梁瑞．区域贸易安排原产地规则研究［M］．北京：知识产权出版社，2012.

［13］刘力．国际贸易学：新体系与新思维［M］．北京：中共中央党校出版社，1999.

［14］刘力．经济全球化与中国和平崛起［M］．北京：中共中央党校出版社，2004.

［15］刘力，宋少华．发展中国家经济一体化新论［M］．北京：中国财政经济出版社，2002.

［16］乔晓楠，等．国际贸易体系的变革与中国的应对策略［J］．中共杭州市委党校学报，2019（4）.

［17］宋泓．多边贸易体制制度设计与改革前景［J］．世界经济与政治，2020（10）.

［18］谈世中，等．经济全球化与发展中国家［M］．北京：社会科学文献

出版社，2002.

[19] 尹政平，等．多边贸易体制与区域贸易安排的关系与前景 [J]．国际贸易，2017 (7).

[20] [英] 约翰·H. 邓宁，杨长春．全球化若干反论之调和 [J]．国际贸易问题，1996 (3).

[21] 张斌．多边贸易体制的变迁：一个国际机制理论的解释 [J]．世界经济研究，2003 (7).

[22] 张世鹏，殷叙彝．全球化时代的资本主义 [M]．北京：中央编译出版社，1998.

[23] 张晓君．区域贸易安排中的自由化规则研究 [M]．北京：中国检察出版社，2011.

[24] 郑周明．论区域贸易安排对 WTO 多边贸易体制的挑战 [J]．开放导报，2005 (6).

[25] Allyn Young. Increasing Returns And Economic Progress [J]. The Economic Journal, 1928 (38).

[26] Baldwin R E, Krueger A O. The Structure And Evolution Of Recent U. S. Trade Policy [J]. Nber Books, 1984 (214).

[27] Dijck P V, Faber G. Challenges To The New World Trade Organization [M]. Kluwer Law International, 1996.

[28] P X Stephen H Dunphy. Is WTO In Danger? [N]. The Seattle Times, 2001.

[29] Kissinger H A. American Foreign Policy [M]. New York：W. W. Norton & Company, 1977.

[30] Schott J J. Launching New Global Trade Talks：An Action Agenda [M]. Institute for International Economics, 1998.

第五章

从绝对优势到比较优势：
国际贸易普惠思想的历史演进

最早从"优势"的角度对国际贸易的动因做出科学分析的是古典国际贸易理论。古典国际贸易理论滥觞于 18 世纪中叶的亚当·斯密的绝对优势理论，其间经过大卫·李嘉图的比较优势理论的革命性创新、20 世纪 30 年代的赫克歇尔－俄林的要素禀赋理论的完善，最后完成于 50 年代"里昂惕夫之谜"的提出及解释。因为古典贸易理论不考察诸如汇率、国际收支、国际资本流动等货币、价格和支付问题，所研究的仅仅是国家间的物物交换行为，英国著名古典经济学家马歇尔称之为国际贸易纯理论。古典贸易理论以完全竞争和规模收益不变为前提，从成本差异的角度探讨了国际贸易发生的动因，又因为将成本分为绝对成本和比较成本而分成绝对优势理论和比较优势理论。因此，绝对优势理论和比较优势理论是国际贸易纯理论最为主要的分析工具。绝对优势理论是古典国际贸易理论分析框架建立的基础，比较优势理论则是整个古典国际贸易理论研究的核心。对比分析绝对优势理论和比较优势理论，不仅有助于我们更加深入地了解国际贸易理论发展的规律，而且可以从中发现国际贸易普惠思想是如何在绝对优势理论向比较优势理论演化过程中逐渐完善起来的。

一、绝对优势理论的狭隘性及其对国际贸易的影响

（一）"绝对优势"来源的演变历程

亚当·斯密的绝对优势理论是他在对重商主义的批判尤其是对财富的研究中提出来的。但是，亚当·斯密并未对绝对优势理论给出相应的定义，甚至没有为自己提出的这一理论冠以此名。"绝对成本理论"应是后世学者赋予亚当·斯密所提出学说的名称。①

斯密关于绝对优势是国际贸易基础的理论开辟了从成本（进一步地说是成本差异）的角度分析国际贸易动因的先河。斯密之后的众多经济学家或学者分别从不同的角度或领域对斯密的这一理论进行发展，形成诸多的关于国际贸易动因的理论。尽管学界一直以来的观点是，斯密的绝对优势理论被后来的李嘉图的比较优势理论所取代，进而认为比较优势理论更符合国际贸易的现实，但是，作为国际贸易动因科学分析的肇始，绝对优势理论却并未因为比较优势理论的出现而被"束之高阁"，完全失去影响力。事实上，在不少承继比较优势分析框架的理论中时而还会显现绝对优势理论的影子。这些"时而显现的绝对优势理论的影子"说明，就贸易展开的原因及其利益所在而言，李嘉图的模型是一种不能完全实现的分工和贸易假设，具有普遍规律性的应该是斯密的绝对优势理论及其模型。事实上，对广大发达国家和发展中国家来说，普遍存在的规律不是发达国家在所有产品方面都拥有绝对优势，而是对不同的要素密集度产品，各国依据本国的要素丰裕度具有各自的绝对优势。② 就一国而言，生产要素相对丰裕就具有绝对优势，生产要素相对稀缺就处于绝对劣势。随着国际贸易的深入发展，这种由国家层面考虑绝对优势抑或绝对劣势的研究向产业或企业层面演变，总的理论倾向是，具有绝对优势的产品，国家就鼓励出口；处于绝对劣势的产品，国家就限制进口。后来的诸多贸易保护理论中，或多或少都体现了这种理论倾向。比如流行于发展

---

① 王美强. 古典国际贸易理论研究——从亚当·斯密到约翰·穆勒 [D]. 天津：天津财经大学，2013：17.

② 赵俏姿，孙文涛. 绝对优势论在国际贸易中的普遍规律性 [J]. 上海电力学院学报，2002（4）：58-61.

中国家的"保护幼稚工业论"中"保护国内幼稚工业"的观点，"改善国际收支论"中"减少出口从而减少外汇支出，增加外汇储备"的观点，"改善贸易条件论"中"用增加关税等贸易保护的手段限制进口减少需求以降低进口商品的价格"的观点，"民族自尊论"中"为了增加民族自豪感，政府一方面从政治上把使用国货作为爱国主义来宣传，另一方面企图通过贸易保护政策来减少外来冲击，发展本国工业"的观点，流行于发达国家的"保护就业论"中"每当经济不景气，失业率上升时，西方国家的一些政治家和工会领袖就归罪于来自外国的尤其是发展中国家的竞争，纷纷主张以限制进口来保护本国工业的生产和就业"的观点，"保护公平竞争论"中"为了对付国际贸易中因为政府参与而出现的不公平竞争行为"的观点，"保障社会公平论"中"为了保证农民和地主的收入能跟上社会发展水平，或者说为了缩小农民与社会其他阶层收入的差距，不少国家（主要是发达国家和新型工业化地区）通过限制进口、价格支持、出口补贴的各种保护手段将社会其他行业的一部分收入转移到农民和地主手中以达到一定的社会公平"的观点，"国家安全论"中"以国家安全为依据限制进口，以保持经济的独立自主"的观点等，上述这些讨论或多或少都体现出培育国内绝对优势的思量。

（二）绝对优势理论的狭隘性及其对国际贸易的影响

从前述对斯密国际贸易理论内在逻辑的分析中我们可以发现，绝对优势理论是斯密国际贸易理论的基础，而"经济人"假设则贯穿始终。

众所周知，斯密有两部传世名著，一是《道德情操论》，二是《国富论》。斯密无论是在《国富论》还是在《道德情操论》中，都重点讨论了人的自利性对社会发展的绝对重要意义和约束人的自利性的至关重要性。在《道德情操论》中，斯密用"道德情操"制约人的自利性，而在《国富论》中斯密用"看不见的手"引导人的自利性。无论是用"道德情操"制约还是用"看不见的手"引导，其目的都是更好地发挥人的自利性之于经济社会发展的作用。在《国富论》中，斯密论证了"经济人"假设这一关于人的自利性的理论："无论是谁，如果他要与旁人做买卖，他首先就要这样提议：请给我我所要的东西吧，同时，你也可以获得你所要的东西……我们每天所需要的食物和饮料，不是出自屠户、酿酒家和面包师的恩惠，而是出于他们自利的打算。我们不说唤起他们利他心的话，而说唤起他们利己心的话；我们不说我们自己需要，而说对他们有好处。"① 斯密所重视的是如何提高国民财富的生产能力和国内消费者利益水平，这同样源于其"人是自私自利""经济人"的这一哲学判断。时至今日，肇端于斯密的"经济人"理论依然是西方社会最有解释力的人性假设，甚至成了一种不言自明的意识形态。② 在"经济人"理论演化的过程中，由于对"经济人"内涵的不同理解，这一理论演化往往被划分为三个阶段："经济人"阶段、"完全理性经济人"阶段、"有限理性经济人"阶段。③ 尽管"经济人"假设随着社会现实和生产力的发展而变化，但究其本质，其内涵仍然具有以下特质：其一，每个人都是自利的，并且以追求个人利益最大化为目的；其二，"经济人"或多或少都具有理性。④

　　上面我们分析斯密及其继承者有关"经济人"假设的问题，目的是弄清楚"经济人"假设的内涵及其对绝对优势理论所起的基础性作用。只有弄清楚了"经济人"假设的内涵及其对绝对优势理论所起的基础性作用，我们才能从中发现绝对优势理论不仅缺乏科学依据，而且具有狭隘性。"经济人"假设因其赖以为基础的"行为一致性"判断无法得到经验事实的印证而缺乏说服力，那么，以"经济人"假设为基础的绝对优势理论也就与之"同病相怜"，难以服众了。⑤ 有鉴于此，哈耶克指出：我们那个藏在碗柜里的没有血肉的"白骨精"——亦即我们已经用祈祷和禁食的方式驱赶的那个"经济人"妖魔——装扮成一个类似于全知全能的人从后门溜了回来。⑥ 阿马蒂亚·森直接将这种

---

　　①② 冯务中. 当代的亚当·斯密——阿玛蒂亚·森《伦理学与经济学》读后感 [J]. 博览群书，2004（7）：45 - 50.

　　③ 第一次工业革命后，生产力得到突飞猛进的发展，在新的经济形势下，约翰·穆勒把"经济人"的假设加入了具有完全有序的偏好，掌握完备的信息以及具有良好计算能力的特征，"经济人"假设由此进入理性时代。而到了 20 世纪，随着第二和第三次科技革命的相继开展，资本主义经济在经历飞速发展和惨痛的危机时代后，"经济人"假设从完全理性阶段进入有限理性阶段。其中，赫伯特·西蒙是批评"经济人"完全理性的主要代表。西蒙等认为，"理性是有限的，经济人实际上获得的并不是最优，而是满意的效用或利润"。他指出，"完全理性"是不现实的，由于经济问题本身具有复杂性，人们往往并不能搜集和掌握完整的信息，以及人类处理问题的能力的有限性等，"有限理性"才更接近现实。于是，"有限理性经济人"假设正式提出。转引自：杨文毅. "经济人"假设的缺陷与本性及其行为机理分析 [J]. 经济视角（上），2013（11）：5 - 7.

　　④ 杨文毅. "经济人"假设的缺陷与本性及其行为机理分析 [J]. 经济视角（上），2013（11）：5 - 7.

　　⑤ 宾默尔强调：即使其目标已经很广泛地考虑过了，"经济人"最多也只是人类的一个扭曲的、过分简化的假设。

　　⑥ 哈耶克. 个人主义与经济秩序 [M]. 邓正来，译. 北京：生活·读书·新知三联书店，2003：68.

自利最大化理论界定为"狭隘性"：这种自利最大化的狭隘理性观不仅是武断的，它还将在经济学中造成严重的描述性和预测性问题。……在这种狭隘观点看来，为什么人们在相互依赖的生产行动中常常共同努力，为什么可以经常观察到富有公共精神的行为，或者为什么在许多环境中根据规则而行事的动机屡屡限制了对自利的追求，如此等等，都是有待于解释的无休止的挑战。① 正因如此，主流经济学对"理性经济人"反复进行扩大或修缮，如将"完全信息"修订为"不完全信息"，将"完全理性"修订为"有限理性"，将"利益最大化"修订为"目标函数最大化"等，但在"自利原则"这一点上几乎没有丝毫的改变。事实上，"自利原则"被绝大多数西方经济学家认为是人类行为动机的不可证伪的永恒"公理"。② 由此可见，"经济人"假设以及建立其上的绝对优势理论不仅难以正确指导人们的经济行为选择，而且还会因其"自利性"导致经济行为的狭隘性。从实践上来看，绝对优势理论因为其基础"经济人"假设的"自利性"和"不确定性"而造成国际分工和国际贸易中的敌对性与随意性。一般来说，交换的基础是互利和诚信，一旦失去互利和诚信，交易就很难实现或顺利进行。国际市场上的交易也是如此，尤其是涉及国家利益，那不是一个商人或一个企业所能够统领和左右的，而斯密在把"劳动生产力最大的增进，以及运用劳动时所表现的更大的熟练、技巧和判断"统统归结于"分工的结果"的同时，注意力主要集中于工场内部的分工以及劳动专门化所产生的一切便利。这样看来，斯密并没有认识到分工的深刻的历史性和社会性，而是把它与企业内部的分工混淆起来，相互等同，从而忽视了不同社会结构中分工的不同性质和特点。③ 因此，绝对优势理论的应用范围一旦超出"工场内部的分工以及劳动专门化"，冲突和矛盾就会在所难免，更遑论超出国界了。

---

① 阿马蒂亚·森. 理性与自由［M］. 北京：中国人民大学出版社，2006：16.
② 程恩富，胡乐明. 经济学方法论：马克思、西方主流与多学科视角［M］. 上海：上海财经大学出版社，2002：195-196.
③ 陈庆德. 亚当·斯密与李斯特经济学说的比较［J］. 云南财贸学院学报，1987（4）：45-50.

二、比较优势理论的普惠性及其对国际贸易的促进作用

（一）"比较优势"来源的演变历程

比较优势理论是大卫·李嘉图在批判亚当·斯密的绝对优势理论、发展托伦斯相对比较优势理论的基础上建立起来的。1776 年，斯密在其《国富论》中以"每一个精明的家长都知道的格言"将成本优势概念引入经济理论分析的范畴，开创了比较优势理论研究的先河。其后，1815 年，托伦斯在《国外谷物贸易论》一文中具体阐述了相对比较优势理论；1817 年，李嘉图在《政治经济学及赋税原理》一书中将相对比较优势理论放在一个更加宏观的政治经济学理论体系中进行阐述，形成了较为完整的比较优势理论体系，奠定从而也确立了国际贸易理论研究和实践活动的准则和基石，成为此后国际贸易理论研究、实践选择和政策制定的圭臬。

欧玉芳在《比较优势理论发展的文献综述》[①] 一文中，对比较优势理论的发展进行了卓有成效的总结分析，认为，后来的追随者们从比较优势的静态来源和动态来源[②]两个方向不断发展、完善比较优势理论，修正原模型中的种种假定、引入新的经济影响因素以贴近现实，加强了其对现实的解释力，最终形成了现代比较优势理论。比较优势来源的静态分析从影响供给面和需求面的因素两个角度分析比较优势的源泉。影响供给面的因素主要包括要素禀赋、规模经济、技术差异、研究与开发、专业化分工和人力资本等；影响需求面的因素主要包括贸易条件、收入水平、需求结构、需求偏好、产品差异化、产品需求代表性等。比较优势来源的动态分析将时间因素融入比较优势来源的分析中，从要素密集度的动态化、要素丰裕度动态化、技术发展的阶段性以及各种决定比较优势的因素的长期动态平衡等角度出发诠释国际贸易的决定和贸易方向。从上面分析比较优势理论的众多角度我们可以得出这样的结论：李嘉图之后，继承完善比较优势理论的学者可谓"群星璀璨"，研究得出的成果可谓"硕果

---

① 欧玉芳. 比较优势理论发展的文献综述 [J]. 特区经济，2007 (9)：268 – 270.
② 李辉文，董红霞. 现代比较优势理论：当代国际贸易理论的理论基准 [J]. 国际经贸探索，2004 (2)：11 – 15.

累累"。这些学者及其理论成果都对后来的国际贸易产生了至关重要的影响。如果把这些学者及其理论成果——列举出来，那么，在国际贸易理论研究的星空中会是多么耀眼地存在：赫克歇尔和俄林提出的要素禀赋理论，斯托普尔和萨缪尔森提出 SS 定理，罗伯津斯基提出的罗伯津斯基定理，瓦内克提出的"要素含量"版本的 OPY 模型，琼斯提出的特定要素模型，哈伯勒、托尔、迪克特和斯蒂格利茨等引入规模经济来分析比较优势而建立的 DS 模型，赫尔普曼和克鲁格曼提出的基于自由进入和平均成本的垄断竞争模型，梯伯特提出的递增性内部规模收益产生比较优势理论，多勒尔等提出的技术差异促进专业化程度日益深化理论，马库森和斯文森提出的在规模不变的前提下各国都会出口要素生产率相对高的产品的思想，戴维斯提出的即使在规模报酬不变和完全竞争的市场条件下技术上的差异也会引起同行业产品之间的贸易的思想，多勒尔提出的发展中国家长期比较优势来源于技术进步的思想，格罗斯曼和赫尔普曼提出的融合新贸易理论的动态比较优势理论，杨小凯和博兰从专业化和分工的角度拓展了对内生比较优势的分析、杨格提出的将外生的比较优势因素引入基于规模报酬递增的、以内生专业化和分工为核心的新兴古典贸易模型框架中的分工—市场—分工模型，芬德利在凯恩基础上正式将人力资本引入了两要素、两商品的国际贸易模型，格罗斯曼和麦吉建立的相似要素禀赋的国家贸易竞争模型，穆勒提出的相互需求理论，林德尔提出的相似需求假说，弗农提出的产品生命周期理论，波斯纳提出的技术差距理论，筱原三代平提出的动态比较费用理论，赤松要提出的"雁行形态论"，小岛清提出的边际产业转移理论，巴拉萨在外贸优势转移假说的基础上形成的阶梯比较优势论，[①] 等等。

郭界秀在《比较优势理论研究综述》一文中提出，比较优势理论的起点应归于亚当·斯密（李辉文，2004），虽然其理论被称为绝对优势理论而提出，但多数经济学家都把它当作比较优势理论的特例，因为有绝对优势的产品一定具有比较优势，反之则不一定成立。比较优势理论的核心在于"比较"，根据比较对象的不同，可以区分为不同的阶段：比较成本理论、要素禀赋理论及其验证、在成本、技术、要素的动态变动中诠释比较优势的变动、从规模经济和分工、交易成本的角度去分析比较优势产生的原因等。[②] 高鸿业在为李辉文的著作《现代比较优势理论研究》一书所作的序中说："在 20 世纪以前，

① 欧玉芳. 比较优势理论发展的文献综述 [J]. 特区经济, 2007 (9): 268–270.

② 郭界秀. 比较优势理论研究综述 [J]. 社科纵横, 2007 (1): 64–66.

以李嘉图模型为基础的比较优势理论在国际贸易理论中毫无争议地占据着主流地位。经过 20 世纪 70 年代的边际革命，西方主流经济学的范式发生重大的变革，尤其是瓦尔拉斯（Walras）开始的一般均衡理论的建立、发展和影响的日益扩大，使得作为主流经济学重要组成部分的比较优势理论，也随之发生重要的变化。赫克歇尔的工作使得系统地改变对比较优势理论的认识成为可能。而他的学生俄林则明确地把'建立一种与价格相互依赖理论相一致的国际贸易理论'作为他的著作《区域间贸易和国际贸易》的目标之一，并且因为最终把比较优势理论成功地建立在'瓦尔拉斯－卡塞尔相互依存均衡模型'的基础上面而一举成名。在此后半个世纪中，赫克歇尔－俄林（HO）理论取代李嘉图模型而成为国际贸易领域中的主流理论，最终发展成为完整、成熟的新古典贸易理论。"① 李辉文从纯理论和经验研究两个方面以列举的方式系统梳理了现代比较优势理论的脉络。从纯理论层面看，以两个基本概念（要素密集度和要素丰裕度）和四个核心命题，即赫克歇尔－俄林（HO）定理、斯托尔珀－萨缪尔森（SS）定理、要素价格均等化定理（FPE）和罗伯津斯基定理为中心，现代比较优势理论的基本框架得以建立。自 20 世纪 50 年代以来，在这一基本框架的基础上，现代比较优势理论的发展取得了长足的进步。瓦内克（Vanek，1968）提出的 HOV 模型和利默尔（1980）、特拉夫勒等（Trefler et al.，1993，1995）对这一模型的发展，琼斯（Jones，1971）和萨缪尔森等（1971）发展的李嘉图－维纳（Ricardo-Viner）模型（特定要素模型，Specific-Factor Model），特拉夫勒（1993，1995，1997）的同时考虑国家间科技差异和要素禀赋差异的模型，芬德利和格鲁贝特（Grubert）对罗伯津斯基的研究的拓展以及二阶堂和宇泽（Oniki and Uzawa，1965）、芬德利（1971）、格罗斯曼和赫普曼（Grossman and Helpman，1991）对比较优势的动态性的探讨，对中间产品、资本品和非贸易品的引入，尤其是法尔维（Falvey，1981）、法尔维和基尔兹考斯基（1987）、劳伦斯和斯皮勒（Lawrence and Spiller，1983）、兰卡斯特（Lancaster，1980）、赫普曼（1981）以及格罗斯曼和赫普曼（1991）所建立的以比较优势为基础的产业内贸易分析等，极大地拓展了现代比较优势理论。而从经验研究层面看，虽然"里昂惕夫悖论"被很多人描述为否定现代比较优势理论的有力证据，但是其实这只是一次在现代比较优势理论有效的假定下所做的一次对美国要素丰裕度的经验分析（empirical analysis），而并非

---

① 李辉文. 现代比较优势理论研究 [M]. 北京：中国人民大学出版社，2006：（序）1－2.

严格的经验验证（empirical test）（Deardoff，1984）。随后沿着里昂惕夫的思路所做的一些重要的经验研究，比如建元正弘和市村信一（Tatemoto and Ichimura，1959）、巴拉华（Bharadwaj，1962）、罗斯坎普（Roskamp，1963）、鲍德温（Baldwin，1971）、斯特恩（Stern）和马斯科斯（Maskus，1981）等，也都得出了支持现代比较优势理论的结论。而利默尔（1980）则明快而深入地指出，里昂惕夫的研究方法只适用于贸易平衡的国家，而他所研究的却是存在大量贸易顺差的美国，也就是说，他采用的是错误的方法。利默尔在 HOV 模型的基础上运用里昂惕夫原有的数据进行重新检验，结论是里昂惕夫悖论其实一开始就不存在。而近年来特拉夫勒（Trefler，1993，1995，1998）、戴维斯和温斯坦（Davis and Weinstein，2001a，2001b）、斯科特（Scott，2003）、德巴尔等（Debaere et al.，2003）的研究，则更进一步为现代比较优势理论提供了检验支持。不仅如此，鲍德温（Baldwin，1971）、哈克尼斯和凯尔（Harkness and Kyle，1975）、哈克尼斯（Harkness，1978）、赫尔鲍夫（Hufbauer，1970）、巴拉萨（Balassa，1979，1986）、鲍德温（1979）、鲍恩（Bowen，1983）、巴拉萨（1986）等截面数据的计量经济分析，也为现代比较优势理论提供了有力的经验支持。此外，众多经验研究还表明，比较优势，尤其是以要素禀赋为基础的比较优势，不仅是产业间贸易而且也是产业内贸易的重要原因。[1] 另外，李辉文在书中也分析了国内学界近年来研究比较优势理论的状况。他认为，国内学界研究比较优势理论的成果当中，就对比较优势理论的内在基本逻辑的把握而言，首推林毅夫教授。他和他的合作者对于比较优势战略的阐述，尤其是对通过要素禀赋的内生动态变化来推进产业结构调整的解释，准确地把握了比较优势理论的两个重要的性质：一般均衡性质和内在的动态属性。除此之外，有代表性的重要研究还包括原国家计委投资所和中国人民大学区域经济所的合作研究以及岳昌君的研究等。其中，原国家计委投资所和中国人民大学区域经济所的研究人员专门针对比较优势理论的误解进行了简要的澄清，并在此基础上展开对国内区域经济发展问题的研究；岳昌君则对中国1980~1997 年的显示性比较优势指数加以测算，并将其作为衡量经济市场化程度的指标。此外，国内近年来对现代比较优势理论的批评也颇多，有代表性的如洪银兴（1997）、王允贵（2002）、胡汉昌和郭熙保（2002）、郭克莎（2003）、杨小凯（2001）、王佃凯（2002）等。张秀娥在其著作《比较优势理

---

① 李辉文. 现代比较优势理论研究 ［M］. 北京：中国人民大学出版社，2006：（序）5 – 6.

论与中国对外贸易发展战略研究》中认为，比较优势理论包括绝对优势理论、比较优势理论、相互需求理论、要素禀赋理论、规模经济学说、偏好相似理论、动态技术差异理论、内生增长理论等。[①]

上述关于比较优势理论发展研究的文献综述给我们提供了厘清比较优势理论发展历程的基本素材和线索。总体而言，比较优势理论可以分为古典理论、新古典理论和现代理论；具体而言，则包括绝对优势理论、比较优势理论、相互需求理论、要素禀赋理论、规模经济学说、需求偏好相似理论、动态技术差异理论、内生增长理论等。

（二）比较优势理论的普惠性及其对国际贸易的影响

从比较优势理论发展的历程中我们可以了解到，作为对国际贸易发展产生最为深远影响的比较优势概念，可以说是渗透到每一个贸易理论之中，无论是古典的、新古典的，还是现代的、当代的贸易理论中都能看到比较优势的影子，或者可以说有些理论本身就是对比较优势概念的诠释，甚至可以说有些理论就是对比较优势理论具体而微的应用。比较优势理论如此重要，以至于不少学者都给予了极高的评价：萨谬尔森在 100 多年后仍然称比较利益论的基石地位是不可动摇的，"比较优势原理逻辑上之可靠，已不需在数学家面前论证，而成千上万显赫的智慧之士不但不能自己理解这一道理，甚至在经过解释之后依然困惑不解，则又恰证明其意义非凡。"[②] "比较优势理论是国际贸易中最重要、最古老、最基本的命题。"[③] "比较优势原理是经济学中最深邃也是最优美的结论。"[④] "尽管现代学术期刊上的文章都在坚决地批评比较优势理论，但这并不能反映经济学家们心里真正相信的是什么，而只能说明他们究竟在研究的

---

① 张秀娥. 比较优势理论与中国对外贸易发展战略研究［M］. 北京：中国人民大学出版社，2009：13 – 74.

② Samuelson P A. The Way of an Economist. 转引自：李辉文. 现代比较优势理论研究［M］. 北京：中国人民大学出版社，2006：1.

③ Dixit and Norman. Theory of International Trade. 转引自：李辉文. 现代比较优势理论研究［M］. 北京：中国人民大学出版社，2006：2.

④ Findlay R. Compareative Advantage. 转引自：李辉文. 现代比较优势理论研究［M］. 北京：中国人民大学出版社，2006：2.

时候都搞了些什么。"① 这些学者的极高评价一方面说明了比较优势作为一种理论之于国际贸易研究的重要作用，另一方面也说明了比较优势作为一种理念之于国际贸易发展的重要作用。比较优势作为一种理论之于国际贸易研究的重要作用学者们已经做出了极其丰富的论述，上述各种理论就是明证。比较优势作为一种理念之于国际贸易发展的重要作用也无须赘述，因为一直以来在比较优势理论指导下国际贸易快速发展的实践也已经给予了充分的佐证。比较优势理论之所以能够对国际贸易理论研究和实践发展起到如此重要的作用，除了不同时代的学者根据所处时代的影响因素对比较优势理论进行完善、补充甚至"修正"，更为关键的原因还是在于其核心思想的普惠性。

首先，比较优势理论为每一个国家参与国际贸易提供了理论依据。比较优势理论从绝对优势理论中来，是对绝对优势理论的"扬弃"。与此同理，后继的理论也几乎都是在对其前一种理论"扬弃"的基础上建立起来的。但是有一点是所有具有比较优势性质的理论都具有的特征，那就是为每一个国家参与国际贸易提供了理论依据。从比较优势理论放松绝对优势理论"每一个国家要想参与国际贸易都必须至少有一种产品的成本绝对低于其他国家"的条件，到赫克歇尔－俄林的"每个国家都可以生产并出口能密集利用其充裕生产要素的商品以换取那些需要密集使用其稀缺生产要素的商品""只要有规模经济存在，即使是两个技术水平和资源条件完全相同的国家也可以发生专业化分工和贸易""只要具有产品差异性（无论是垂直差异还是水平差异），即使两个生产成本完全相同的国家也能发生产业内贸易并通过贸易调高两国的经济福利水平""只要不同国家之间存在技术差距，即使是技术落后国家也可以技术差距和模仿时滞参与分工和贸易""只要两国国内的需求偏好不同导致价格差异从而为开展贸易提供了可能性"，再到"由对生产方式和专业化水平的事后选择产生的内生比较优势""比较优势"的来源从生产成本到要素禀赋、规模经济、产品差异性、技术差距、需求偏好，再到后天创造，关于"比较优势"来源的研究可以说是在条件上逐步放松，在适用性上逐步走向"普惠"，从一开始只有拥有"绝对成本优势"的国家可以参与国际贸易，到只要拥有因要素禀赋、规模经济、产品差异性、技术差距、需求偏好而可能产生的比较优

① Leamer E E. Factor-supply Difference as A Source of Comparative Advantage. American Economic Review. 1993（5）：83，2. 转引自：李辉文. 现代比较优势理论研究 [M]. 北京：中国人民大学出版社，2006：2.

势，甚至依靠后天努力而创造出来的比较优势，都可以参与国际贸易。如此，比较优势理论就从理论上保证了每一个国家都有可能参与到国际贸易中来。

其次，比较优势理论论证了参与国际贸易的国家都有机会获得均等的贸易利益，这实质上是从生产成本的角度论证一个国家参与国际分工和国际贸易的原因和可能性。无论是劳动成本论、要素禀赋论，还是规模经济论、产品差异论、技术差距论、垂直差异论、水平差异论，乃至后来的边际理论等，都是从成本的角度分析一个国家如何发现或者创造本国的比较优势，以更加低廉或者更加有竞争力的商品获得在国际市场上的有利地位、在国际贸易中的竞争优势。只有获得了在国际市场上的有利地位、在国际贸易中的竞争优势，本国才能够在国际贸易中处于不败之地，获得与"有利地位、竞争优势"相匹配的贸易利得。推而广之，在全球范围内最终会使各个国家都有机会获得均等的贸易机会和贸易利得。这一观点其实可以从要素价格均等化定理中得到支持。根据要素价格均等化定理，在特定的条件下，生产要素价格均等不仅仅是一种趋势，国际贸易将使不同国家间同质生产要素的相对和绝对收益必然相等。①

最后，世界各个国家在比较优势理论的作用下都可以获得均等的发展机会。这一点在"贸易和平论"者的思想中有过较为全面的描述。17 世纪自由主义经济学的代表人物——法国的埃默里克·克吕塞认为，通过自由贸易能够得到靠征服或占领所获得的同样的收益。② 18 世纪启蒙思想家孟德斯鸠也认为，贸易的自然结果是带来和平。斯密和李嘉图认为国际分工和贸易是国家团结与友谊的纽带。康德亦在《永久和平论》中预言，与战争无法共处的商业精神迟早会支配每一个民族。③ 理查德·科布顿（Richard Cobden）认为："过去与现在自由贸易是上帝赐予人类的最好的外交手段，没有比自由贸易更好的方法能够让人类和平相处。"科布顿把国际劳动分工和商品自由交换看作天意，坚信自由贸易是一种最完美的制度，④ 使得每一方同等程度地热衷于寻求给对方带来繁荣和幸福。因此，如果各国人民都能自由地在世界上任何地方谋

---

① 萨缪尔森用数学的方法给予证明。

② 余万里. 相互依赖研究评述 [J]. 欧洲研究，2003（4）：52-61.

③ ［德］康德. 历史理性批判文集 [M]. 何兆武，译. 北京：商务印书馆，1991：127.

④ 引自杨雪冬：《全球化理论》，中央编译局网站，www.cctb.net/wjjg/dds/ddskycg/200502210491.htm.

求自己的利益，生产就会在和平中兴旺发达，分配就会公平合理。① 尽管"贸易和平论"者的观点带有理想主义色彩，现实中的实现也困难重重，但是，作为一种必然趋势或美好憧憬，"各国都能获得均等发展机会"的理念正在逐步地、分阶段地实现，经济全球化快速发展和多边贸易体制的建立就是很好的体现。

因此，比较优势理论的提出，开辟了各国参与国际分工和国际贸易的更多新领域，使得国际贸易理论研究达到了一个新境界，从此国际贸易进入了互惠互利的新时代。

三、国际贸易利益关系演变的内在逻辑及趋势

（一）国际贸易利益演变的内在逻辑

国际贸易的基本原理告诉我们，一国总是致力于出口用本国比较低廉的成本生产的产品，进口用本国比较昂贵的成本生产的产品，从而在资源总量不变的条件下增加本国的经济福利。一个国家从贸易中能否获得利益、能获得多少利益，也就是贸易利益的分配问题一直是国际贸易理论研究的核心问题，也是一个国家参与国际贸易的根本动力之所在。如果一个国家参与国际贸易得不到利益或者本国利益受损，这个国家就会抵制国际贸易（至少参与国际贸易的积极性不高）；如果一个国家能从国际贸易中获得利益或者减少本国的利益损失，这个国家就会积极从事国际贸易甚至鼓吹国际贸易。贸易利益涉及贸易利益的来源、贸易利益分配主体、贸易利益实现形式和贸易利益分配机制等方面。传统上，贸易利益问题的理论分析只是或见于已有的贸易理论中，缺乏系统性和完整性。现在，我们从贸易利益的来源、分配主体、实现形式和分配机制四个方面，来系统梳理古典贸易理论、新古典贸易理论和现代国际贸易理论是如何分析贸易利益的。

首先，古典贸易理论对贸易利益问题的分析。古典贸易理论的贸易利益来源分析可以用李嘉图的一段话来概括："在完全自由的贸易体系下，对个体利

---

① 以上内容转引自：王兰芳. 马克思恩格斯对早期贸易和平论的批判 [J]. 东岳论丛，2010（6）：166–170.

益的追求可以很好地与整体的普遍利益联系起来，通过激励勤奋、奖励创造以及最有效地使用与生俱来的独特力量，可以最有效、最经济地对劳动力进行分配。而通过具有共同利益的纽带与交流，整个文明世界的所有国家都可以联系在一起。"① 因此，古典贸易理论认为，贸易利益来源于国际交换价格和国内交换价格的差异，即贸易前后一国消费的产品数量的增加和劳动生产率的提高。贸易的利益主体包括消费者、生产者和国家，关于这一点，林玲和段世德在《西方贸易利益分配理论的流变及发展趋势》一文中有过经典的分析："古典理论秉承消费者至上的理念，认为贸易的主要受益人首先是消费者，参与国际贸易改变商品的供求并缩小国内价值与国际价值之间的差异，消费者获得相同的消费品只需要支付更少的货币，福利水平得到改善；其次是生产者，通过分工来提高生产率，在工资水平不变的情况下，工人生产率的提高意味着利润的扩大，生产厂商能获得更多利润。古典贸易理论鼓吹自由主义，在其贸易利益分配理论中没有单独分析国家受益的问题，而将国家从贸易中的受益等同于个体利益的总和。但由于国家是贸易活动的实际控制者，因此，可以借助国家机器，以经济或非经济的手段有效地把私人利益要求加以转化或强行排除，从而贯彻国家的利益目标。在古典贸易理论发展的后期，李斯特论证了国家通过保护手段也能分享贸易所带来的利益：'保护关税最初确实会抬高制成品的价格，但是，同样正确的是……通过从中获得工业的独立与国内的繁荣，这个国家拥有成功进行对外贸易和拓展商业领域的工具，增进了这个国家的文明，完善了内在机制，增强了其外在力量。'② 因此，国家也是贸易利益主体之一，只不过所获利益不一定是经济形式而已。"③ 古典贸易理论认为，贸易利益的实现形式主要表现为，通过贸易增加商品数量从而实现福利增加，其实现形式可以简单描述为：生产增多贸易量，贸易量增加利益。古典贸易理论的分配机制归根结底还是斯密的那句经典名言：一只看不见的手引导（企业所有者）对生活必需品做出分配，从而不知不觉地增进了社会利益。④

其次，新古典贸易理论对贸易利益问题的分析。与古典贸易理论"两个国家、两种产品；边际成本固定；不存在规模经济等"的假设不同，新古典

---

① David Ricardo. The Works and Correspondence of David Ricardo（Vol. 1）.［M］. Cambridge University Press，1962：70.

② G F List. National System of Political Economy. 1856：145.

③ 林玲，段世德. 西方贸易分配理论的流变及发展趋势［J］. 国外社会科学，2008（6）：32 - 39.

④ Adam Smith. The Theory of Moral Sentiments［M］. London：Strahan and Preston，1804：386.

贸易理论的假设是"两个国家多种要素多种产品；机会成本递增；要素国内流动、要素收入动态化等"。在此假设基础上，新古典贸易利益理论认为，贸易利益不仅来源于贸易中的生产者剩余，而且来源于贸易中的消费者剩余，是生产者剩余和消费者剩余之和。"从生产的角度来考察，贸易利益不仅来源于劳动效率提高所导致的国内价值和国际价值的差异，还得益于资本的收益，利用资本和劳动之间的相互替代，能在一定程度上遏制边际效率递减规律的发生；贸易使产品市场扩大而促使企业规模提高，从而获得外部规模经济和内部规模经济，并能降低成本。"[1] 也就是通过国际贸易可以保证企业依靠保持较高的边际产出和较低的边际成本促使该国的生产可能性边界外移来维持生产者的高额利润。对于消费者而言，贸易因增加消费者的商品选择种类和导致商品价格下降而促使无差异曲线外移，在收入不变的情况下，消费者能获得更多的消费者剩余。由于新古典贸易理论分析的重点是贸易利益的来源和分配问题，对贸易利益主体的关注较少，没有明确贸易利益的主体，但是我们依然可以从其贸易利益的来源及分配分析中发现贸易利益的主体之所是。"新古典理论中虽然没有明确贸易利益的主体，但其理论暗含了对贸易利益分配主体的认识。出口国企业获得内部和外部规模经济，从贸易利益中获得巨大的收益，成为贸易利益分配的重要主体；要素所有者通过要素投入来分享贸易利益，资本所有者通过资本投入来分享贸易利益。在新古典贸易理论中，产业资本家通过生产规模的扩大来获得利润，并和金融资本家一起来分享贸易利益；劳动力的所有者从贸易规模的扩大中分享就业机会。进口国的贸易利益分配主体是消费者，可以获得更多的消费选择，消费能力上升，但在进口商品的竞争下，进口商品生产商和劳动者在进口商品的挤压下，会受到一定的损失。在贸易主体的认识上，新古典理论将生产者和消费者割裂开来，这是不科学的，因为二者在更多的时候是统一的；尽管国家从贸易中通过税收和补贴等形式间接参与贸易利益分配，新古典理论受自由主义的影响，以及认识程度的制约而未能对此深入展开研究。直到由于经济危机而被推上历史舞台的凯恩斯主义出现后，才将国家从贸易中获得利益的认识推到极致。"[2] 因此，新古典贸易理论认为，贸易利益的主体除了包括生产者、消费者和国家，还提到了要素所有者，并且关于作

---

① Alfred Marshall. Principle of Economics [M]. London：Macmillan，1920：315 – 323. 转引自：林玲，段世德. 西方贸易分配理论的流变及发展趋势 [M]. 国外社会科学，2008（6）：32 – 39.

② 林玲，段世德. 西方贸易分配理论的流变及发展趋势 [M]. 国外社会科学，2008（6）：32 – 39.

为利益主体的国家在参与利益分配时越来越居于更加重要的位置。关于贸易利益的实现形式和分配机制，郭秀慧在《贸易利益分配机制的转变研究》一文中分析认为，"新古典贸易理论通过建立 H-O 模型将李嘉图提出的单要素模型扩展为包含劳动力和资本两种要素的双要素模型，并提出，在技术水平相同和资源禀赋不同的条件下，如果参与分工与贸易的两国都能按照比较优势的原则，生产并出口密集使用本国充裕要素的产品，进口密集使用本国稀缺要素的产品，那么两国的国民福利水平将得到提高，通过参与国际分工与贸易，两国都能获得贸易利益。不过，各国国内的两种生产要素所获得的贸易利益是不同的。根据斯托尔帕 - 萨缪尔森定理（Stolper and Samuelson，1941），参与国际分工与贸易会使出口中密集使用的生产要素即本国的充裕要素的收入提高，而使进口中密集使用的生产要素即本国的稀缺要素的收入下降。"[1] 从郭秀慧的分析中，我们可以知道，贸易利益的分配首先是在与贸易有关的部门中进行，从生产者的角度进行分配，并进一步传导到消费者的商品价格和工人的工资以及所有相关的生产要素中，"自由贸易不仅使两国的商品价格相等，而且使两国所有工人都能获得同样的工资率，所有的资本（或土地）都能获得同样的利润（或租金）报酬，而不管两国的生产要素供给与需求模式如何"[2] 另外，贸易条件也对贸易利益分配产生巨大影响。"一件进口商品的价值也就是出口用来支付它的那件商品的价值。一个国家能够出售到国外的各种物品成为它从其他国家购买物品的手段。因此，可供出口的商品的供给可以看作对进口的需求"，[3] 并不是所有的贸易参与国在贸易中的获利都是均等的，而是取决于该国的显示性比较优势，[4] 也就是该国在国际贸易中的贸易条件处于优势地位。

最后，当代国际贸易理论对贸易利益问题的分析。当代国际贸易理论以凯恩斯主义和新古典综合派理论为基础，融合内生经济增长理论和国际政治经济学的贸易思想，同时考虑要素跨国流动而带来的收益来综合分析国际贸易利益的来源问题；另外，在区域经济一体化和经济全球化背景下，主导区域贸易安

---

① 郭秀慧. 贸易利益分配机制的转变研究 [J]. 商业时代，2013（15）：56－57.

② P A Samuelson. International Trade and the Equalization Once Again [J]. Economic Journal 1948（58）：163－184.

③ Robert B. Ekelund Jr. and Robert F. Hebert. A History of Economic Theory and Method (4th ed.) [M]. New York：Macmillan，1997：178－182.

④ Bela Balassa. Trade Liberalization and Revealed Comparative Advantage [R]. The Manchester School of Economic and Social Studies，1965，33（2）：99－124.

排和多边贸易体制规则的制定也能带来好处。因此，当代国际贸易利益就具有了来源多元化和获取方式多样性的特征。段世德和丁丹（2016）在《论国际贸易利益来源的嬗变与发展》一文中分析国际贸易利益来源嬗变与发展时认为，当代国际贸易利益来源的"核心思想"包括：第一，短期直接贸易利益来源于要素占有和质量，要素的拥有量和质量决定贸易利益获取规模和效率；第二，长期间接贸易利益源于主导规则与国际协调，国际贸易规则影响国际经济关系，而"国际经济关系的本质是以利益为导向的，而非道义的"，[①] 主导国际贸易规则能增强本国的贸易利益获取能力；第三，贸易利益获取表现为增加要素收益和提升要素质量。国际贸易带来溢出效应，能提升要素的收益能力，贸易通过向社会引荐新的商品刺激需求，进而刺激人们要求多干或提高劳动效率的愿望，进口产品的技术溢出和"鲇鱼效应"促进本土企业提高生产效率，国际市场的筛选效应使"本地生产率出现内生变化"[②] "扩大出口或（依国内市场规模）增加进口替代与全要素生产率之间存在正相关"，[③] 提升本土要素产出能力并增加要素收益；生产要素的跨国流动使"资本能从边际产出效率低的国家流向边际产出效率高的国家中获得收益"，[④] 高质量要素能在海外市场获得更高收益，普通要素也会随高质量要素流入而提升边际产出效率和收益。国际贸易为要素提升质量创造条件，"贸易能否对长期经济增长起作用，不是取决于一国是否是出口导向，而在于这个国家是否与世界（其他地区）发生联系"，[⑤] 国际贸易和投资使落后国家出现"蛙跳式"[⑥] 技术进步，而商标品牌和经营能力等高质量要素的增加与贸易规模正相关。[⑦] 当代国际贸

---

① 兰日旭. 中国经济崛起与重构国际经济新秩序的策略选择探悉 [J]. 经济学动态, 2013 (12)：31 – 38.

② Melitz M Z and S. J. Redding. Missing Gains from trade [J]. American Economic Review：Papers & Proceedings, 2014 (5)：317 – 321.

③ 钱纳里. 工业化和经济增长的比较研究 [M]. 吴奇, 等译. 上海：三联出版社；1995：408 – 421.

④ Kamp M C. The Gain from International Trade and Investment：A Neo-Heckscher-Ohlin Approach [J]. American Economic Review, 1969 (56)：788 – 809.

⑤ Romer P. Increasing Returns and Long-Run Growth [J]. Journal of Political Economy, 1986 (5)：1002 – 1037.

⑥ Elise S Brezis, Paul R Krugman and Daniel Tsiddon. Leapfrogging in International Competition：A Theory of Cycles in National Technological leadership [J]. The American Economic Review, 1993 (5)：1211 – 1219.

⑦ 段世德, 丁丹. 论国际贸易利益来源的嬗变与发展 [J]. 经济纵横, 2016 (9)：129 – 134.

易的利益主体也较过去更为多样化。林玲和段世德（2008）把当代国际贸易利益主体划分为五类：第一，跨国公司；第二，消费者；第三，国家；第四，国际经济组织；第五，服务于贸易的组织。① 随着全球分工的发展和细化，当代国际贸易中的分工与贸易状况也在不断变化，全球工序分工与贸易逐渐替代传统分工与贸易形式，成为当今国际分工与贸易的主流。在这种形势下，贸易对象不再是最终产品，而是各个工序（或生产环节）生产的中间产品，国际分工不再是产品分工，而是工序（或环节）分工，相应的贸易利益分配也随之发生重大改变。② 当代国际贸易利益分配的机制相应地也发生了根本变化。"传统的凭借要素禀赋的比较优势获得的互利互惠的贸易利益形式从根本上发生变化，转变成在工序分工与贸易中以工序（或价值链）上的分工位次和价值增值量为分配标准的利益分配形式。"③ 因此，无论是跨国公司、国家，还是消费者、国际经济组织，以及服务于贸易的组织，他们获得贸易利益的渠道和形式都是有赖于全球价值链。

从上述分析中，我们可以看出，国际贸易利益演变的内在逻辑，在利益来源上表现为从单一来源向多样化来源发展；在利益主体上表现为从个体（消费者）向群体（国家、组织）发展；在分配机制和实现形式上表现为从单一劳动来源的绝对优势向多种来源的比较优势发展。总之，国际贸易利益演变的内在逻辑表现为从利益的单一、狭隘性向多边、普惠性演变。

---

① 林玲，段世德. 西方贸易分配理论的流变及发展趋势 [M]. 国外社会科学，2008（6）：32 - 39. 在这篇文章中，作者具体分析了当代国际贸易的利益主体构成，"第一，跨国公司主导的要素分工模式迫使我们将国家贸易利益和跨国公司贸易利益区别开来，考虑贸易利益时需考虑三个不同的主体：跨国公司、母国和东道国的贸易利益。第二，在要素分工条件下，消费者从贸易中获得的利益也发生了改变，消费者被划分为中间产品消费者和最终产品消费者，二者都是贸易利益的主体之一，但在利益上存在一定的差异。第三，国家作为贸易利益的主体之一，从贸易中获得的利益不仅体现在国内政治中，也体现在国际政治中；不仅包括经济利益，还包括政治、文化利益。第四，国际经济组织也成为贸易利益的分享者之一，随着国际经济交往的日益增多，像世界贸易组织、国际货币基金组织等国际性的经济组织从对贸易的影响中获取了利益，一些区域性经济合作组织也在贸易中获得了对区域经济干预的收益，比如欧盟就通过统一关税和货币政策的执行获得以前不曾有过的利益。第五，服务于贸易的组织也成为贸易利益的分享者。为贸易服务的金融、保险、咨询等服务性的行业，随着贸易的扩大而有了更多的发展机会和空间，分享了贸易的好处。"

② 曾铮. 全球工序分工与贸易研究——基于新兴市场国家视角的理论和中国经验 [D]. 北京：中国社科院，2009.

③ 郭秀慧. 贸易利益分配机制的转变研究 [J]. 商业时代，2013（15）：56 - 57.

（二）从绝对优势到比较优势具有理论和实践的必然性

首先，从国际贸易理论角度看，比较优势理论取代绝对优势理论是一种历史必然。马克思主义哲学认为，世界上一切事物既包含有相对的方面，又包含有绝对的方面，人们对客观事物的认识是绝对和相对的统一。因此，人们对国际贸易优势的认知也是一个绝对与相对的统一体。绝对优势是无条件的、无限的、绝对的，比较优势是有条件的、有限的、相对的。国际贸易理论中的绝对优势理论与比较优势理论的关系也必定体现着绝对性与相对性的关系。任何一种绝对优势都不可能独立存在、都必然表现为某种比较优势，是与其他不具有优势的国家、产业、生产或商品相比较而存在的；同样地，任何一种比较优势也都必然包含着某种绝对优势。根本上来讲，绝对优势是比较优势的一种特殊存在。比如，我们说中国在劳动力方面存在着比较优势，这句话是没有任何意义的，也是不科学的，因为中国在劳动力方面的优势是要与其他国家相比较才能显现出来了。绝对优势也是一样的，我们说中国与美国相比在劳动力方面存在比较优势，如果只是在中国和美国两个国家之间进行比较，那么，中国在劳动力方面的优势也就具有了"绝对性"。相应地，如果我们把中国与美国两个国家之间在劳动力方面的比较放在更多的国家之间进行，那么，中国在劳动力方面对美国的优势的"绝对性"就有可能不存在了，比如加入越南或印度尼西亚等劳动力成本更低的国家。由此看来，当把绝对优势放在更加广阔的视域进行比较时，就会转化为比较优势。随着经济全球化的不断发展，国际市场的联系不断加深，世界越来越成为一个相互联系的、密不可分的整体。从斯密到李嘉图、赫克歇尔－俄林、李斯特，到凯恩斯、普雷维什、马歇尔，再到克鲁格曼、迈克尔·波特等，他们所经历的时代也正如弗里德曼所描述的那样，而他们所提出的国际贸易理论环境则是从区域性向多边转化，国际贸易理论研究也从"2×2"模式、"2×2×2"模式向多个国家、多种要素、多种产品转变。在这种转变中，越来越多的比较优势被发现和利用，比较优势就成为分析国际分工和国际贸易的一种最主要的工具，也成为一国参与国际分工和国际贸易的最重要依据。

其次，从国际贸易实践角度看，比较优势取代绝对优势是国际竞争力演进的必然结果。从国际分工和贸易的发展历程中，我们可以知道一国国际竞争力的来源因理论不同而对其解释也是不同的。在斯密那里，国际贸易的竞争力主要来源于因分工而带来的劳动生产率的水平：分工越深入，劳动生产率水平越高，竞争力就越强；当一个国家的劳动生产率绝对高于其他国家时，就产生了具有"绝对优势"的竞争力。李嘉图从生产技术差异角度解释了国际贸易产生的基础和贸易利得。他认为，由于劳动生产率不同导致同一产品在国际与国内生产价格形成差异，一国生产和出口本国有比较优势的产品，进口本国有比较劣势的产品，最终通过贸易，获得比较优势利益，[①] 因此，在李嘉图那里，国际贸易竞争力主要来源于生产技术的差异：拥有别国不具有的生产技术的国家，竞争力就越强。赫克歇尔-俄林从要素禀赋差异角度解释贸易基础，认为一国应出口密集使用本国充裕要素的产品，进口密集使用本国稀缺要素的产品。因此，在赫克歇尔-俄林那里，国际贸易竞争力主要来源于一国要素的充裕性：要素越充裕，竞争力就越强。马歇尔则提出，国际贸易竞争力主要来源于规模经济：越具有规模经济，越具有竞争力。阿瑟·刘易斯认为，贸易通过向社会引荐新的商品刺激需求，进而刺激人们要求多干或提高劳动效率的愿望，因此，贸易可以从多方面刺激经济增长。而在刘易斯、迪克西特、斯蒂格利兹、克鲁格曼那里，国际贸易竞争力主要来源于满足人们多样化偏好，对多样化偏好的追求推动着分工的发展。[②] 20世纪90年代以来，随着国际分工也进一步深化，贸易投资一体化的趋势渐强。贸易投资一体化最显著的特点是生产全球化和中间品贸易量的增加。当代国际分工展现出一个引人瞩目的特征，就是跨国公司通过在全球范围内利用和配置资源，将其产品生产过程分布到世界不同地区，某一产品生产过程形成以工序、区段、环节为对象的分工体系。每个国家专门从事生产过程的某一特定阶段，且一国进口原材料用于其出口产品的生产。在这种分工体系下，国际贸易竞争力主要来源于全球化分工的效率和各个国家在分工体系中所处的价值链的位次：全球化分工效率越高、国家处于价值链的位次越高，竞争力就会越大。从上述分析中我们可以看出，国际贸易竞争力的来源有一个从产业间到产业内，再到产品（企业）内这样一个演进的过程。这一演进过程有三个特点，一是由宏观转向微观；二是由整体转向局部；三是由单维转向多维。这些转变集中体现在竞争力的来源越来越丰富，传统理论和实践中认为几乎不可能存在竞争力的领域都有可能成为竞争力的来

①　白清. 对外开放条件下的贸易利益分配理论综述 [J]. 未来与发展，2014（6）：75-80.
②　代中强，梁俊伟. 分工与贸易利益：理论演进与中国经验 [J]. 当代财经，2007（9）：104-108.

源。竞争力来源更为广泛的根本原因在于，在新的技术和理念下，比较优势无处不在。

　　最后，从国际贸易政策角度看，比较优势取代绝对优势是国际交往深化发展的必然反应。贸易政策是指一个国家在贸易商品和服务的生产和贸易活动中所施加的各种影响措施，是一国经济政策的重要组成部分。贸易政策除了包括国家对贸易活动的干预即国家在贸易部门内的政策，如关税、出口补贴、数量限制等，还包括贸易商品或服务在生产过程中政府所施加的各种影响，如生产补贴等。考察一国的贸易政策不仅涉及贸易部门，还必须延伸至贸易商品或服务的生产领域。① 按照贸易政策的性质，可以把贸易政策分为自由贸易政策、保护贸易政策和公平贸易政策三大类。陈银娥在《国际贸易政策理论的演变》一文中详细分析了国际贸易政策的历史演变，这种分析对我们从国际贸易政策的角度研究绝对优势向比较优势转化的历史必然性具有一定的启示意义。陈银娥把国际贸易政策理论的演变分为资本主义生产方式准备时期的贸易政策理论、资本主义自由竞争时期的贸易政策理论和资本主义垄断时期的贸易政策理论三个阶段。资本主义生产方式准备时期即 16 世纪至 18 世纪，为了促进资本主义原始积累，西欧各国普遍实行重商主义的强制性保护贸易政策。因而对外经济政策以管理商品进出口为中心内容，包括奖励出口（如对本国出口商品实行补贴及税收上的优惠）、限制进口（尤其是奢侈品的出口）、限制原材料的出口等。18 世纪中叶开始，资本主义进入自由竞争时期。在这一时期，资本主义发展较快的英国实行全面的自由贸易政策，其他国家如美国、德国等则实行保护贸易政策。资本主义垄断时期的贸易政策理论又分为 19 世纪末 20 世纪初垄断资本主义初期的超保护贸易政策理论、20 世纪 50 年代至 70 年代中期的具有自由化倾向的贸易政策理论、70 年代中期以后的新保护贸易主义政策理论。

　　从国际贸易政策的历史演变中，我们可以看出，自由政策或保护政策的实质都是为了国家利益，"至于贸易政策的福利效果，则是以本国获取最大限度的利益为尺度的评估或成本－效益分析。人们评价一个贸易政策的好坏或福利水平的高低，关键在于这种政策是否达到了政府选定的目标。因此，在研究一种贸易政策时，目标是非常重要的，应该说，不同的政策目标是评价一个贸易

---

① 刘力. 国际贸易学：新体系与新思维［M］. 北京：中共中央党校出版社，1999：93.

政策优劣的前提。"① "国际贸易政策理论演变的历史表明，各国的对外贸易政策总是服从于该国经济发展和经济增长的近期或长远利益。一国的对外贸易政策是在特定经济环境下，寻求次佳结合点的结果。"② 说到底，自由政策和保护政策都是一个国家谋取利益最大化的手段，为了国家利益，一个国家既可以采取自由政策，也可以采取保护政策。这一点我们在前述章节中已经讨论过，这里不再赘述。当自由政策和保护政策都不能给一国或世界福利带来最大化时，公平贸易政策就会成为各国乃至全球的政策选择。刘力在《国际贸易学：新体系与新思维》一书中将公平贸易政策定义为：为维护国际贸易中的公平竞争秩序，世界各国承诺共同遵守国际贸易规则，并对违反规则的行为采取行动。③ 公平贸易政策并不是一种独立于自由政策或保护政策之外的新的贸易政策，而是内含于自由政策或保护政策之中的，是自由政策或保护政策题中应有之义。因此，公平贸易政策具有两面性，一方面，基于国际规则的公平贸易政策因其强调任何国家的公平贸易政策都必须同国际公平贸易规则相一致，不得超越于国际公平贸易规则之上，从而使公平贸易政策具有自由政策的属性；另一方面，基于单边规则的公平贸易政策因在判定不公平贸易行为和实施公平贸易行动时依据的不是公认的国际规则而是本国的标准，造成名义上是为了惩罚不公平的贸易行为、维护公平的竞争秩序，但实际上是出于贸易保护的目的，从而使公平贸易政策具有贸易保护政策的属性。国际贸易政策从自由贸易政策和保护贸易政策向公平贸易政策转化是一种历史的必然。这种必然是和世界各国之间日益加深的交往分不开的，也是由于全球化的深化而使得基于国际规则的公平贸易政策成为各国的客观选择。全球化越是深化发展，各国之间的交往越密切，彼此之间就越难以分离，以自我利益为中心的自由政策或保护政策就越不能适应这种变化，而基于国际规则的、互惠互利的公平贸易政策成为世界

---

①② 佟家栋，王艳. 国际贸易政策的发展、演变及其启示 [J]. 南开学报（哲学社会科学版），2002 (5)：54 - 61.

③ 刘力（1999）在《国际贸易学：新体系与新思维》一书中进一步指出，公平贸易政策有广义和狭义之分。广义的公平贸易政策是指，世界各国在国际贸易活动中共同遵守有关的国际规则，相互提供对等的、互惠的贸易待遇。它要求世界各国必须共同摒弃传统的保护贸易政策，转而实行自由贸易政策，必须相互向他国开放本国的市场。否则，一国如果实行保护贸易政策和封闭本国市场，就属于不公平的贸易行为，必将引起他国运用公平贸易政策进行制裁和报复，从而意味着最终将失去他国的市场。狭义的公平贸易政策是指一国或地区利用贸易手段来反对他国特定的不公平贸易行为。这里的不公平贸易行为主要包括两个方面：倾销和补贴。相应地，狭义的公平贸易政策主要是指反倾销政策和反补贴政策主要包括两个方面：倾销和补贴。相应地，狭义的公平贸易政策主要是指反倾销政策和反补贴政策。

各国开展贸易的基本遵循势在必然。

（三）构建新形势下国际普惠贸易的新格局

"普惠贸易"概念是由联合国亚洲及太平洋经济社会委员会（ESCAP）在 2013 年《亚太贸易与投资报告》中正式提出来的，是指所有参与全球贸易的主体，尤其是在贸易中处于比较弱势地位的群体，都能够积极地、有效地参与到全球贸易中，并且都能够从中获利的一种贸易方式。[①] 面临普惠贸易这一新的贸易时代的到来，我们必须积极应对，适应这一新时代，并且努力构建新形势下国际贸易的普惠制度。

首先，促进国际贸易的包容性增长，夯实普惠贸易的现实基础。互联网技术的发展和应用促进了全球贸易的格局巨大变化，各类平台不断涌现，国际贸易出现一个新的现象就是跨境电商的迅猛发展。2020 年，跨境电商增长迅猛。据海关初步统计，2020 年我国跨境电商进出口额 1.69 万亿元，增长了 31.1%，其中出口额 1.12 万亿元，增长 40.1%，进口额 0.57 万亿元，增长 16.5%。通过海关跨境电子商务管理平台验放进出口清单达 24.5 亿票，同比增加了 63.3%。[②] 在此潮流下，消费者可以在线与世界各地的卖家进行沟通，实现全球性的消费；在传统贸易中毫无优势的中小微型企业、个体商户乃至自然人等，都可以借助平台开拓国际市场。这种不损害或者抑制他国增长，国与国之间的发展是协调、稳定、互益式的贸易增长被称为"包容性增长"。在包容性增长背景下，对外的贸易利益能够实现共享，产品对外贸易的整个产业链各个环节能够合理分配贸易利益所得，特别是不能侵占低收入劳动群体的利益，使得贸易利益分配更加合理化。发展国际贸易本身就是为了提高国民经济的发展，通过贸易使消费者福利得到改善。[③] 为了促进国际贸易的包容性增长，实现普惠贸易快速健康发展，一方面要构建稳健的全球贸易平台；另一方面，要完善平台贸易的体制机制。在构建稳健的全球贸易平台方面，要进一步

---

① 王健，巨程晖. 互联网时代的全球贸易新格局：普惠贸易趋势［J］. 国际贸易，2016（7）：4 - 11.

② 中国政府网. 我国跨境电商增势迅猛［OL］. https://www.gov.cn/xinwen/2021 - 10/15/content_5642711.htm.

③ 陈光春，等. 包容性增长视角下对外贸易可持续发展的新内涵［J］. 发展经济，2012（5）：212 - 213.

为中小微企业、个人参与国际贸易提供便利，取消个人物品与货物区别对待的规定，对低值货物和个人物品一律采取简易监管程序，甚至免税的待遇；促进国际物流一体化发展，改善物流服务能力，增加海关管理透明度和通关便利化，提高不同物流模式之间的对接效率，确保空运、海运、陆运和国内快递的有效对接。完善平台贸易的体制机制方面，推动贸易规则在电子支付方面的支撑，建立协同的国际支付体系，确保跨境电子商务在线支付便捷化，提高跨境支付结算的效率；建立健全跨境贸易争端解决的途径，制定跨境电子商务网上争议解决的统一法律体系；加强跨境数据流动规则的协调，统一跨境数据流动保护规则，确保数据隐私安全。

其次，构建普惠的贸易制度，促进普惠贸易的稳健发展。普惠贸易其实包括两个方面：一是出口方面，二是进口方面。传统地，贸易出口方面的政策一般都是"鼓励"，而贸易进口方面则大多是"限制"。无论是出口鼓励，还是进口限制，本质上都只是考虑本国利益，或者至少是优先考虑本国利益。这些传统的做法和政策，都是有违于普惠贸易宗旨的。因此，为了促进普惠贸易稳健发展，就必须改变这种"鼓励"出口、"限制"进口的传统做法，构建普惠的贸易制度。第一，平衡和规范补贴与反补贴、倾销与反倾销的关系。传统上，无论是补贴还是倾销都会给进口国造成不公平的竞争，从而损害进口国的利益。一般情况下，面对补贴和倾销，进口国都会采取反补贴和反倾销措施，以抵消出口国因补贴和倾销而获得的优势，有时进口国甚至还会采取"报复性"反补贴和反倾销举措。在开放的国际市场上，补贴与倾销、反补贴与反倾销都只能产生"短期的"或"临时性"作用，长期来看，其危害性是十分明显的：出口补贴可能使生产者受益，但这种利益会为整个社会付出的成本所抵消最终导致消费者受害；商品倾销有可能提高出口国的经济福利，但严重损害进口国的利益，最终造成全世界的福利损失。因此，补贴与倾销、反补贴与反倾销措施的实施，不仅伤害贸易伙伴国之间的"感情"，而且会阻碍国际贸易正常关系的建立。因此，必须平抑补贴与反补贴、倾销与反倾销，尽力减少使用补贴与倾销、反补贴与反倾销措施，促使国际贸易关系走到正常的轨道上来。第二，构建基于国际规则的公平贸易政策体系。刘力在《重新认识公平贸易政策的性质与意义》一文中提出，基于国际规则的公平贸易政策有利于维护公平竞争秩序以保证世界贸易的正常发展、有利于促进世界各国贸易政策的自由化、有利于推动国际贸易理论的公平化变革。为此，在构建多边贸易体制时必须以互惠和促进公平竞争作为最基本的原则、贸易伙伴之间要对等实行自由化、为了维护公平竞争而进行必要的反倾销和反补贴。① 第三，建立现代的普惠贸易制度。随着国际经济形势的迅速发展和广大发展中国家经济的快速进步，传统意义上的普惠制越来越受到发达国家的抵制，其实，发达国家从来都是把它作为一种手段而有条件地给予发展中国家的；发展中国家在享受普惠制时也经常会受到诸多的限制甚至不得不答应给惠国附加的条件，同时，随着发展中国家的发展，发展中国家的一些产品已被给惠国宣布"产品毕业"乃至整个国家"国家毕业"。② 因而，传统普惠制既受到了现实的挑战，也存在着需要改进之处。关于构建全球普惠贸易制度，王健在《全球普惠贸易发展趋势及其方向探究》一文中指出，"一是税制与国际接轨。二是监管的问题。三是吸收跨境电商一些试点城市的经验和数据，建立跨境电商围绕普惠贸易这样的发展趋势来创建新的贸易监管的方式。"③ 因此，构建现代的普惠贸易制度，一是利用现有的国际贸易的公平规则如世界贸易组织中的"禁止成员采用倾销或补贴等不公平贸易手段扰乱正常贸易的行为，并允许采取反倾销和反补贴的贸易补救措施，保证国际贸易在公平的基础上进行""权利和义务平衡""非歧视""市场开放"等，为普惠贸易提供一个公平竞争的制度环境。二是确保世界各国公平地在越来越自由的贸易政策上实现均衡，为世界各国获得贸易普惠明确一个现实的方向。为此，贸易各方相互给予对方以互惠待遇，在多边贸易谈判中实行对等的贸易自由化措施。

参 考 文 献

[1] ［印］阿马蒂亚·森. 理性与自由 ［M］. 北京：中国人民大学出版社，2006.

[2] ［印］阿马蒂亚·森. 王宇，等译. 伦理学与经济学 ［M］. 北京：商务印书馆，2000.

[3] 白清. 对外开放条件下的贸易利益分配理论综述 ［J］. 未来与发展，

---

① 刘力. 重新认识公平贸易政策的性质与意义 ［J］. 国际贸易问题，1999（3）：52－57.
② 根据修订后的欧盟普惠制规例，自 2015 年 1 月 1 日起，中国被排除出受惠国行列，中国出口至欧盟的所有产品不再享受普惠制优惠待遇；自 2019 年 4 月 1 日起，日本正式终结对中国的普惠制待遇；美国普遍优惠制于 2017 年 12 月 31 日正式失效。
③ 王健. 全球普惠贸易发展趋势及其方向探究 ［J］. 中国市场，2016（26）：19－22.

2014 (6).

[4] 陈光春，等. 包容性增长视角下对外贸易可持续发展的新内涵 [J]. 发展经济，2012 (5).

[5] 陈庆德. 亚当·斯密与李斯特经济学说的比较 [J]. 云南财贸学院学报，1987 (4).

[6] 陈颐，等. 信任、非正式制度与普惠贸易 [J]. 闽江学院学报，2017 (3).

[7] 程恩富，胡乐明. 经济学方法论：马克思、西方主流与多学科视角 [M]. 上海：上海财经大学出版社，2002.

[8] 代中强，梁俊伟. 分工与贸易利益：理论演进与中国经验 [J]. 当代财经，2007 (9).

[9] 段世德，丁丹. 论国际贸易利益来源的嬗变与发展 [J]. 经济纵横，2016 (9).

[10] [法] 费尔南·布罗代尔. 15 至 18 世纪的物质文明、经济与资本主义 (第三卷) [M]. 顾良，等译. 北京：生活·读书·新知三联书店，1993.

[11] 冯务中. 当代的亚当·斯密——阿玛蒂亚·森《伦理学与经济学》读后感 [J]. 博览群书，2004 (7).

[12] 郭界秀. 比较优势理论研究综述 [J]. 社科纵横，2007 (1).

[13] 郭秀慧. 贸易利益分配机制的转变研究 [J]. 商业时代，2013 (15).

[14] 哈耶克. 个人主义与经济秩序 [M]. 邓正来，译. 北京：生活·读书·新知三联书店，2003.

[15] 黄垚鑫. 比较优势理论文献综述 [J]. 华商，2008 (16).

[16] 金祥荣. 对亚当·斯密国际贸易理论的探讨 [J]. 杭州大学学报，1987 (4).

[17] 兰日旭. 中国经济崛起与重构国际经济新秩序的策略选择探悉 [J]. 经济学动态，2013 (12).

[18] 李辉文，董红霞. 现代比较优势理论：当代国际贸易理论的理论基准 [J]. 国际经贸探索，2004 (2).

[19] 李辉文. 现代比较优势理论研究 [M]. 北京：中国人民大学出版社，2006.

[20] 李龙. 地方政府发展跨境电商促进"普惠贸易"问题研究——以山东省为例 [D]. 济南：山东大学，2017.

［21］李正发. 比较优势与竞争优势——兼评"比较利益陷阱"说［J］. 湖北大学学报（哲学社会科学版），2005（1）.

［22］林玲，段世德. 西方贸易分配理论的流变及发展趋势［J］. 国外社会科学，2008（6）.

［23］刘力. 国际贸易学：新体系与新思维［M］. 北京：中共中央党校出版社，1999.

［24］刘力. 重新认识公平贸易政策的性质与意义［J］. 国际贸易问题，1999（3）.

［25］刘宁. 基于劳动的分工与贸易的逻辑生成——亚当·斯密分工与贸易理论的文本解读［J］. 湖北经济学院学报，2013（3）.

［26］［德］康德. 历史理性批判文集［M］. 何兆武，译. 北京：商务印书馆，1991.

［27］［美］肯尼迪·N. 华尔兹. 人、国家与战争——一种理论分析［M］. 倪世雄，等译. 上海：上海译文出版社，1991.

［28］［美］托马斯·弗里德曼. 世界是平的［M］. 何帆，等译. 长沙：湖南科学技术出版社，2008.

［29］欧玉芳. 比较优势理论发展的文献综述［J］. 特区经济，2007（9）.

［30］裴长洪. 跨境电商标志普惠贸易时代到来［N］. 联合时报，2016 - 07 - 08.

［31］钱纳里. 工业化和经济增长的比较研究［M］. 吴奇，等译. 上海：三联出版社，1995.

［32］佟家栋，王艳. 国际贸易政策的发展、演变及其启示［J］. 南开学报（哲学社会科学版），2002（5）.

［33］王健，巨程晖. 互联网时代的全球贸易新格局：普惠贸易趋势［J］. 国际贸易，2016（7）.

［34］王健. 全球普惠贸易发展趋势及其方向探究［J］. 中国市场，2016（26）.

［35］王兰芳. 马克思恩格斯对早期贸易和平论的批判［J］. 东岳论丛，2010（6）.

［36］王美强. 古典国际贸易理论研究——从亚当·斯密到约翰·穆勒［D］. 天津：天津财经大学，2013.

［37］辛鑫. 阿玛蒂亚·森与亚当·斯密经济伦理思想比较［J］. 企业导

报，2012 (22).

[38] [英] 亚当·斯密. 郭大力. 国富论 [M]. 王亚南，译. 北京：商务印书馆，2014.

[39] 杨文毅. "经济人" 假设的缺陷与本性及其行为机理分析 [J]. 经济视角 (上)，2013 (11).

[40] 余万里. 相互依赖研究评述 [J]. 欧洲研究，2003 (4).

[41] 曾铮. 全球工序分工与贸易研究——基于新兴市场国家视角的理论和中国经验 [D]. 北京：中国社会科学院，2009.

[42] 张二震. 绝对成本、比较成本与贸易分工的基础 [N]. 新华日报，2001 - 12 - 02.

[43] 张秀娥. 比较优势理论与中国对外贸易发展战略研究 [M]. 北京：中国人民大学出版社，2009.

[44] 赵俏姿，孙文涛. 绝对优势论在国际贸易中的普遍规律性 [J]. 上海电力学院学报，2002 (4).

[45] 朱富强. 现代主流经济学的 "硬核" 缺陷："经济人" 的基本含义、形成逻辑和内在缺陷 [J]. 福建论坛·人文社会科学版，2017 (9).

[46] 朱富强. 主流经济学中的 "经济人"：内涵演变及其缺陷审视 [J]. 财经研究，2009 (4).

[47] Adam Smith. The Theory of Moral Sentiments [M]. London：Strahan and Preston，1804.

[48] Bela Balassa. Trade Liberalization and Revealed Comparative Advantage [R]. The Manchester School of Economic and Social Studies，1965.

[49] David Ricardo. The Works and Correspondence of David Ricardo [M]. Cambridge University Press，1962.

[50] Elise S Brezis，Paul R Krugman，Daniel Tsiddon. Leapfrogging in International Competition：A Theory of Cycles in National Technological Leadership [J]. The American Economic Review，1993 (5).

[51] G F List. National System of Political Economy [M]. Lippincott，1856.

[52] Kamp M C. The Gain From International Trade and Investment：A Neo-Heckscher-Ohlin Approach [J]. American Economic Review，1969 (56).

[53] Melitz M Z and S J Redding. Missing Gains From Trade [J]. American Economic Review：Papers & Proceedings，2014 (5).

［54］P A Samuelson. International Trade and The Equalization Once Again ［J］. Economic Journal, 1948 (58).

［55］Robert B, Ekelund Jr, Robert F, Hebert. A History of Economic Theory and Method ［M］. New York: Macmillan, 1997.

［56］Romer P. Increasing Returns and Long-Run Growth ［J］. Journal of Political Economy, 1986 (5).

第六章

从垄断优势到竞争优势：国际贸易平衡思想的历史演进

　　垄断优势和竞争优势是国际贸易中的两种十分重要的利益来源。一般而言，一国参与国际贸易活动，总是会拥有某种"优势"。上一章我们分析了"绝对优势"和"比较优势"及其对国际贸易利益普惠性的影响；本章我们分析"垄断优势"与"竞争优势"及其对国际贸易利益平衡性的影响。垄断优势首先是一个国际投资领域中的概念，但是在 20 世纪 60 年代之前，由于国际投资还没有与国际贸易分离开来（至少是理论上还没有将二者分开研究），因此垄断优势理论其实也具有分析国际贸易问题的功能。从垄断优势理论，到产品生命周期理论，再到国际生产折中理论等，这些理论对国际投资和国际贸易的分析无不包含着垄断优势的因素。垄断优势的获得及其利用，一方面可以为母国带来利益，另一方面也可能会造成全球市场的不平衡，最终会抑制国际经济的增长和各国根本利益的发展。因此，与垄断优势理论相对应的竞争优势理论越来越成为分析国际投资和国际贸易优势的工具，也越来越成为各国获得国际投资和国际贸易优势的主要来源。对比分析垄断优势理论和竞争优势理论，既有利于我们分析国际贸易优势理论发展的规律，也有助于我们发现国际贸易平衡思想是如何在垄断优势理论向竞争优势理论演化过程中逐渐丰富起来的。

一、国际直接投资与国际贸易交叉融合发展的趋势

国际贸易与国际直接投资被称为世界经济领域的"两支花"，用以形象说明国际直接投资与国际贸易在世界经济领域中的巨大影响和非一般的存在，也说明国际直接投资与国际贸易"齐头并进，竞相争辉"的关系。事实上，20世纪60年代之前，国际投资和国际贸易是"不分家"的。海默在《一国企业的国际经营活动：对外直接投资研究》一文中，首先区分了国际投资与国际贸易，并提出了用以解释国际直接投资产生原因的、著名的垄断优势的概念。经过一定时期的发展，尤其是20世纪90年代以来，随着经济全球化的日益深化，国际投资与国际贸易又出现了彼此相互融合的趋势。因此，从一定的历史过程看，国际投资与国际贸易的关系呈现出"合一——分离——融合"的变化趋势。

国际直接投资理论与国际贸易理论的这种交叉融合发展是有其坚实的现实基础的。首先，国际直接投资和国际贸易的快速发展，国际直接投资额与国际贸易额增长指标成为一国和全球经济发展的两个重要标志。这表明国际资本不断扩大的趋势成为带动国际贸易高速增长的原因，而国际贸易的高速增长又促使国际直接投资的进一步扩大。① 其次，第二次世界大战以后，和平与发展成为世界主题，在此环境下，国际投资和国际贸易无论是在地区结构还是产业结构和商品结构上都得到了扩大和提升。就地区结构而言，投资和贸易的地区越来越广，而产业结构和商品水平也是越来越高，地区结构由传统的发达国家与殖民地、半殖民地和其他落后国家之间为主导，提升到发达国家之间、发达国家与发展中国家之间为主导；就产业和商品结构而言，由初级品和资源型为主导，提升到工业制成品、商业、金融保险服务等服务性部门为主导。而地区结构、产业结构和商品结构的变化表现在国际直接投资和国际贸易则显示出高度的一致性。最后，GATT 和 WTO 将与贸易有关的国际直接投资问题和国际贸易同时纳入其框架之内来签订协议和制定规则，这一做法也充分反映了国际贸易与国际直接投资的关系越来密切。

---

① 赵春明，等. 跨国公司与国际直接投资（第2版）［M］. 北京：机械工业出版社，2012：13 - 14.

在现实中，国际直接投资与国际贸易也是"不分彼此"、互相促进的。一方面，对外直接投资形成的跨国公司内部贸易的快速增长大大增加了全球国际贸易额；跨国公司内部贸易的发展又通过技术、市场、制度等的创新效应，提升了东道国参与国际经济活动的能力从而扩大了东道国的对外贸易。另一方面，国际贸易的快速发展为世界各国建立开放的经济环境创造了条件，从而有利于建立顺畅的国际直接投资渠道。"可以说，国际贸易的高涨是外国直接投资涌入的重要诱因，而外国直接投资的活跃又是国际贸易进一步发展的助推器。"[①]

综上所述，国际直接投资与国际贸易无论是在理论上还是在实践中，二者都存在着相互影响，相互促进，互为因果的关系。因此，我们在分析垄断优势和竞争优势时，也就不再严格区分国际直接投资理论和国际贸易理论了。

二、垄断优势理论的独占性及其对国际贸易的影响

（一）垄断优势理论的演变历程

垄断优势理论肇始于海默的博士论文《一国企业的国际经营活动：对外直接投资研究》；经过其导师、国际经济学家金德尔伯格进一步完善后，发展成为研究国际直接投资最早的理论。垄断优势理论建立后在学术界产生了广泛而深远的影响。不少学者沿着他们师徒开创的理论道路，利用实证方法，对垄断优势理论进行更进一步的扩展，形成了国际投资和国际贸易思想领域蔚为壮观的景象。

一是在核心技术方面的扩展。约翰逊在《国际公司的效率和福利意义》一文中对垄断优势论中的知识资产做了深入分析。他指出，知识的转移是直接投资过程的关键。[②] 跨国公司通过对外直接投资，既可以通过在对外投资的不同地点同时利用这类知识资产获得垄断利润，又可以把知识资产保持在企业内部以获取最大的外部收益。

---

① 赵春明，等. 跨国公司与国际直接投资（第2版）［M］. 北京：机械工业出版社，2012：12－13.

② H G Johnson. The Efficiency and Welfare Implications of the International Corporation. in C. P. Kindleberger（ed.），The International Corporation，Cambridge，Mass. MIT Press，1970.

　　二是在产品差异化方面的扩展。哈佛大学的凯夫斯从产品差异化的角度论述垄断优势，认为产品差异性是垄断优势的核心。

　　三是在规模经济方面的扩展。规模经济来源一般有两个方面，即工厂生产性规模经济和公司非生产性规模经济。传统理论的注意力一般都集中在工厂生产性规模经济上。20 世纪 70 年代以来，一些学者开始重视公司非生产性规模经济的作用。1977 年，美国经济学家沃尔夫提出，应当重视公司非生产性规模经济的重要性，而公司非生产性规模经济则主要来源于集中的产品研发、大规模的销售网络、资金的统一调配和统一的市场采购等。跨国公司通过发挥这些规模经济的优势在国内以至国际市场上进行多样化扩张，最终形成当地竞争者所不具有的垄断优势。[①]

　　四是在资金和货币方面的扩展。在这方面的研究中，有两位学者做出了突出贡献，一位是美国学者阿利伯，另一位是加拿大经济学家拉格曼。阿利伯通过研究发现，与资金和货币有关的优势来自两个方面，一方面是跨国公司拥有的而东道国所不具备的优势比如丰裕的资金或者较强的资金筹措能力和来源广泛的渠道；另一方面是在资本出口国的通货相对坚挺的条件下，该国跨国公司的对外直接投资可获得比东道国企业更高的收益率。[②] 拉格曼认为，跨国公司可以借鉴多元化投资选择的方式来降低投资风险，使自身的资产经营实现国际多样化。例如，跨国公司可以到那些与母国经济周期不完全相同的东道国去投资，以获得因避开母国经济波动对其经营活动可能造成的负面影响的好处。[③]

　　五是在组织管理能力方面的扩展。斯塔福德和威尔士（1972）把钱德勒的组织理论应用于对跨国公司行为的分析，他们认为，由于跨国公司一般都拥有接受过良好教育和具有丰富的管理经验的员工，同时有一个能高效运转的组织结构，这些都为跨国公司提高管理效率提供了条件。这些管理上的条件和资源在东道国市场上同样能够形成垄断优势。

　　六是在跨国公司选择参与国际经济活动方式方面的扩展。一般来说，跨国公司从事国际经营活动有三种方式：国内生产，国外出口；技术许可贸易；国

　　① 　B M Wolf. Industrial Diversification Inernationalization：Some Empirical Evidence ［J］. Journal of Industrial Economics，1977（2）.

　　② 　张小蒂，王焕祥 . 国际投资与跨国公司 ［M］. 杭州：浙江大学出版社，2004：35.

　　③ 　A M Rugman. Risk Reduction by International Diversification ［J］. Journal of International Business Studies，1976. Bergin P，Willmann G. Risk，Direct Investment and International Diversification，Review of Woeld Economics，1977（3）.

际直接投资。垄断优势理论提出后，许多西方学者利用该理论分析美国跨国公司对外直接投资的状况后发现，有些行业中的企业虽然拥有垄断的技术优势，但却只是出口产品而不对外投资；有些行业中的企业虽然技术优势明显，但既不出口也不对外投资而是进行技术许可贸易。为什么会出现这种情况，在这方面的研究中有两个学者做出了突出贡献，一个是希尔施，另一个是鲁特。希尔施认为，成本是决定跨国公司选择国际经济方式的重要依据，而影响国际直接投资的成本包括公司生产投入成本、公司专有知识及其他无形资产应获得的收益、出口销售的额外成本、管理和协调国外经营活动的额外成本等。如果一个公司拥有的知识等无形资产应获得的收益超过了其为跨国经营而承担的额外管理成本，那么该公司就会选择对外直接投资；同样，如果该公司在东道国的生产成本与额外管理成本之和小于其在母国的生产成本与出口成本之和，那么它选择对外直接投资就是有利可图的。否则，它就不会选择对外直接投资。① 鲁特认为，跨国公司拥有的知识资产分为两类：一类是可以通过许可证贸易转让给外国的无形资产如专利技术、商标、诀窍等；另一类是难以转让的知识资产如技术创新能力、管理能力、市场销售能力等。跨国公司是选择对外直接投资还是选择许可证贸易，关键在于其拥有什么样的知识资产优势。在国际投资项目具备中长期投资的条件下，跨国公司在一揽子利用其有形与无形资产优势中的获益可明显超过其仅利用单项知识资产优势的获益，跨国公司会倾向于通过对外直接投资来有效利用其拥有的全部优势。如果有关的国际投资项目不具备中长期投资的条件，那么跨国公司通过技术转让而获益仍不失为一种利用其拥有知识资产优势的方式。②

　　七是在跨国公司考虑保持战略均衡方面的扩展。美国学者尼克博克在运用垄断优势理论研究美国跨国公司的对外直接投资行为时发现，在国际市场上存在着少数几家大型跨国公司在某一行业或市场上处于支配地位的现象，尼克博克称这种市场结构为"寡占"结构。在这种市场结构中，如果国内统一寡占行业中的一家公司率先某国外市场进行直接投资，其他寡占公司也会到同一个东道国投资，原因就在于需要保持竞争的均衡。因为，一个寡占企业在国外进行投资，他就有可能在出口地位和市场份额方面占据优势，而且由于该公司

---

　　① S Hirsch. An International Trade and Investment Theory of the Firm ［J］. Oxford Economic Papers, 1976（28）：258 – 270.

　　② 转引自：张小蒂，王焕祥. 国际投资与跨国公司 ［M］. 杭州：浙江大学出版社，2004：37.

抢先一步在某国外市场立足而可能获得新的竞争优势从而使其他对手公司在国内的经营也处于相对不利的地位。因此，一旦一家寡占公司在国外进行了投资，其他寡占公司的最佳选择就是紧随竞争对手之后也进入该外国市场进行投资，以避免对方的行动给自己造成经营风险，保持彼此之间原来的竞争均衡。①

（二）垄断优势理论的独占性及其对国际贸易的影响

垄断优势理论一开独立研究国际投资之先河，成为西方乃至全球研究国际直接投资和跨国公司的理论圭臬，成为西方许多经济学家补充和发展国际直接投资和跨国公司理论的基础和出发点。事实上，垄断优势理论也很好地解释了西方发达国家对外直接投资、发达国家之间相互投资产生的原因；同时，垄断优势理论也成为众多企业选择从事国际化经营的理论依据和行为指引，更多的跨国公司因此而诞生。但是，就全球经济发展和发展中国家而言，垄断优势理论则存在着明显的局限性和缺陷。第一，垄断优势理论无法解释不具有垄断优势的发展中国家大量向发达国家投资以及发达国家和发展中国家之间交叉投资的现象。第二，垄断优势理论成就的世界巨型跨国公司进一步加剧了发达国家与发展中国家之间的发展不平衡，广大发展中国家作为发达国家跨国公司投资的东道国面临着巨大的压力。这正如赵春明等（2012）所指出的那样，"垄断优势论借用产业组织理论作为自己的基本分析方法，两者之间有非常密切的关系。从跨国公司实践活动来看，美国等发达国家的市场导向型对外直接投资、效率导向型对外直接投资正是按照海默所分析的那样，按照垄断优势→优势海外扩张→市场导向型对外直接投资→东道国市场垄断→超额利润的对外直接投资模式进行的。这一模式造就了许多超大型跨国公司，目前世界500强企业中，90%以上来自发达国家。这些超大型跨国公具有巨大的市场支配力量，而世界范围的五次大规模的跨国并购更是增强了它们在海外市场上的垄断力量，构成了对东道国巨大的竞争压力。"② 第三，垄断优势理论论证的是企业如何利用优势进行国际化经营而非企业如何通过国际化经营来获取和维持优势，③

①　F T Knickerbocker. Oligopolistic Reaction and the Multinational Enterprise ［M］. Boston，Harvard University Press，1973.

②　赵春明，等 . 跨国公司与国际直接投资（第 2 版）［M］. 北京：机械工业出版社，2012：28.

③　J A Cantewell. Technological Innovation and Multinational Corporations ［M］. Oxford：Blackwell，1989.

因此，它不能解释企业进行跨国经营后的发展问题。由于历史局限性，垄断优势理论对跨国公司的行为分析在于解释其初始行为，而对其完成初始行为以后的继续扩大则无法或者没有给予解释。同时，由于垄断优势理论在分析跨国公司对外进行投资选择时没有考虑东道国因素，因而，无法解释国际直接投资的区位选择问题。第四，垄断优势理论把"垄断优势"作为对外直接投资的唯一考虑因素，认为国内企业初始的"垄断优势"是对外直接投资的必要条件，直接导出的结论就是，不具备垄断优势的企业是难以对外直接投资的。那么，发展中国家的企业因为缺乏垄断优势也就没有机会参与国际直接投资。这对广大发展中国家而言，既是不符合现实的，也是有悖公平的。

我们从垄断优势理论的这些局限性和缺陷中可以观察到，垄断优势理论是站在发达国家尤其是美国的角度来分析企业的国际经营行为的。众所周知，垄断优势理论产生的时代，正是美国经济高度发达的时代，无论是科技水平、经济规模、市场结构、资源禀赋，还是管理技能、消费水平等，美国在全球都处于领先甚至垄断地位。以美国的现实为研究对象而提出的垄断优势理论势必存在"因服务于美国这种处于垄断地位的国家而不利于其他没有垄断优势的国家"的倾向性。因此，垄断优势理论从一开始就注定了其"先是美国剥削全球后是以美国为首的发达国家剥削广大发展中国家""发达国家的跨国公司独占国际市场"的性质。垄断优势的独占性表现在三个方面。一是控制东道国的产业。王允贵（1998）研究指出，跨国公司对东道国的产业控具体有四种方式：（1）股权控制，这是跨国公司产业控制最重要的方式；（2）技术控制，主要体现在母公司向子公司或分支机构转让技术的策略上，包括转让时机策略、国家类型策略、转让方式策略、股权差别策略等；（3）成本控制，子公司依托母公司的技术、规模等垄断优势，并与东道国企业一起分享当地廉价的要素资源，实施总成本领先战略；（4）品牌控制，品牌是跨国公司最主要的工业产权之一，实质是市场份额控制。①二是控制东道国产品市场。比如在中国市场上，以汽车工业为例，1990 年以前进入中国市场的世界汽车整车及零部件厂商情况是，生产轿车的跨国公司只有德国大众和标致/雪铁龙两家公司，其他类型车辆的生产公司都只有一家。在这种市场结构中，跨国公司难免会产生垄断动机和垄断行为，典型的表现是生产技术水平低、产品价格居高不下。

---

① 王允贵. 跨国公司的垄断优势及其对东道国的产业控制——跨国公司对我国电子及通信设备制造业的投资与控制 [J]. 管理世界, 1998 (2)：114 – 134.

20 世纪 80 年代以前，中国外商投资企业中被认定为技术先进企业的仅为 2%
左右，技术先进企业的投资额也仅占全部外商直接投资总额的 5% 左右。① 三
是控制东道国的技术研发，也就是跨国公司拥有技术垄断优势。技术垄断优势
是指跨国公司对所拥有的技术及技术转移的垄断和控制能力，以跨国公司占有
大量先进的技术为基础，对先进技术的占有通过跨国公司的技术积累实现，技
术垄断优势突出表现在对关键的核心技术的牢牢控制上。跨国公司通过技术垄
断优势进行跨国活动的内容有五个方面：整合企业内部的资源能力；进行长时
期的技术积累；对垄断技术进行技术保护；依靠垄断技术进行经营；保持和扩
大已有的市场。②

　　垄断优势的上述独占性对国际投资和国际贸易产生了极其深远的负面影
响。一是对经济全球化发展的负面影响。众所周知，经济全球化对世界经济的
繁荣和发展具有十分积极的作用。但是，自 20 世纪 80 年代开始的第三轮经济
全球化发展势头正遭遇越来越大的阻力。二是对技术进步和创新的阻碍作用。
对技术进步与创新的阻碍作用表现在两个方面。（1）跨国公司利用其在新产
品、新生产工艺之研究方面的技术优势对产品进行特异化，即以技术手段努力
对产品物质形态做某种改进，可以尽量避免竞争对手的伪造；同时，运用专利
或其他保护手段保护自己已取得的新知识资产来限制竞争对手的介入。跨国公
司的这种做法，一方面限制了知识技术的普遍应用，另一方面由于知识产权被
保护而可以垄断市场导致跨国公司缺乏创新的动力。（2）跨国公司获得新产
品以后，因可以通过投资策略和贸易策略保持长期的垄断优势而失去创新的动
力，弗农的产品生命周期理论对此有十分深刻的说明。根据产品生命周期的不
同阶段可以推断出：发明新产品、当地生产、对外出口、对外直接投资是产品
生命周期阶段或是产业生命周期阶段演进的结果。这样，在单一商品生产和贸
易的分析框架中，产品生命周期理论构成了对外直接投资替代对外贸易的思
想。③ 在这一转移过程中，创新国家或企业开始因"国内生产，出口商品"而
获得贸易垄断利益，接着因"国外投资或技术转让"而获得投资的垄断利益。
因此，创新一项具有垄断优势的新产品可以获得长久的垄断利益。三是对正常

　　① 江小涓. 跨国投资、市场结构与外商投资企业的竞争行为 [J]. 经济研究, 2002 (9) 31 - 37,
66.
　　② 薛求知，罗来军. 跨国公司技术研发与创新的范式演进——从技术垄断优势范式到技术竞争优
势范式 [J]. 研究与发展管理, 2006 (6)：30 - 36.
　　③ 赵春明，等. 跨国公司与国际直接投资（第2版）[M]. 北京：机械工业出版社, 2012：72.

经济秩序的扰乱作用。自从有了经济理论，垄断都是被批评的对象；诸多经济学家都有对垄断进行批评的观点。亚当·斯密曾指出，"垄断乃是良好经营的大敌。良好经营，只靠自由和普遍的竞争，才得到普遍的确立。自由和普遍的竞争，势必驱使各个人，为了自卫而采用良好经营方法……为了要促进一个国家一个小阶级的利益，垄断妨碍了这个国家一切其他阶级的利益和一切其他国家一切阶级的利益。"① 熊彼特曾经说过，"在欧美世界内，垄断从来就是被诅咒的，从来就是和无功能的剥削联在一起……在典型的自由主义资产阶级看来，垄断几乎已成为一切弊病的始祖——事实上，垄断已成为它所密藏的妖魔。"② 费希尔指出，"在需求和成本条件相同的情况下垄断行业的产量小于竞争行业的产量，而垄断价格则高于竞争价格……对社会来讲，垄断者对产量的限制是不合理的，因为增产给消费者带来的价值高于增产的成本，但是产量在垄断控制下无法增长。"③ 由此可见垄断的危害作用之巨大。垄断优势理论作为国际直接投资基础，最终也会导致对技术进步与创新的阻碍。

三、竞争优势理论的平衡性对国际贸易的影响与竞争优势思想构建

（一）竞争优势理论的发展历程

"竞争优势不是新生的主题。从某种程度上来说，很多有关商战的著作或多或少都有所涉及。人们关注成本控制、差异化和行业细分。本书设计了营销、生产、控制、财务以及其他影响企业竞争优势的领域。"④ 因此，"竞争优势基本上源于企业能为其买方创造的价值。……价值链是贯穿本书始终的主题，以此我们可以分析竞争优势的具体成因与买方价值的关系。"⑤ 从上面这

---

① ［英］亚当·斯密. 国民财富的性质和原因的研究（上卷）［M］. 商务印书馆，1972：137 –
139.

② 危怀安. 经济性垄断的效应分析［D］. 武汉：华中科技大学，2007：3.

③ ［美］斯坦利·费希尔，鲁迪格·唐布什. 经济学（上）［M］. 北京：中国财政经济出版社，
1989：324.

④ ［美］迈克尔·波特. 竞争优势［M］. 陈丽芳，译. 北京：中信出版社，2014：XVIII（自序）.

⑤ ［美］迈克尔·波特. 竞争优势［M］. 陈丽芳，译. 北京：中信出版社，2014：XVII – XVIII
（自序）.

两段迈克尔·波特为其《竞争优势》一书所作的自序中，我们可以知道，竞争优势的本质是源于企业能为其买方创造的价值，而竞争优势的来源则是成本控制、差异化和行业细分。正如波特所说，"竞争优势不是新生的主题。"其实，在波特之前，也曾有不少学者对竞争优势进行过相关的研究，并也取得了丰硕的成果。通过对这些研究和成果进行粗线条的梳理，我们可以管窥竞争优势理论发展过程之一斑。美国经济学家克鲁格曼和以色列经济学家赫尔普曼强调政府对经济的干预作用，主张政府凭借生产补贴、出口补贴等政策手段，扶持本国战略性产业，特别是那些知识与技术密集程度高、具有技术外溢效应和外部经济效应。[①] 波特在其著作《竞争优势》一书中希望解答"为什么某个特定产业在某个特定国家能获得并维持相对于他国的竞争优势"这一问题，并指出"国家的繁荣是创造出来的不是继承而来的"，为此，波特提出了其著名的竞争优势理论。

（二）竞争优势理论的平衡性及其对国际贸易的影响

上述分析显示，无论是垄断优势理论，还是竞争优势理论，作为一个国家参与国际经济活动的理论基础，都具有十分重要的指导意义。如上分析，垄断优势理论一经海默提出，无论是理论界还是实业界，在国际经济领域都产生了巨大的影响，其后的国际投资和国际贸易理论都或多或少赓续着垄断优势的"基因"。比如，产品生命周期理论中的"新产品"产生的垄断优势、内部化理论中的"特定技术和知识"形成的垄断优势、区位理论中的"特定区位"形成的垄断优势、比较优势理论中的"边际产业"在东道国产生的垄断优势等，莫不如此，更遑论对"垄断优势理论""内部化理论"和"区位理论"进行综合的"国际生产折衷理论"了。然而，自从波特提出并建立了系统的竞争优势理论，竞争优势理论就成为国际经济领域至关重要的甚至可以说是居于统治地位的理论了。竞争优势理论的重要性可以从诸多学者的评价中得以体现。西方国际贸易学说虽然种类繁多，千姿百态，但最引人注目的是波特提出的竞争优势学说。它对建立一个统一的、现代的国际贸易理论体系起着奠基性作用换言之，几乎所有的西方国际贸易学说都可以统一在竞争优势理论的框架

---

① 丁扬，张二震. 从战略性贸易政策到全球竞争政策 [J]. 经济学动态，1999（7）：50 – 54.

之中。① 波特认为这种国际竞争优势才应该是国际贸易思想的核心。② 由此可见，注重质量和效益的对外贸易不能停留在现有的比较优势上，需要将这种比较优势转化为竞争优势。③

上述这些对竞争优势及其理论重要性的评价，说明竞争优势理论作为一种在垄断优势理论基础上发展起来的新的理论，之所以被越来越多的国家所接受，也对越来越多的企业从事跨国经营活动起着重要的指导作用，一方面是因为竞争优势理论与其所处时代国家和企业所拥有的禀赋具有天然的契合性因而具有合理性，另一方面或者说更重要的方面还在于竞争优势理论为国家或企业从事国际经济活动所提供的具有可持续性的平衡性发展理念。

首先，竞争优势理论强调要保持国内竞争优势来源的平衡。众所周知，波特的竞争优势理论所说的竞争优势是指产品的竞争优势、产业的竞争优势和国家的竞争优势三种。其实，竞争优势概念的应用范围并不能局限于产品、产业和国家，它还适用于其他竞争中的事物，如竞争中的企业、竞争中的生产要素等。可以说竞争优势是竞争中的优势，凡是在竞争中具有显著的优势地位或优越条件的一方，都可以称之为具有竞争优势的一方。④ 波特指出，在这些竞争优势中，有两个核心问题是基础，一是行业长期盈利的吸引力以及相关的决定因素；二是决定行业内竞争地位的决定因素。在任何行业中，无论是国内还是国际市场，无论是制造业还是服务业，竞争的规则都体现在进入者的威胁、替代品或服务的威胁、买方的议价能力、供应商的议价能力以及现有竞争者之间的竞争等五种竞争力中。波特认为，每种基本战略都是企业创造和保持竞争优势的独特方式。因此，要实施多种基本战略。⑤ 由此可见，竞争优势理论中的竞争优势不仅来源于传统国际贸易理论所说的产品优势、产业优势、要素优势，而且还包括企业优势和国家优势。实施多种基本战略的目的是基于保持国内竞争优势来源平衡的考虑，终极目的则是为了保持竞争优势的可持续性，为一国或一国企业拥有持久的国际贸易竞争力提供不竭动力。

① 盛晓白. 竞争优势学说——西方国际贸易理论体系的新框架 [J]. 审计与经济研究，1998 (6)：47 - 49.

② 闫国庆，等. 国际贸易思想史 [M]. 北京：经济科学出版社，2010：256.

③ 洪银兴. 从比较优势到竞争优势——兼论国际贸易的比较利益理论的缺陷 [J]. 经济研究，1997 (6)：20 - 26.

④ 李正发. 比较优势与竞争优势——兼评 "比较利益陷阱" 说 [J]. 湖北大学学报（哲学社会科学版），2005 (1)：56 - 59.

⑤ [美] 迈克尔·波特. 竞争优势 [M]. 陈丽芳，译. 北京：中信出版社，2014：1 - 15.

其次，竞争优势理论强调要保持企业与买方、供应方之间的平衡。"竞争优势基本上源于企业能为其买方创造的价值。竞争优势体现在以较之竞争对手更低的价格满足顾客的相同利益，或是向顾客提供他们愿意额外加价的特殊利益。因此，本书应用价值链的概念来分析企业与买方、供应方之间的关系，进而分析企业谨慎实施的互相关联的活动和创造价值的过程。"① 从波特的上述观点中我们可以明晰，竞争优势作为企业开拓市场的战略安排，十分重视与买方与卖方的关系，强调在追求自身利益最大化的同时，还要兼顾或者说是同等重视买方与卖方利益，以价值链为手段平衡企业与买方、卖方之间利益关系，真正做到了国际贸易在利益分配上的平衡性。

最后，竞争优势理论强调主观努力的重要性。"波特把国家优势形成的根本归结于竞争，竞争有利于培育促进产业成功的关键性要素。优势产业的建立是国家优势形成的关键，而产业具备优势就必须提高生产效率，不断提高生产效率的源泉在于企业的竞争战略和不断进取的创新机制。分析要素条件、需求状况、产业联系、市场环境，都与企业竞争相关联，不利因素在主观努力下可以转化为有利因素，而有利状况由于主观努力的放松也会转化为劣势。"② 强调主观努力的重要性，并且给主观努力指明了方向和路径，作为竞争优势主体的企业或国家，只要能够运用好竞争优势战略，就有可能通过自身努力，打破固有的格局，突破垄断，实现新的平衡，并且有可能在新的平衡体系中处于优势地位。这样的例子可以说是举不胜举。二战以后迅速兴起的一批新型工业化国家如此，改革开放以后中国的迅速发展和全球竞争力的不断提升亦如此。

（三）竞争优势思想的构建

在开放条件下，由于受跨国公司等外部力量进入的影响，一国封闭条件下的竞争或垄断的市场结构可能会发生变化。一方面，跨国公司的进入可能改变东道国市场上的垄断势力。跨国公司一般都拥有相当的竞争优势、技术优势、管理优势、资本优势、规模经济优势等，进入东道国，它必定会利用自身的诸多优势尽可能多地占有市场份额以获取超额利润，这就不可避免地逐渐形成垄断势力，使原来没有垄断的市场上出现完全垄断（如中国最初的手机市场）；

---

① ［美］迈克尔·波特. 竞争优势［M］. 陈丽芳，译. 北京：中信出版社，2014：XVII（自序）.
② 闫国庆，等. 国际贸易思想史［M］. 北京：经济科学出版社，2010：257.

原来竞争充分的市场上出现寡头垄断（如中国的洗涤业市场）。另一方面，跨国公司的进入可能改变东道国市场上的竞争势力。在东道国有限的市场范围内，跨国公司进入意味着供给的增加。在需求不变的情况下，供给增加，市场的竞争程度必定提高。由此可知，跨国公司的进入，既可能给东道国市场增加垄断力量，也可能增加竞争力量，使原有市场上的竞争与垄断格局发生逆转：原来竞争比较充分的市场如洗涤市场、家用电器市场、汽车市场等会因同类跨国公司的进入而重新进行整合，逐渐淘汰缺乏竞争力的厂商，最终会形成为数不多的厂商垄断该市场，出现市场垄断。这是市场格局从竞争向垄断的逆转；原来垄断占优势的市场如电信业、铁路运输业等会因同类跨国公司的进入而增加新的竞争因素，冲击原有的市场垄断，出现竞争局面。这是市场格局从垄断向竞争的逆转。竞争与垄断的逆转必然引起经济规模发生相应的变化，因为竞争与垄断分别有不同的产业规模要求。当竞争向垄断逆转时，产业规模的集中度会越来越高，产业中会出现规模较大的企业。这是产业规模从分散向集中的转变，这种转变反过来又会增强垄断势力；当垄断向竞争逆转时，产业规模的集中度会越来越低，一个产业中将出现数家相互竞争的企业。这是产业规模从集中向分散的转变，这种转变反过来又会加剧竞争。由此看来，在开放经济条件下，制定产业政策时，应考虑诸如跨国公司进入等外部因素的影响。否则，决策者制定产业政策时想要实现的市场结构与跨国公司影响下的市场结构的变化方向可能会发生错位，以致削弱政策效果。更为严重的是，这种做法有可能危害东道国相关产业的建立与发展。以中国电信产业的改革为例，如前所述，将电信业一分为四，目的是打破中国电信市场的垄断，给电信业"注入"竞争活力。在封闭条件下，这种做法原也有其可取之处（此处且不论这种计划手段的缺陷），因为它确实给由一家企业垄断的中国电信市场"注入"了竞争因素，结果是电信业得到快速发展的同时，消费者也得到了好处。但如果考虑跨国公司进入的因素，这种做法就值得商榷。因为，如果国外电信业跨国公司进入中国市场，其竞争力非常强大，同时，受利润最大化动机驱动，进入中国的跨国公司将会不断扩大规模，逐渐增强其在中国市场的垄断力量。在此情况下，拆分后的中国电信业，各企业的规模能否与跨国公司相抗衡？在与跨国公司对抗时，能否获得竞争胜利呢？从当时中国电信业与世界电信巨头在规模、技术上的差距来看，即便是不拆分，与其同台较量，中国电信业尚无获胜把握，拆分后获胜概率无疑就更小了。可能出现的局面是，在跨国公司的冲击下，中国电信产业的国内份额逐渐减少，其健康发展面临严重挑战。如果将以上分析归结到电讯业竞争与垄断的规模均衡分析方面，可以得出如下结论：在考虑跨国公司进入的情况下，当时中国电信业的规模不仅不大，还应加速发展，扩大规模；解决中国电信市场独家经营局面的方法不应是拆分，而应是尽快开放中国电信市场，从国外引进竞争因素。这样既可以为中国电信业市场引入竞争机制，打破垄断，又可以保持中国电信业的竞争规模优势，同时有利于提高国内的福利水平。

　　跨国公司进入东道国市场后，从对东道国市场结构的影响方向看，既可能在东道国市场上形成垄断，又可能带来竞争。进一步的分析表明，无论垄断市场，还是参与竞争，都必须以巨大的经济规模作为后盾。跨国公司进入东道国市场一般经济规模都比较大。因此，在跨国公司进入的产业，有关竞争与垄断的产业规模标准就应进行相应调整：原来认为规模已形成垄断而要拆分的产业，在跨国公司进入后，为保持或增强其竞争实力，或许反而应该扩大规模。既然跨国公司进入会改变中国产业组织的市场结构，使中国市场上原有的界定适宜竞争和达到垄断的经济规模的标准发生逆转。那么，中国应如何应对这种状况呢？对跨国公司的市场准入实行完全的或大规模的限制，显然是不明智的，也是不现实的。唯一的出路只能是将跨国公司进入作为影响中国市场结构状况的一个因子，制定跨国公司进入条件下的中国产业组织政策，以寻求竞争与垄断的平衡。①

　　从竞争与垄断的经济规模均衡角度分析跨国公司对中国市场结构以及竞争力的影响，不仅可以为中国企业培育竞争优势提供可资借鉴的参考，也为我们从理论角度分析竞争优势的构建提供了思路。首先，竞争优势不是孤立存在的，它是与垄断优势与比较优势相伴而存在的，说竞争优势来源于垄断优势和比较优势也毫不夸张。其次，竞争优势的培育是现在和未来国家参与国际竞争的主要优势之所在，培育竞争优势应当成为一国的发展战略。最后，竞争优势的培育是国内各种资源优化组合的总领和方向，一国要想在国际竞争中处于不败之地，应该从本国实际出发把可资利用的资源整合到本国具有竞争优势的产品、产业、价值链上来。

---

① 赵楠. 跨国公司进入中国市场的产业组织分析——竞争与垄断的经济规模均衡 [L]. 国际经贸探索, 2003（6）: 42 – 44.

参 考 文 献

[1]［美］埃德温·曼斯费尔德. 微观经济学：理论与应用［M］. 上海：上海交通大学出版社，1988.

[2] 丁扬，张二震. 从战略性贸易政策到全球竞争政策［J］. 经济学动态，1999（7）.

[3]［法］弗朗索瓦·魁奈. 魁奈经济著作选［M］. 北京：商务印书馆，1981.

[4]［美］H. 范里安. 微观经济学：现代观点［M］. 上海：上海三联书店，1992.

[5] 洪银兴. 从比较优势到竞争优势——兼论国际贸易的比较利益理论的缺陷［J］. 经济研究，1997（6）.

[6]［美］J. 哈维. 现代经济学［M］. 上海：上海译文出版社，1985.

[7] 江小涓. 跨国投资、市场结构与外商投资企业的竞争行为［J］. 经济研究，2002（9）.

[8]［美］劳埃德·雷诺兹. 微观经济学：分析和政策［M］. 北京：商务印书馆，1982.

[9] 李正发. 比较优势与竞争优势——兼评"比较利益陷阱"说［J］. 湖北大学学报（哲学社会科学版），2005（1）.

[10] 梁志成. 论国际贸易与国际直接投资的新型关系——对芒德尔贸易与投资替代模型的重新思考［J］. 经济评论，2001（2）.

[11]［美］迈克尔·波特. 国家竞争优势［M］. 李明轩，邱如美，译. 北京：华夏出版社，2002.

[12]［美］迈克尔·波特. 竞争优势［M］. 陈丽芳，译. 北京：中信出版社，2014.

[13] 毛劲松. 跨国公司内部贸易与 FDI——以在中国投资的跨国公司为研究对象［D］. 天津：南开大学，2014.

[14] 莫扬. 替代、互补与创造：跨国公司与国际贸易的关系分析［J］. 国际经贸探索，2000（1）.

[15]［英］尼尔·胡德，斯蒂芬·扬. 跨国企业经济学［M］. 叶刚，等译，北京：经济科学出版社，1992.

［16］盛晓白. 竞争优势学说——西方国际贸易理论体系的新框架［J］. 审计与经济研究，1998（6）.

［17］［美］斯坦利·费希尔，鲁迪格·唐布什. 经济学（上）［M］. 北京：中国财政经济出版社，1989.

［18］王允贵. 跨国公司的垄断优势及其对东道国的产业控制——跨国公司对我国电子及通信设备制造业的投资与控制［J］. 管理世界，1998（2）.

［19］危怀安. 经济性垄断的效应分析［D］. 武汉：华中科技大学，2007.

［20］熊伟. 新国家竞争优势论：当今国际贸易的理论基础——兼对国际贸易主要理论述评［J］. 财经理论与实践，2004（2）.

［21］薛求知，罗来军. 跨国公司技术研发与创新的范式演进——从技术垄断优势范式到技术竞争优势范式［J］. 研究与发展管理，2006（6）.

［22］［英］亚当·斯密. 国民财富的性质和原因的研究（上卷）［M］. 北京：商务印书馆，1972.

［23］闫国庆，等. 国际贸易思想史［M］. 北京：经济科学出版社，2010.

［24］杨杰，祝波. 发展中国家对外直接投资理论的形成与演进［J］. 上海经济研究，2007（9）.

［25］张小蒂，王焕祥. 国际投资与跨国公司［M］. 杭州：浙江大学出版社，2004.

［26］赵春明，等. 跨国公司与国际直接投资（第2版）［M］. 北京：机械工业出版社，2012.

［27］赵春明，焦军普. 当代国际贸易与国际直接投资的交叉发展趋势［J］. 北京师范大学学报（社会科学版），2003（2）.

［28］赵楠. 跨国公司的市场行为：从垄断到竞争——以汽车工业为例［J］. 经济学家，2004（1）.

［29］周文，冯文韬. 经济全球化新趋势与传统国际贸易理论的局限性［J］. 经济学动态，2021（4）.

［30］邹统钎，周三多. 从比较优势到竞争优势：国际贸易格局决定因素的大转变［J］. 北京第二外国语学院学报，2001（5）.

［31］A M Rugman. Risk Reduction by International Diversification［J］. Journal of International Business Studies，1976.

［32］Bergin P，Willmann G. Risk，Direct Investment and International Diversification ［J］. Review of Woeld Economics，1977 （3）.

［33］B M Wolf. Industrial Diversification Inernationalization：Some Empirical Evidence ［J］. Journal of Industrial Economics，1977 （2）.

［34］F T Knickerbocker. Oligopolistic Reaction and The Multinational Enterprise ［M］. Boston：Harvard University Press，1973.

［35］J A Cantewell. Technological Innovation and Multinational Corporations ［M］. Oxford：Blackwell，1989.

［36］P Kindleberger. The International Corporation ［M］. Cambridge，Mass：MIT Press，1970.

［37］R E Caves. International Corporations：The Industrial Economics of Foreign Investment ［J］. Economics，1971 （38）.

［38］S Hirsch. An International Trade and Investment Theory of The Firm ［J］. Oxford Economic Papers，1976 （28）.

［39］Yoffie，Gomes-Casseres. International Trade and Competition：Cases and Notes In Strategy and Management：Second Edition ［M］. McGraw-Hill，1998.

第七章

从摩擦到合作：国际贸易共赢
思想的历史演进

"天下熙熙，皆为利来；天下攘攘，皆为利往。"这是西汉著名史学家、文学家司马迁在《史记》"货殖列传"中的一句话，这句话形象地描述了天下人为了利益可以连镳并轸，为了利益也可以分道扬镳。司马迁的这句话从一个侧面也体现出芸芸众生为了利益可以加强合作，为了利益也可以互相竞争甚或对立、发生摩擦。其实，这句话也是国际贸易关系的真实写照。国际贸易作为国际经济利益再分配的一种主要形式，国与国之间为了各自利益也是既可以选择贸易合作，也可以选择贸易竞争或对立甚至发生摩擦。可以说，这种既对立又合作的现象在国际贸易中屡见不鲜，时有发生。2019年12月10日，中国商务部原部长、中国外商投资企业协会主席、全球化智库（CCG）名誉主席陈德铭在美国纽约参加"中国年会：竞争还是合作"论坛上的演讲中强调，中美间既有竞争也有合作，但合作更重要。[①] 陈德铭的这一观点真实地反映了中美两国之间的贸易关系，同时也代表着世界各国之间贸易关系总的变化趋势：在对立中合作、在合作中对立。但就国际贸易的主流来看，正如陈德明所说，"合作更重要"。现实中，"合作更重要"的理念越来越为参与国际贸易的各个国家所理解和接受。因为"合作更重要"的理念是国际贸易能够长久发展的

---

① http://www.ccg.org.cn/archives/40013.

内在要求，也是国际贸易从摩擦到合作再到共赢这一贸易思想演化的动力来源。

一、国际贸易摩擦发生的根源及其对国际贸易的影响

（一）国际贸易摩擦的历史考察

贸易摩擦是国际贸易避无可避之事。贸易就是交换，交换的目的是获取更多贸易利得。贸易双方为了各自能够获得更多利益，必然会想尽一切办法增加自身利得减少对方利得，也就是减少自身损失增加对方损失，因此，贸易摩擦在所难免。尽管在第二章中我们论证了国际贸易历史久远，但就贸易摩擦而言，具有一定影响力和范围且纳入理论研究视野的贸易摩擦应该是从全球地理大发现以后出现世界性大国开始的。"根据学界的一般观点，世界性的大国起始于公元 1500 年前后的地理大发现。在此之前的大国只能被称为区域性大国，因为当时的世界还没有结成一体。自公元 1500 年以来的五百多年时间里，在世界舞台上相继崛起的世界性大国共有九个，它们是葡萄牙、西班牙、荷兰、英国、法国、德国、美国、日本和俄罗斯。"[1] 中国实行改革开放以后，随着国内经济迅速发展，当前已经成为世界经济大国，在国际经济活动中扮演着越来越重要的角色。因此，在上述九个国家之后，中国也是名副其实的大国。我们考察国际贸易摩擦的历史也沿着这一轨迹进行。

"在地理大发现以后建立起来的近代殖民制度，是一个以暴力为基础的残暴的血腥制度。这一时期，进行殖民掠夺的主要国家是葡萄牙、西班牙、荷兰、英国和法国。这几个国家的殖民势力不断兴衰消长，分别在不同时期掌握着当时的世界殖民霸权，共同写下了早期资本主义历史上最黑暗、最可耻的一页。"[2] 世界地理大发现以后，率先崛起的是葡萄牙和西班牙。葡萄牙和西班牙进行国际贸易的手段主要有两种：掠夺和非公平贸易。掠夺主要靠建立军事据点武力掠夺金银、武力开采金银矿、发展种植园、税赋搜刮等；非公平贸易主要靠垄断贸易、建立商站，尤其是进行臭名昭著的奴隶贸易。尽管我们从贸

---

① 马跃. 大国崛起过程中的国际贸易摩擦研究 [D]. 大连：东北财经大学，2013：12.

② 宋则行，樊亢. 世界经济史（上卷）[M]. 北京：经济科学出版社，1995：59.

易摩擦的角度来考察葡萄牙和西班牙的贸易历史，但从本质属性上看，他们的对外贸易已经不能用"经济属性"来界定了，完全是一种野蛮的掠夺，至多可以说是不公平的贸易战争。正如马克思所说，"美洲金银产地的发现，土著居民的被剿灭、被奴役和被埋葬于矿井，对东印度开始进行的征服和掠夺，非洲变成商业性地猎获黑人的场所：这一切标志着资本主义生产时代的曙光。"①"近代西方的物质文明正是在这种血淋淋的掠夺基础上建立起来的。"② 因此，葡萄牙和西班牙开展的对外贸易而引起的贸易摩擦可以说也是"血淋淋的"。自 17 世纪以后，葡萄牙、西班牙两国的地位逐渐为荷兰、英国、法国等国所代替。荷兰对殖民地的掠夺最重要的特点就是加强商业上的垄断，荷兰的商人资本专门组织了规模巨大的商业公司以控制殖民地商品的全部产销活动，其中，最著名并且起过重大作用的是荷兰东印度公司和西印度公司。商业公司一直是荷兰进行殖民掠夺的最有力工具。包括东印度公司和西印度公司在内的商业公司掠夺的手段与葡萄牙和西班牙的手段如出一辙。因此，荷兰所从事的国际贸易像葡萄牙和西班牙一样，都带有诈骗、强制和掠夺的性质。马克思称荷兰为"商业共和国"，对它进行的殖民活动评论说，"荷兰……经营殖民地的历史，'展示出一幅背信弃义、贿赂、残杀和卑鄙行为的绝妙图画。'……他们走到哪里，那里就变得一片荒芜，人烟稀少……这就是温和的商业！"③ 18世纪初期，英国成为世界工业、贸易、海运和金融中心。英国之所以能取代荷兰成为世界工业、贸易、海运和金融中心，早期是因为经过三次英荷战争而击败荷兰，而后，又逐个击败自己的其他竞争对手，取得 18 世纪海上贸易和殖民霸权；后期在于英国率先进行工业革命后成为"世界工厂"、用武力推行自由贸易政策，迫使众多国家打开国门从而形成一个以英国为核心的国际贸易圈。"法国殖民事业的兴起时间和殖民地地区的分布大致与英国相同，所以它对殖民地的掠夺方式也与英国十分相似。"④ 美国经过北美独立战争而成为政治上独立的国家，经过南北战争实现了国家统一，从第一次世界大战中大发战争财，二战以后成为资本主义世界头号强国，成为资本主义世界经济体系的主

---

① 马克思：《资本论》第 1 卷，载《马克思恩格斯全集》第 23 卷，人民出版社，1972 年版，第 819 页。

② 宋则行，樊亢. 世界经济史（上卷）[M]. 北京：经济科学出版社，1995：58.

③ 马克思：《资本论》第 1 卷，载《马克思恩格斯全集》第 23 卷，人民出版社，1972 年版，第 820 页。

④ 宋则行，樊亢. 世界经济史（上卷）[M]. 北京：经济科学出版社，1995：78.

导，1947 年倡导成立关贸总协定以图控制世界市场。美国崛起的原因可以说有强取豪夺，但更多的是依靠建立、控制世界经济体系以实现全球霸权。因此，伴随美国崛起的贸易摩擦也必然如影随形，须臾不离。1917 年俄国十月革命成功，建立起第一个社会主义国家苏联。二战以后，苏联成为唯一能够与美国相抗衡的政治、经济、军事大国。二战中的战败国德国和日本，由于得到美国的扶植和支持，经济迅速发展，尤其是日本，20 世纪 80 年代初期成为世界最大的债权国，由此造成了它与当时世界最大的债务国美国的冲突，双边贸易摩擦不断。在美国和日本双边贸易摩擦的影响和"传导"下，世界上的贸易摩擦不断发生。为了协调统一国际市场，保持"平衡"，1985 年五国集团（G5）签订了"广场协议"，日元大幅贬值，日美之间的贸易不平衡以及由此引起的世界贸易的不平衡暂时出现"平衡"的局面。

中华人民共和国成立后，中国一直在探索适合自身发展的道路。改革开放以后，中国经济飞速发展，国民经济得到了快速增长。中国经济快速发展和国际贸易额尤其是出口贸易额的不断增加，打破了原有的世界市场格局，使中国成为发达国家尤其是美国、欧盟等垄断国际市场的主要竞争者和"终结者"。因此，产生贸易摩擦在所难免。但从贸易摩擦发生的原因看，几乎都是其他国家对中国发起的，中国甚少主动发起或者至多是"报复性"的。比如 2018 年9 月 17 日美国贸易代表办公室（USTR）悍然宣布对原产于中国的 2000 亿美元商品加征进口关税，此后美国副总统对华发出了"将征收更多的关税，数字可能会大幅度增加一倍以上"的公然恫吓，中国也不得不采取措施，于2018 年 9 月 18 日宣布对美国 600 亿美元的商品加征进口关税。

从上述国际贸易摩擦的历史考察中我们可以了解到，早期的贸易摩擦表现为占领、掠夺和奴隶贩卖；中期表现为战争、欺诈和霸权争夺；后期则是通过推行对本国有利的贸易政策、制定全球贸易规则等以图形成对全球市场和贸易的垄断。因此，贸易摩擦的演变有一个从无序到有序，从野蛮到"文明"的过程，贯穿这一过程始终的一个不变的共同特性就是"因自私自利而引发摩擦"。

（二）国际贸易摩擦产生的动因

国际贸易摩擦持久、频繁发生扭曲了国际经济正常秩序，加大了世界各个国家参与国际分工和国际贸易的成本，降低了各国和世界的整体福利水平，引发各种国际经济和其他争端，造成国际经济交流无法正常进行。因此，有必要对贸易摩擦产生的原因进行深入研究，以期为化解至少是缓解国际贸易摩擦提供可资借鉴的理论解释。

国际贸易摩擦产生的原因是多方面的，可能因大国崛起而引起的新兴大国与既存大国之间的矛盾而引发摩擦，可能因某一国际集团的组建而打破既有均衡引发摩擦，也可能因一国国内经济发展迅速而需要国际市场支撑进而形成对国际市场和生产要素的争夺而引发摩擦，甚至有可能因为一国转移国内矛盾而引发摩擦。如果我们对这些引发贸易摩擦的原因进行综合分析，不难发现，从总体来看，贸易摩擦产生的原因无外乎三个方面：一是贸易原因；二是经济原因；三是政治原因。

首先是贸易方面的原因。贸易原因其实也是经济原因的一种，由于贸易原因过于重要和由此引起的摩擦过于频繁，因此，我们把贸易原因独立出来作为一个单独的原因进行分析。一国如何参与国际贸易活动以获取贸易利益，这是自古以来参与国际经济活动和国际贸易的国家首先要考虑的问题，也是各种国际贸易理论所研究的主题。"国际贸易自产生之日起，从只是少数国家参与的简单的物与物的交换形式，发展成为今天几乎囊括世界上所有国家的世界贸易体系。在这一过程中，虽然有国际贸易理论发展的推动，但更主要的是贸易利益的驱动。"① 一个国家为了追逐贸易利益，并且力求最大化的手段或者是保证在于制定相应的贸易政策。我们在前述各章中都论述过国际贸易政策的类别、性质和作用。"传统的国际贸易理论以其优美的模型和严密的逻辑性证明了自由贸易的必要性和最优性。"②但实际上，各国都不可能实行绝对的、真正意义上的自由贸易，因为绝对的、真正意义上的自由贸易是不存在的，这一点我们可以从所有自由贸易理论研究的各种假设前提中找到答案。可以说，国际自由贸易理论的发展史一定程度上就是不断打破各种假设的发展史。"事实上，自由贸易理论哪怕在观念上也没有走向绝对自由，它并没有排斥必要的保护。"③既然绝对的、真正意义上的自由贸易是不存在的而贸易保护却是国际贸易中必不可少的，那么，国际贸易争端与摩擦就必然与国际贸易如影随形，只不过时隐时现罢了。当一国采取以本国贸易利益最大化同时却又是"以邻为壑"的贸易政策措施时，无论这一政策是属于自由贸易性质的还是属于贸易保护性质的，摩擦就会不可避免地发生。

---

①②③　王桂敏，孙佟．国际贸易摩擦发生的理论诠释 [J]．科技和产业，2007（11）：76–78，87.

另外，由于贸易摩擦对国际贸易产生巨大影响，因此，国际贸易的经典理论也都对贸易摩擦产生的原因进行了分析。重商主义的经济学思想经历了从早期的"货币差额论"到晚期的"贸易差额理论"的发展，但其本质上都是将本国福利的提升等同于直接货币财富的创造，因此，重商主义指导下的国际贸易，就全球整体而言结果必然是零和博弈。"重商主义将国际贸易过程视为参与各方零和博弈的思想开创了人们解释贸易摩擦现象的理论先河。"① 保护幼稚工业理论认为新兴国家在与传统强国进行贸易竞争的过程中必须采取保护措施以保护国内处于"幼稚"状态的民族工业，保护的目的是提高本国民族工业的竞争力，等到竞争力提升以后，就不再保护。因此，在保护幼稚工业理论看来，新兴国家保护幼稚的民族工业是应该的，传统强国也是应该理解的和允许的。即便如此，对保护幼稚工业理论中的保护带来的福利增加能否大于福利损失、动态学习过程的可行性、保护政策执行过程中的信息非对称性和实践的非一致性等问题依然存在质疑。战略性贸易理论认为，在出口国之间形成的囚徒困境局面可以合理解释贸易摩擦形成的原因。政治经济学分析范式以利益集团影响贸易政策制定为分析视角将政治经济学分析框架运用到关于贸易摩擦成因的研究当中。这一理论的代表人物克鲁斯曼和赫尔普曼（Grossman and Helpman）运用博弈论的研究方法，以特定要素模型为基础具体分析了由国际贸易导致商品价格波动进而影响生产与消费决策，最终通过利益集团左右选举及贸易政策制定的过程，并提出组织严密的利益集团更易触发贸易摩擦。②

其次是经济方面的原因。国际贸易摩擦的经济原因归根结底是各种要素资源和国际市场全球分配的不均衡问题。既得利益国家或集团往往通过相应的宏观经济战略和微观经济技术手段对全球要素资源和国际市场进行划分和控制，进而形成垄断；而新兴国家或利益集团由于经济或政治、军事实力的增强相应地会要求对各种全球要素资源和国际市场的既有格局和分配进行重新洗牌。既得利益国家或利益集团与新兴国家或利益集团，一方是为了自身利益固守和强化已有格局，另一方也是为了自身利益要求打破和形成新的格局，两者之间必然产生矛盾，发生贸易摩擦。日本和美国之间在二战以后在贸易领域发生的激烈冲突就是经济原因引发贸易摩擦的典型案例。赵瑾在《日美贸易摩擦的历史演变及其在经济全球化下的特点》一文中，分为四个阶段详细系统地分析了日本与美国在 20 世纪 50～90 年代的贸易摩擦问题。第一阶段是贸易自由化

---

①② 孙磊，谭波. 贸易摩擦成因理论研究综述 [J]. 商业经济研究，2015（6）：30－32.

与日美微观经济摩擦（20 世纪 50 年代中期至 1981 年）；第二阶段是资本自由化与日美宏观经济摩擦（1982～1985 年广场协议）；第三阶段是生产国际化与日美投资摩擦（1985 年 9 月至 1989 年）；第四阶段是全球化和信息化与日美制度摩擦（1989 年至今）。90 年代以来日美贸易摩擦的内容已经发生根本性变化：由 80 年代的宏观经济摩擦开始转向 90 年代的制度摩擦。促进国内规制缓和和规制改革，建立国内制度和国际制度的协调机制成为 21 世纪国际贸易的主题。① 从日本与美国贸易摩擦的案例中我们可以知道，这种摩擦产生的经济原因主要有三个方面：一是微观产品方面的；二是宏观生产方面的；三是经济制度方面的。而且有一个由产品原因向生产原因再向制度原因演化的过程。这一演化过程其实是贸易摩擦由局部微观层面走向全局宏观层面的转化，当贸易摩擦尚处于微观局部层面时还是可以管控的，一旦发展到宏观全局层面，就有可能爆发贸易战，管控起来就难上加难了。因此，当贸易摩擦初步发生时，发生摩擦的国家之间一般都会采取积极的措施加以管控，使摩擦处于可控范围内或者直接消除贸易摩擦。

最后是政治方面的原因。这是出于政治目的或政治斗争需要等政治方面的原因所引发的贸易摩擦。国际上大国或集团之间往往会有各自的政治主张和价值观念，而这种政治主张和价值观念的不同又会产生各种矛盾进而引发贸易摩擦甚而至于军事冲突。"冷战"时期社会主义阵营和资本主义阵营因为各自价值观不同时常发生矛盾进而互相设置壁垒，就是典型的例子。再比如，2021年 9 月 15 日，美国、英国和澳大利亚宣布建立新的三边安全伙伴关系，美国和英国将支持澳大利亚海军建立核潜艇部队，澳大利亚从而取消了此前与法国达成的常规潜艇建造协议。2021 年 9 月 17 日，法国宣布召回驻美国和澳大利亚大使。2021 年 9 月 20 日，欧委会主席冯德莱恩和欧洲理事会主席米歇尔相继发声，支持法国立场，要求美国和澳大利亚对潜艇事件做出澄清。这一事件发生以后引起各方的密切关注和深入分析。中国外交部发言人赵立坚 2021 年 9 月 16 日在例行记者会上回答相关提问时说："首先，美、英、澳合作具有严重的核扩散风险，违反《不扩散核武器条约》的精神。美国核潜艇使用90%以上丰度的高浓铀，属于武器级核材料。美、英两国向澳大利亚这一无核武器国家出口核潜艇，意味着这些高度敏感的核材料及相关技术和设备的转让，且

---

① 赵瑾. 日美贸易摩擦的历史演变及其在经济全球化下的特点［J］. 世界经济, 2002（2）: 50 - 57.

国际原子能机构保障监督体系无法有效核查澳方会不会将高浓铀转用于核武器。澳方明知如此，却放弃购买常规动力潜艇，转向美英购买核潜艇，到底是何居心？澳作为《不扩散核武器条约》的无核武器缔约国，继续履行核不扩散义务的诚意要打上一个大大的问号！其次，美、英、澳合作再次证明美英在核出口问题上露骨奉行'双重标准'，将严重损害国际核不扩散努力。一直以来，美方在朝鲜半岛核问题、伊朗核问题上都以阻止两国获取高浓铀为重要目标，拒绝向无核武器国家出口高浓铀，并在全球范围推进高浓铀反应堆低浓化。但是美为实现地缘政治目的，不惜为有关国家'开口子'，此次与澳开展核潜艇合作就是最新例证。三国此举必将向世界释放错误信号，刺激其他无核武器国家起而效尤，并为解决地区防扩散热点问题带来深远的负面影响。不仅如此，澳引进核潜艇将损害《南太平洋无核区条约》和东盟国家建立东南亚无核区的努力，严重破坏地区和平稳定。最后，美、英、澳多年来自诩为国际核不扩散努力的领导者，事实却很打脸，他们是名副其实的扩散者。中方再次敦促三国倾听国际社会呼声，摒弃陈旧的冷战零和思维和狭隘的地缘政治观念，撤销有关错误决定，忠实履行国际核不扩散义务，多做有利于地区和平稳定发展的事。"[1] 赵立坚的上述分析具有典型的代表性，美、英、澳三国与法国以及欧盟之间的这一矛盾表面上看是因为核潜艇的贸易引起的，实质上贸易摩擦只是表象，政治、军事、区域安全等因素才是最核心的考量。

（三）国际贸易摩擦对国际贸易的影响

国际贸易摩擦的历史考察和发生原因的分析显示，贸易摩擦发生的根源在于其利己性。综上所述，不管是贸易方面的原因，经济方面的原因，还是政治方面的原因，贸易摩擦发生的根源都是因为摩擦发起方从自身利益出发而改变原有贸易比例、结构、格局造成的。比如前面我们所说的美英澳与法国以及欧盟的摩擦，不就是美国为了自身在太平洋地区的"战略需要"，英国为了加强与美国联系进而向澳大利亚出口核潜艇技术，澳大利亚为了所谓的"自身安全"需要，法国为了保有已有订单和"国家尊严"，欧盟为了支持其主要成员国法国进而维护自身利益，各方之间为了各自利益互相博弈的结果吗？出于利

---

① 2021 年 9 月 16 日外交部发言人赵立坚主持例行记者会 ［OL］. https：//www. fmprc. gov. cn/web/fyrbt_673021/jzhsl_673025/202109/t20210916_9604844. shtml.

己性考虑，与事各方谁还会顾忌原有的"友情"和既定的安排呢？事实证明，这种贸易摩擦的利己性对国际贸易产生着极其重大的消极影响。

首先，贸易摩擦直接影响与事各方的经济利益，即便是摩擦发起方的利益最终也会受损。我们以 20 世纪后半叶美日贸易摩擦为例来说明这一问题。美日贸易摩擦可以说是 20 世纪后半叶世界上最著名的贸易争端，其核心问题和症结之所在是日本对美国日益增大的贸易顺差。为了解决这一问题，美国一方面与日本签订有关纺织品、钢铁产品、彩电、汽车及零部件和半导体方面的诸多协议，通过关税、配额、要求日本"自主限制出口"等措施来限制日本对美国的出口；一方面通过与日本签订"广场协议""美日结构性障碍协议""美日综合性经济协议""美日规制缓和协议"等协议，迫使日本通过调整汇率、促使日本进行结构性改革，使日本系统性全行业地开放其国内市场。经过几轮谈判与磋商，短期内，美国基本达到了预期的目的，日本"自动"缩减对美出口以及提高本币汇率等。但从长期来看，美国并未达到目的，美国对日本的贸易失衡问题也并没有得到解决。1993 年、1994 年、2000 年和 2006 年是美国贸易逆差的四个重要节点，分别代表美国从日本进口突破 1000 亿美元、突破 1200 亿美元、突破 1400 亿美元和达到 1500 亿美元。而同期，美国对日本的出口还是处于 600 亿美元上下的水平。这说明美国并未真正打开日本市场，日本市场对美国产品的封闭性问题仍未解决。① 我们再看美日贸易摩擦对日本的影响，《广场协议》使日元对美元大幅升值，日元汇率的升值导致日本出口产品的价格在短期内迅速上升，对美国等主要出口市场的出口迅速下降，致使日本在 20 世纪 80 年代后半期和 90 年代之间的对外出口呈现一种衰退的态势，各行业都受到不同程度的冲击。从美日贸易摩擦中我们可以看到，贸易摩擦发生后直接受损的是摩擦指向方或被"制裁"方，其次摩擦发起方利益会因为对方的"报复"或"反制裁"而受损。可以说，"摩擦之下，获利者无。"

其次，贸易摩擦大量耗费与事各方的人力、物力、财力和政治影响力。贸易摩擦会直接影响与事各方的利益，阻碍与事各方之间的正常贸易，降低贸易效率，这是贸易摩擦造成的直接损失。除此之外，为了弥补贸易损失或者是为了消弭贸易摩擦产生的各种冲突，使贸易走上正常轨道，与事各方会想尽一切办法，使用各种手段，采取可能措施，甚至不惜牺牲更多的利益，以争取贸易

---

① 仇莉娜. 美日贸易战历史回溯与经验教训——对中美贸易摩擦的启示 [D]. 北京：中国社会科学院，2018.

常态化。20世纪90年代中美之间的贸易摩擦就是一个典型的案例。1979年1月1日，中美正式建立外交关系，1979年7月7日，两国在平等互利和非歧视的基础上签订了《中美贸易关系协定》，此协定于1980年2月1日生效。但在整个20世纪90年代，美国政府内部关于对华最惠国待遇问题发生了激烈的争论，出于美国自身利益的考量，2000年10月10日，克林顿总统签署给予中国PNTR法案。美国一年一度"给予中国最惠国待遇"的审批，尤其是最后关于是否给予中国PNTR的论战，可以说给美国造成了巨大的浪费。张兆兴在其硕士学位论文《美国利益集团与中国最惠国待遇（1990–2000）》中对这种支持方与反对方所做的工作做了详细的论述。他总结认为，支持给予中国最惠国待遇的一方主要做了以下游说工作：发挥游说活动主体即现有的行业公会和商会的作用、成立新的联合贸易组织以便游说维持对华最惠国待遇、积极发动基层选民对本选区议员施加影响力、致力形成有利于维持对华最惠国待遇的社会舆论、各大工商企业和商会组织甚至个人给总统和国会写信向政府施加压力、直接游说具有重要影响的国会议员与政府官员、借助学者的说服力量游说政府、政治捐献、借助媒体的力量通过广告的形式把支持对华最惠国待遇的声音传播出去。反对给予中国最惠国待遇的一方主要做了以下游说工作：劳工利益集团发动会员通过写信、打电话或发电子邮寄等方式对其选区的议员进行游说、致力形成反对无条件对华最惠国待遇的社会舆论、对国会议员进行大规模的直接游说活动、通过参与听证会的方式影响国会议员、运用示威、游行等激进方式唤起公众和媒体注意向议员施加压力。[①] 从上述分析可以想见，这种争论势必会造成巨大的人力、物力、财力的消耗与浪费。

最后，贸易摩擦还会影响与事各方国内经济结构，甚至引起全球经济、贸易格局的变化。除了上述影响，贸易摩擦还会影响技术进步和投资安排，进而影响全球经济发展，引起全球经济贸易格局的变化。贸易摩擦一般首先从货物贸易领域开始，继而会延伸到服务贸易领域，而技术贸易则越来越成为服务贸易领域最易引起摩擦、也最受影响的一个方面。李平等在《贸易壁垒对中国技术创新的影响——兼论政府的作用发挥》一文中，综述了国内外学者关于贸易壁垒对技术创新的影响的研究成果：关税壁垒阻碍出口国企业进入国外市

---

① 张兆兴. 美国利益集团与中国最惠国待遇（1990–2000）［D］. 济南：山东大学，2006：14–32.

场，使得企业"出口中学习"的机会相应减少，不利于出口国的技术进步。[①]
郭克莎和李琍（2021）认为，郭晴等采用 GTAP-Dyn 模型动态模拟 2018～2025
年从正常经贸关系、三回合关税战升级到贸易脱钩情景下对中国国际贸易变化
的研究，是目前最接近现实情况的一份研究。[②]

　　通过上述分析，我们可以知道，尽管贸易摩擦的原因多种多样，但其产生
的危害大体又是相同的，不仅贸易摩擦的指向方利益受损，发起方的利益也会
因为贸易格局的改变而受到影响，最终有可能阻碍全球经济的健康发展。

二、国际贸易合作思想的共赢性及其对国际贸易的影响

（一）国际贸易合作的思想渊源

　　既然贸易摩擦避无可避，在所难免，那么，为什么国际贸易还能够不断扩
大和发展呢？究其原因，就在于国际贸易追逐利益最大化的动因。摩擦在所难
免，但获得利益更为重要。摩擦只会造成损失，不会完全终止贸易，因为只有
持续贸易才能获得更多利益；同时，通过获得更多的利益才能够弥补因摩擦造
成的损失。而贸易得以持续发展的保障则是超越摩擦，加强合作，也只有不断
加强合作，才能保证贸易的持续发展，也才能保证利益获得的可持续性。因
此，合作势属必然，也势在必行。在《经济学研究重心的转移与"合作"经
济学构想——对创建"中国经济学"的思考》一文中，黄少安提出，"迄今能
够称之为经济学革命的只有四次。这四次革命的结果造就了四个真正具有划时
代意义的经济学体系：一是古典经济学体系；二是马克思主义经济学体系；三
是新古典经济学体系；四是凯恩斯主义经济学体系。其他的流派无非是它们的
具体化或作为其完善或补充或拓展，或者是它们的融合或综合……可以说，这
几大代表性的经济学体系都是以'竞争'为主线的，或者说，其理论体系的
灵魂是竞争，是揭示或解释人类经济行为竞争性的经济学，也就是竞争的经济
学……当然，我们并不否认已有经济学对人类经济行为的'非竞争性'或

---

　　① 李平，等. 贸易壁垒对中国技术创新的影响——兼论政府的作用发挥 [J]. 国际贸易问题，
2014（2）：105 – 114.
　　② 郭克莎，李琍. 中美贸易摩擦的动因、趋势和影响分析 [J]. 天津社会科学，2021（5）：149 –
160.

'合作性'的关注。"① 从黄少安的上述论述中我们可以知道，经济竞争是过去经济学研究的重点和中心，但人类"也还记得"除了竞争，还有合作，因此"也没有忘记"研究"合作"，尤其是随着有关竞争的研究日渐成熟，形成了固定的研究范式以后，有关"合作"的研究就越来越重要，也越来越必要。因此，黄少安（2000）认为："现在的主流经济学研究应该从研究'竞争'为主线转变为研究'合作'为主线，以适应现代社会的现实需要。"② 汪丁丁（1998）认为，"以研究'竞争'为主的经济学理性主义基础，在'合作'为主的现实社会中面临危机"；③ 杨小凯（1998）针对国内贸易与国际贸易理论不兼容的现实，提出了超边际分析方法，构建统一国内贸易与国际贸易的理论模型；④ 王世军（2013）对国际贸易的"合作"思想有过一段论述："而国际贸易学则是基于个体优势差异在分工与合作的框架下分析个体的优势行为，是以'优势分工、合作双赢'的合作哲学为理念，是一种以研究'合作'为主线的经济理论。"⑤ 由此看来，既然经济合作是经济活动的"天然内容"，那么，对合作进行深入研究也就成为经济学家们的"必然工作"了。

作为经济活动延伸和国家间经济交往的国际贸易更需要合作。事实上，传统的国际贸易理论也无不包含着合作的思想。比如，亚当·斯密认为，尽管商品生产中的工人、资本家和地主三者之间存在着分工与竞争，甚至会出现工人罢工、"羊吃人"等现象，但最终在"看不见的手"的引导下，工人、资本家和地主还是会为了实现各自利益而选择合作。这就是斯密所说的：由于追逐自己的利益，他往往能比在真正出于本意的情况下更有效地促进社会的利益。在李嘉图看来，价值思想在国际贸易中是失效的，而国际贸易顺利进行、国际价值得以实现的前提条件是国与国之间必须加强交流，实行合作，允许资本和劳动在国家间自由流动。要素禀赋理论的假定条件中，有这样一条，"假定在各国内部，生产要素是能够自由转移的，但在各国间生产要素是不能自由转移的……所以，在没有贸易时，国际要素报酬差异始终存在。"⑥ 要素禀赋之所以能够实现价格均等化，就是因为国与国之间的贸易与合作，允许由不同的要素禀赋

①② 黄少安. 经济学研究重心的转移与"合作"经济学构想——对创建"中国经济学"的思考 [J]. 经济研究，2000（5）：60－67.

③ 汪丁丁. 经济学理性主义的基础 [J]. 社会学研究，1998（2）：1－11.

④ 向继东，杨小凯. 从经济学角度看中国问题书屋 [J]. 1998（6）：35－37.

⑤ 王世军. 合竞行为、优势人假设与国际贸易学和主流经济学的对立统一 [J]. 国际贸易问题，2013（6）：168－176.

⑥ 闫国庆，等. 国际贸易思想史 [M]. 北京：经济科学出版社，2010：115.

生产出来的商品的自由流动。如果没有贸易与合作，商品不能在国家间自由流动，那么，不同国家的要素价格就很难实现均等化。里昂惕夫之谜的存在更是从相反的方面说明了国际贸易合作的重要性：里昂惕夫之谜的产生很可能是因为美国贸易保护的结果，也就是非合作的结果。美国经济学家罗伯特·鲍德温用贸易壁垒解释里昂惕夫之谜，认为要素禀赋思想的假设前提是自由贸易，但在现实中几乎所有国家（包括美国）都存在一定程度的贸易保护。美国保护程度较高的是劳动密集型商品，这就影响了美国的贸易模式，降低了劳动密集型产品的进口。这就很好地解释了美国理论上应该而事实上却未进口那么多的劳动密集型产品的"里昂惕夫之谜"。波特提出的国家竞争优势的"钻石模型"也充分说明了合作的重要性。"钻石模型"认为，一国某产业或者产业链某环节在国际竞争中是否具有优势的影响因素有六个，其中四个是基本因素，两个是辅助因素。四个基本因素为：生产要素；需求条件；相关与支持性产业；企业战略、结构与同业竞争。两个辅助因素为政府和机遇。这六个要素相互影响，以四个基本因素为支撑点，彼此互动，环环相扣，组成动态的竞争模式，形成一个完整的"钻石体系"。上述我们简单枚举了几种国际贸易思想中的合作元素，如果我们对其他的国际贸易思想进行研究，也会发现其中所包含的合作思想。

因此，合作是国际贸易得以进行的前提，也是贸易双方利益得以实现的条件。没有合作，无论理论模型有多么完美、贸易政策有多么科学、贸易措施有多么得当，最终贸易都不可能进行，贸易双方的利益也都不可能真正实现。

（二）合作思想的共赢性及其对传统国际贸易政策的超越

前面章节中我们已经论述过，传统的国际贸易理论无论是自由性质的、还是保护性质的，在现实的国际贸易实践中都存在着利己性，都是从本国的利益出发来设计模型、制定政策、采取措施的。这一论点可以从贸易思想的反复更迭中找到论据。从重商主义开始，贸易思想经历了早期国际贸易思想、古典国际贸易思想、贸易保护主义思想、新古典国际贸易思想、里昂惕夫之谜及其解释、新新贸易思想、国家竞争优势思想等，这些国际贸易思想基本上是沿着从保护到自由，再从自由到保护的，最后出现保护和自由的综合的路径发展的。在这一发展过程中，没有哪一种国际贸易思想能够一直处于主导地位。之所以如此，一方面是因为历史发展造成的国际经济环境的变化需要国际贸易理论做出相应调整，另一方面也是更为重要的方面，是因为没有哪一种国际贸易思想能够同时满足同一历史时期中的不同国家以及不同历史阶段上的不同国家的贸易需要，都需要做出实时调整，有时保护思想会取代自由思想而成为主导思想，有时自由思想会取代保护思想而成为主导思想，循环往复，如是而已。国际贸易的出发点是为了获取更多的利益，我们可以得出结论，贸易理论的相互更替，也可能是因为利益的冲突，而利益冲突的根源则在于只考虑自己或者主要考虑自己而不考虑或者次要考虑别人，也就是自私自利性造成的。因此，只有加强合作，才能摒弃冲突与矛盾，排除自私自利之心，实现互利共赢。

国际贸易合作思想可以超越传统贸易思想，寻求出口鼓励与进口保护之间的平衡。传统上，各国为了在国际贸易中获得更多利益，传统的做法有两种，一是实施出口鼓励；二是实施进口限制。出口鼓励无论对于实施保护主义还是实施自由贸易的国家都是其贸易政策的重要组成部分。由于它会通过推动出口贸易的发展带动国内经济增长的良性循环，扩大进口能力，所以一直受到各国政府的重视。当然，在某些特殊历史条件下和特殊历史时期，有时候还需要实施出口管制措施。进口限制政策是通过限制进口，对国内生产和市场进行保护的贸易政策，它由关税壁垒和非关税壁垒构成。进口限制政策最终都影响进口商品的数量和价格，但是在先改变数量还是先改变价格上是不同的。一种形式是通过提高进口商品的价格达到限制进口数量的目的，如关税。征收关税使进口商品的价格上涨，需求减少，因而进口量下降。另一种形式则是直接或间接地限制进口商品的数量，国内市场价格上涨是数量限制的结果。例如，配额和"自愿"出口限制是直接限制进口商品的数量，歧视性政府采购、国内含量要求和外汇管制是通过减少对进口产品的需求达到数量限制的目的，而技术和行政限制是通过增加进口的难度而取得同样的效果。限制进口的结果均会造成国内市场价格的上涨。此外，除了关税和非关税壁垒，生产补贴等产业政策也能够起到进口保护的作用。①

上述分析显示，无论是出口鼓励政策还是进口限制政策，二者的出发点都是为了保护本国利益，因而都凸显着自利性。这种自利性从长期来看，不仅不利于国内利益的平稳持续增长，而且更加有害于世界市场的稳定和全球福利水平的提高。而贸易合作则可以超越出口鼓励与进口限制这两种做法，达成全球贸易的互利共赢。之所以说贸易合作可以超越出口鼓励与进口限制这两种做

① 刘力. 国际贸易学：新体系与新思维［M］. 北京：中共中央党校出版社，1999：126.

法，达成全球贸易的互利共赢，是因为，首先，从出发点来看，贸易合作的出发点就是以合作的方式来解决摩擦、实现合作各方的目的，而不是传统的出口鼓励或进口限制等单边手段，它不是以邻为壑，而是"相与为谋，守望相助"。其次，从手段上看，出口鼓励采取的出口补贴和倾销、进口限制采取的反倾销和反补贴等单边行为都是不公平的贸易政策措施，而贸易合作的手段则是谈判、磋商等双边和多边行为，是公平、公正的贸易政策措施。最后，贸易合作的结果也不是"此消彼长"的"零和博弈"或者"你死我亡"的"负和博弈"，而是"互利共赢"的"正和博弈"。

另外，以合作思想为指引，可以创造更大的市场规模，进而创造更多福利。无论是出口鼓励还是进口限制，其基本逻辑都是，从自身利益出发通过占领更广阔的市场来实现多出口、少进口。如果每一个国家都这样做，那结果就会出现壁垒林立，造成全球市场割裂，统一的大市场就难以形成。第四章我们已经分析过，无论是什么样的区域贸易安排都会造成市场的分裂，进而影响每一个国家的利益，这也从另一个角度说明市场割裂的危害和损失。而超越出口鼓励和进口限制的合作思想则可以打通障碍，消除壁垒，形成统一市场，这样就能够减少摩擦和交易成本，创造更多需求，扩大全球市场规模。市场规模的扩大，毫无疑问，能够给所有国家带来商品销售和经济发展的机会。

三、构建合作共赢的国际贸易思想体系

（一）合作共赢贸易思想的现实基础

首先，历史发展到今天，合作成为国际交往的必然趋势和现实选择。习近平总书记关于经济全球化的经典论述为我们深刻理解全球合作的必然性和必要性提供了根本指引。2016年1月18日，习近平总书记在首届中国国际进口博览会开幕式上的主旨演讲中提到，世界上的有识之士都认识到，经济全球化是不可逆转的历史大势，为世界经济发展提供了强劲动力。说其是历史大势，就是其发展是不依人的意志为转移的。人类可以认识、顺应、运用历史规律，但无法阻止历史规律发生作用。历史大势必将浩荡前行。① 2018年1月，世界经济

---

① 习近平在2018年11月5日在首届中国国际进口博览会开幕式上的主旨演讲。

论坛第四十八届年会在瑞士达沃斯召开，本届年会的主题是"在分化的世界中打造共同命运"，旨在缓解国家之间和社会内部的撕裂与分化，推动各国通过国际合作应对风险与挑战。这个主题与习近平总书记在 2017 年达沃斯论坛上所作的题为《共担时代责任，共促全球发展》的主旨演讲的主题高度吻合。习近平总书记在主旨演讲中强调，把困扰世界的问题简单归咎于经济全球化，既不符合事实，也无助于问题解决。我们要适应和引导好经济全球化，消解经济全球化的负面影响，让它更好惠及每个国家、每个民族。我们要主动作为、适度管理，让经济全球化的正面效应更多释放出来，实现经济全球化进程再平衡；我们要顺应大势、结合国情，正确选择融入经济全球化的路径和节奏；我们要讲求效率、注重公平，让不同国家、不同阶层、不同人群共享经济全球化的好处。因此，国际合作的趋势不会改变，这既是国际经济发展的现实需要，也是历史发展的必然结果。

其次，尽管贸易摩擦依然存在，时而甚至甚嚣尘上，但摩擦各方合作的愿望却越来越强烈，或者说是合作共赢的现实需要抵消至少部分抵消了贸易摩擦的非理性冲动。以近年来世界上影响最大最深远的中美贸易摩擦为例，我们来看看合作共赢的需要是如何击败贸易摩擦的非理性冲动的。

2018 年以来，中美贸易摩擦已升级至贸易、科技、金融、外交、地缘政治、国际舆论、国际规则等全领域。"科技方面，美国商务部工业安全署（BIS）出台针对前沿技术的出口管制，包括生物技术、芯片和人工智能等。同时美国还围堵中兴、福建晋华、华为等高科技企业。人才交流方面，美国缩短留美学生签证停留期限、打压华人在美国企业任职以及科研机构与企业合作。多个研究及学术机构如美国安德森癌症研究中心、埃默里大学等研究机构在美国相关部门调查国外势力的要求下解雇华裔学者。投资限制方面，美国通过《外国投资风险评估现代化法案》，加强对外国投资审查，重点审查 27 个核心高科技行业，针对中国。地缘政治方面，美国试图联合其他国家对中国进行极限施压，插手中国内政。在美、加、墨协议中设置'毒丸计划'，施压日本、澳大利亚等国限制华为参与 5G 网络建设等。面对美国的步步紧逼，中方在反击的同时，以更大决心推动对外开放，降低关税税率、减少负面清单等。其中，科技方面，中国维护高科技企业合法权利、建立国家技术安全管理清单制度并设立'不可靠实体清单'。投资方面，中国减少投资限制，2019 年版的负面清单条目由 48 条减至 40 条，进一步放宽了采矿业、交通运输、基础设施、文化等领域的投资限制。外交方面，中国加快与非美国家和地区交流合作。"①

中美之间的贸易摩擦乃至其他领域的摩擦表面上看来程度不断升级，范围不断扩大，但事实证明摩擦的升级与扩大从根本上解决不了两国之间存在的争端与分歧，各自的利益诉求也难以实现；相反，其结果只能是争端与摩擦越来越升级，利益越来越受损。同时，双方尤其是摩擦发起方美国也越来越认识到只有加强合作才有可能解决分歧，达成共识，各自的利益诉求才有可能得到满足。我们可以从中美之间近几年来的贸易摩擦的演变历程中看出，"尽管贸易摩擦是主旋律，但合作共赢的基调却从未销声匿迹"，合作共赢的现实需要抵消至少部分抵消了贸易摩擦的非理性冲动，更深层次的原因在于，全球化势不可当。"总之，无论你把经济全球化视为福音，还是看作灾难，经济全球化已经成为不可抗拒的客观现实。"②

最后，合作的国际贸易必然是共赢的、成功的；摩擦下的国际贸易必然是两败俱伤，损人不利己的。二战以来的国际贸易发展史充分证明了这一点。经过第一次和第二次世界大战，整个世界除了美国可以说是百业凋敝，民不聊生。二战以后，各个国家都普遍认识到，只有快速发展经济，促进经济复苏，才能医治战争的创伤，恢复正常的生产生活秩序。于是，二战后国际贸易得到迅速发展。高永富等在其主编的《国际贸易法学》一书中将二战以后的国际贸易发展划分为三个阶段，即 1950～1973 年的"黄金阶段"、1974～1979 年的"滞胀阶段"、20 世纪 90 年代以后的"快速发展阶段"。"黄金阶段"的 1950～1973 年的 23 年间，国际贸易从 600 亿美元增加到 5740 亿美元，增长了 8.5 倍，年平均增长率为 10.3%，高于同期世界工业生产增长率的 5.2%，也超过了国际贸易历史上增长最迅速时期的水平。③ "滞胀阶段"的 1974～1979 年国际贸易的增长速度明显减缓，其中世界贸易年平均增长率为 18.9%，世界贸易出口年平均增长率仅为 4%；进入 20 世纪 80 年代，国际贸易增长逐步恢复，整个 80 年代，世界贸易出口量年均达到 5%，④ 仍然低于"黄金阶段"的平均水平。90 年代以后国际贸易增长波动很大，但整体进入"快速发展阶段"。这一阶段的国际贸易增长率为 4%～10%，起伏较大，但总体上超过了

①　任泽平，等. 客观评估中美贸易摩擦对双方的影响 [J]. 发展研究，2019 (8)：9-28.

②　刘力. 经济全球化：发展中国家后来居上的必由之路 [J]. 国际经济评论，1997 (Z5)：32-34.

③　范文仲. 数字经济与金融创新 [M]. 北京：中国金融出版社，2022.

④　姜文学. 国际贸易 [M]. 大连：东北财经大学出版社，2010.

以前国际贸易发展的任何时期，始终高于世界经济增长率的4%左右；同时，这一阶段的国际贸易发展很不平衡，特别是发达国家和发展中国家的国际贸易发展不平衡，发达国家之间贸易额所占比重继续上升，发展中国家所占比重下降。这一时期国际贸易迅速发展的原因主要在于以下三个方面：一是世界经济保持持续增长，特别是美国和包括中国在内的金砖四国经济的迅速发展；二是世界贸易组织的成立形成了世界贸易的新格局，开启了国际经济合作的新时代；欧盟、北美自由贸易协定、亚太经济合作组织的建立促进了世界经济区域集团化的发展；三是服务业的迅速发展和知识密集型产业的增加，跨国公司在全球范围内寻找廉价的劳动力和原料产地等因素加强了国家之间的联系，使世界成为一个不可分割的整体，为国际贸易的发展提供了一个广阔的舞台。

从上述二战以后国际贸易发展不同阶段的特征及其原因我们可以看出，第一阶段和第三阶段，全球合作趋势处于主导地位，无论是"北北"贸易和"南南"贸易，还是"南北"贸易进行得都比较顺畅；而第二个阶段由于发达资本主义世界的"滞胀"问题无法解决并且严重影响着社会经济发展、叠加以"石油危机"对全球经济发展的阻碍作用，贸易摩擦乃至局部战争时有发生，致使国际贸易发展缓慢。

（二）合作共赢贸易思想体系的构建

合作共赢贸易思想的构建需要从两个方面理解和实现。

首先，合作共赢贸易思想具有了坚实的现实基础。2021年，习近平总书记在题为《命运与共，共建家园》的重要讲话中指出，中国和东盟民族文化宗教多姿多彩，多元包容是我们的共同基因。我们从东亚文明中汲取智慧，以开放理念引领地区经济一体化，以平等协商推进东盟主导的地区合作，以包容心态构建开放而非排他的朋友圈，落实了共商共建共享原则。事实上，自1991年建立对话关系以来，中国与东盟已发展成互为最大规模的贸易伙伴、最具活力的合作伙伴、最富内涵的战略伙伴。2018年9月，习近平总书记在中非合作论坛北京峰会开幕式上宣布，中国愿以打造新时代更加紧密的中非命运共同体为指引，在推进中非"十大合作计划"基础上，同非洲国家密切配合，未来3年和今后一段时间重点实施"八大行动"。3年多来，中非双方深入协调对接，努力克服新冠疫情影响，高质量落实"八大行动"，为中非经贸合作注入强大动力。2021年11月，在塞内加尔首都达喀尔举行中非合作论坛

第八届部长级会议。习近平总书记以视频方式出席开幕式并发表主旨演讲，深刻阐释中非友好合作精神，提出推动中非关系发展的 4 点主张，宣布中非双方共同制定了《中非合作 2035 年愿景》，将共同实施"九项工程"，为构建新时代中非命运共同体指明了方向。中非经贸发展之所以取得如此辉煌成就，根本原因在于双方秉持真实亲诚理念和正确义利观，中非经贸合作走出了一条特色鲜明的共赢之路，形成了独特优势。

2021 年 8 月，中国—阿拉伯国家第五届博览会在宁夏银川举行。习近平主席向博览会致贺信强调，中国愿同阿拉伯国家一道，共谋合作发展，共促和平发展，实现互利共赢，高质量共建"一带一路"，推动中阿战略伙伴关系迈上更高水平，携手打造面向新时代的中阿命运共同体。阿拉伯国家身处"一带一路"交会地带，是共建"一带一路"的天然合作伙伴。2020 年，中阿贸易额达 2398 亿美元。其中，中国对阿拉伯国家出口 1231 亿美元，在疫情影响下，仍实现了同比 2.2% 的增长，机电和高新技术产品占比达到 67.4%，同比分别增长 6.1% 和 3.3%。中阿双向投资和基础设施合作方面也取得较好成绩。截至 2020 年底，中国对阿拉伯国家直接投资存量为 201 亿美元，阿拉伯国家来华投资累计 38 亿美元，双向投资涵盖油气、建筑、制造、物流、电力等众多领域。[①] 商务部国际贸易经济合作研究院欧亚研究所所长刘华芹指出，第五届中阿博览会首次启动了线上博览会，设置了"三维云展馆""二维云商城"等，搭建了更为高效便捷的经贸合作平台。可以说，成果非常丰硕，达到了预期效果。中国宏观经济研究院战略政策室主任盛朝迅指出，第五届中阿博览会着力打造多方共商共建共享平台，数字化合作充分融入各项活动，是第五届博览会的一大亮点。中共宁夏区委党校（宁夏行政学院）经济学教研部教授杨丽艳认为，第五届中阿博览会注重经贸合作实效，有利于开辟合作新空间。中国社会科学院西亚非洲研究所政治研究室主任唐志超说，经济上的互补性是中阿经贸合作的现实前提和主要驱动力，从官方到民间的深厚友谊是中阿经贸合作之路越走越宽广的重要基础。双方坚持以创新为引领，不断丰富经贸合作的内容与形式。[②]

除了中国主导的这些成功的国际合作案例外，当今世界上也还发生或发生着诸多成功的合作共赢的经贸实践。2021 年 10 月 12 日，二十国集团（G20）

---

① 刘叶琳. 数字化产业园成中阿经贸合作新亮点［OL］. https：//h5. drcnet. com. cn/docview. aspx? docid = 6226335&chnid = 1020.

② 王建宏，张胜. 中阿博览会：面向世界讲述合作共赢新故事［N］. 光明日报，2021 - 08 - 23.

举行贸易部长会议，会议发表《G20 贸易部长会议声明》，就维护多边贸易体制、加强国际抗疫合作、促进服务贸易、重振国际投资、营造公平竞争环境、支持中小微企业、推动绿色可持续发展等达成一系列成果共识。《2021 年亚太经合组织领导人宣言》指出："贸易是我们全体人民发展和繁荣的支柱……我们将推进区域经济一体化，推进亚太自由贸易区建设，为实现全面高质量的区域贸易协定作出贡献""去年，我们通过了《2040 年亚太经合组织布特拉加亚愿景》，这一愿景为我们今后二十年的工作提供了指引。今年我们通过了愿景落实计划以实现我们的愿景，即到 2040 年建成一个开放、活力、强韧、和平的亚太共同体，实现亚太人民和子孙后代的共同繁荣。"

其次，合作共赢贸易思想构建的基本框架。上述中国 – 东盟、中国 – 非洲和中国 – 阿拉伯国家联盟等国际合作以及国际上其他国际组织之间合作的典型案例和成功的经贸实践，为构建合作共赢的贸易思想体系奠定了坚实的基础。通过这些成功的国际合作共赢的实践经验，我们可以总结出合作共赢的贸易思想的基本框架。

一是以构建人类命运共同体为基础和出发点。2012 年党的十八大明确提出要倡导人类命运共同体意识，在追求本国利益时兼顾他国合理关切。2013年 3 月，习近平总书记在莫斯科国际关系学院发表名为"顺应时代前进潮流，促进世界和平发展"的演讲。这场演讲被称为突破了双边关系的范畴，向世界讲述了对人类文明走向的中国判断。2013 年 3 月，他在访问坦桑尼亚时就谈到，中非从来都是命运共同体，共同的历史遭遇，共同的发展任务，共同的战略利益把我们紧紧联系在一起。习近平总书记出席博鳌亚洲论坛 2015 年年会时提出了"通过迈向亚洲命运共同体，推动建设人类命运共同体"的倡议；提出了迈向命运共同体的"四个坚持"：坚持各国相互尊重、平等相待；坚持合作共赢、共同发展；坚持实现共同、综合、合作、可持续的安全；坚持不同文明兼容并蓄、交流互鉴。2015 年 9 月，习近平总书记在纽约联合国总部发表重要讲话指出，当今世界，各国相互依存、休戚与共。我们要继承和弘扬联合国宪章的宗旨和原则，构建以合作共赢为核心的新型国际关系，打造人类命运共同体。2017 年 10 月，习近平总书记在党的十九大报告中提出，坚持和平发展道路，推动构建人类命运共同体。2018 年 3 月，第十三届全国人民代表大会第一次会议通过的宪法修正案，将宪法序言第十二自然段中"发展同各国的外交关系和经济、文化的交流"修改为"发展同各国的外交关系和经济、文化交流，推动构建人类命运共同体"。2018 年 4 月，习近平总书记在博鳌亚洲论坛 2018 年年会开幕式上的主旨演讲中指出，从顺应历史潮流、增进人类福祉出发，我提出推动构建人类命运共同体的倡议，并同有关各方多次深入交换意见。我高兴地看到，这一倡议得到越来越多国家和人民的欢迎和认同，并被写进了联合国重要文件。我希望各国人民同心协力、携手前行，努力构建人类命运共同体，共创和平、安宁、繁荣、开放、美丽的亚洲和世界。2018 年 7 月，南非总统拉马福萨在金砖会晤上畅想金砖第二个"金色十年"的宏阔蓝图时说，共同走向人类命运共同体更加光明的未来。2018 年 10 月，在第八届北京香山论坛开幕式上，习近平总书记向论坛致贺信指出，中国坚持共同、综合、合作、可持续的新安全观，愿以更加开放的姿态与各国同心协力，以合作促发展、以合作促安全，推动构建人类命运共同体。展现了中方推动构建人类命运共同体的信心和决心。2018 年 12 月，在庆祝改革开放 40 周年大会上的讲话中，习近平总书记总结改革开放 40 年来我国所取得的伟大历史成就时指出，我们积极推动建设开放型世界经济、构建人类命运共同体，促进全球治理体系变革，旗帜鲜明反对霸权主义和强权政治，为世界和平与发展不断贡献中国智慧、中国方案、中国力量。2019 年 10 月，中国共产党十九届四中全会提出，坚持和完善独立自主的和平外交政策，推动构建人类命运共同体。2021 年 1 月 1 日出版的第 1 期《求是》杂志发表习近平总书记 2017 年 1 月 18 日在联合国日内瓦总部的演讲《共同构建人类命运共同体》。① 从上述人类命运共同体的发展历程我们可以看出，构建人类命运共同体，不仅写入中国共产党的十九大报告，载入党章和宪法，而且多次写入联合国、上海合作组织等多边机制重要文件。这充分反映了各国人民的共同心声和价值追求，凝聚着国际社会的广泛共识和深刻智慧。因此，只有坚持以构建人类命运共同体为基础和出发点，才能科学回答"世界向何处去、人类怎么办"的时代之问，合作共赢的贸易思想才能具有广阔的发展空间和发展前景。

二是以共商共建共享为原则和纲领。共商共建共享的全球治理观是中国针对全球治理问题提出的解决思路和方案。2014 年 6 月，在中阿合作论坛第六届部长级会议开幕式上的讲话中，习近平总书记首次对共商共建共享理念进行了阐释。2015 年 10 月，习近平总书记在中共中央政治局第二十七次集体学习

---

① 上述关于"人类命运共同体"的发展历程，资料来源于：https：//baike. baidu. com/item/%E4% BA% BA% E7% B1% BB% E5% 91% BD% E8% BF% 90% E5% 85% B1% E5% 90% 8C% E4% BD% 93/1096715？ fr = aladdin.

时的讲话中将"共商共建共享理念"定位于全球治理视域内。2019年3月，习近平总书记在访问意大利时强调，我们秉持的是共商、共建、共享，遵循的是开放、透明原则，实现的是合作共赢。共商共建共享的全球治理观是中国积极参与全球治理体系变革和建设的基本理念和主张，为建设一个更加美好的世界提供了中国智慧，为破解世界共同面临的治理难题提供了中国方案。中国坚持共商共建共享的全球治理观，积极倡导合作共赢理念、正确义利观，努力推动全球治理体系朝着更加公正合理的方向发展。党的十八大以来，中国秉持共商共建共享的全球治理观，积极参与全球治理体系变革和建设，共商共建共享的全球治理观成为习近平外交思想的重要组成部分。党的十九大报告指出，中国秉持共商共建共享的全球治理观。从内涵上看，共商共建共享这一全新的全球治理观念包含着"一起探讨、一起进步、一起分享"这样的现实意蕴。"一起探讨"指的是在遇到亟待解决的问题时，各国要一起协商和探讨切实有效的解决方案，并在此过程中不断培养彼此之间的信任感，携手并进、共同应对；"一起进步"指的是在各国之间分享交流的过程中，不断吸收双方的优点来推进自身的建设发展，在实时参与中达到双赢互惠、共同进步；"一起分享"指的是在世界各国的前进道路上要尽力做到机会均等、发展一致，从而在真正意义上实现世界各国自由分享经济发展成果的目标。① 全球治理需要用共商共建共享理念来落实，习近平总书记共商共建共享的全球治理观在"共商""共建""共享"等方面各有不同的内容。"共商"是指世界治理的民主化，要求做到在世界治理领域国家间的治理权力协调、治理机会协调和治理规则协调。"共建"是在全球治理过程中承担共同义务，在遵循联合国宪章精神的前提下，共同解决世界治理难题，建设和平、发展、合作、共赢的国际社会。"共享"是在共商共建理念的基础上，世界各国共同享受世界经济、政治、文化、生态、和平等治理成果。② 从共商共建共享的内涵及其目标愿景我们可以看出，以共商共建共享为原则和纲领既是合作共赢贸易思想的题中应有之义，也是实现国际贸易合作共赢的基本路径。世界各国本着也只有本着共商共建共享的原则，才能真正实现贸易乃至更广泛领域的合作共赢。

三是以"一带一路"等多边合作机制为纽带和平台。中国汉代开始的"丝

---

① 刘浩然. 全球治理背景下"共商共建共享"的思想价值研究 ［J］. 黑龙江教师发展学院学报，2021（10）：151 – 153.

② 张孟洋. 习近平共商共建共享全球治理观研究 ［D］. 石家庄：河北师范大学，2020：22.

绸之路"已有两千多年的历史，是古代中国连接欧、亚、非三大洲的重要商贸之路，有效沟通和连接了中国与沿线国家、沿线国家之间的经贸往来，受到沿线国家的重视和依赖。2013 年，习近平总书记在统筹国内国外两个大局的基础上，提出共建"丝绸之路经济带"和"21 世纪海上丝绸之路"的伟大构想，赋予"丝绸之路"新的时代内涵和发展机遇，即政策沟通、设施联通、贸易畅通、资金融通、民心相通之路。"一带一路"倡议提出后，中国在对外开放的道路上进入新的历史发展阶段。据新华社北京 2021 年 12 月 16 日电（谢希瑶、闫依琳），国家发展改革委新闻发言人孟玮 16 日说，截至目前，我国已与 145 个国家、32 个国际组织签署 200 多份共建"一带一路"合作文件。① "一带一路"多边合作机制不同于以往的双边、多边合作机制，它是一种更加开放，也更加有效的国家间的合作平台。在"一带一路"多边合作机制下，各个国家"只要想参与都可以参与进来"，体现的是一种平等、合作、互利和自愿的关系。"有事大家商量着办，照顾彼此关切"是共建"一带一路"奉行的准则，在共建中实现同区域国家的共同发展和对地区事务的共同管理。在"一带一路"框架下，多个国家从自身的发展战略实际出发，已经形成多个双边的、小多边的经济合作协议，为广大发展中国家提供了发展机遇，带动了投资、贸易增长和就业。另外，作为合作平台（而不仅仅是合作机制），"一带一路"的建设思路和内容更为广阔和开放，它以"五通"为出发点，通过跨国铁路网络建设和中欧班列的运行，帮助亚欧非内陆国家进一步打破陆锁国发展魔咒，推动形成陆海联动格局。"一带一路"为各方就重大发展问题提供开展对话和交流的平台，推进战略、规划、机制对接，加强政策、规则、标准联通，努力谋求和实现"一带一路"框架下的国与国之间的多边合作，扩大平台的规模和影响力。②

参 考 文 献

[1] 陈今. 美日汽车贸易战的前前后后——访外经贸部国际贸易研究所副所长周世俭 [J]. 国际贸易，1995（7）.

[2] [英] 大卫·李嘉图. 政治经济学及其赋税原理 [M]. 北京：商务印书馆，1962.

---

① http：//k. sina. com. cn/article_2810373291_a782e4ab020028lqv. html.
② 杜鹃. 以"一带一路"高质量发展开拓合作共赢新局面 [J]. 北方经济，2021（10）：45-48.

［3］杜鹃．以"一带一路"高质量发展开拓合作共赢新局面［J］．北方经济，2021（10）．

［4］郭克莎，李珅．中美贸易摩擦的动因、趋势和影响分析［J］．天津社会科学，2021（5）．

［5］郭晴，陈伟光．中美贸易摩擦对中国国际贸易的影响及对策研究［J］．经济社会体制比较，2019（5）．

［6］胡方，彭诚．技术进步引起国际贸易摩擦的一个模型［J］．国际贸易问题，2009（9）．

［7］胡子南，秦一．美国收紧FDI国家安全审查新动向、影响以及对策［J］．国际贸易，2020（4）．

［8］黄少安．经济学研究重心的转移与"合作"经济学构想——对创建"中国经济学"的思考［J］．经济研究，2000（5）．

［9］蒋国瑞，彭德斌．基于CGE模型的技术性贸易壁垒影响研究［J］．经济论坛，2009（15）．

［10］黎峰，等．中美贸易摩擦对中国制造供应链的影响及应对［J］．经济学家，2019（9）．

［11］李平，等．贸易壁垒对中国技术创新的影响——兼论政府的作用发挥［J］．国际贸易问题，2014（2）．

［12］李岩．戴琦讲话折射拜登政府的实用主义［OL］．http：//cn. chinausfocus. com/foreign‐policy/20211103/42441. html.

［13］林学访．国际贸易摩擦研究［D］．长春：吉林大学，2007.

［14］刘航，等．美国"断供"背景下中国进口高质量发展策略研究［J］．国际贸易，2019（8）．

［15］刘浩然．全球治理背景下"共商共建共享"的思想价值研究［J］．黑龙江教师发展学院学报，2021（10）．

［16］刘力．国际贸易学：新体系与新思维［M］．北京：中共中央党校出版社，1999.

［17］刘力．经济全球化：发展中国家后来居上的必由之路［J］．国际经济评论，1997（Z5）．

［18］刘双芹，李芝．美国技术性贸易壁垒对我国出口贸易的影响——基于贸易引力模型的实证研究［J］．工业技术经济，2016（4）．

［19］刘薇，张溪．美国对华高技术出口限制对中国科技创新的影响分

析——基于中美贸易摩擦背景［J］.工业技术经济，2019（9）.

　　［20］罗良文，杨艳红.WTO 体制下国际贸易摩擦的博弈分析［J］.山东大学学报（哲学社会科学版），2008（5）.

　　［21］马跃.大国崛起过程中的国际贸易摩擦研究［D］.大连：东北财经大学，2013.

　　［22］仇莉娜.美日贸易战历史回溯与经验教训——对中美贸易摩擦的启示［D］.北京：中国社会科学院，2018.

　　［23］任泽平，等.中美贸易摩擦：本质、影响、进展与展望［OL］.澎湃新闻·澎湃，2020 – 12 – 28.

　　［24］宋则行，樊亢.世界经济史（上卷）［M］.北京：经济科学出版社，1995.

　　［25］孙磊，谭波.贸易摩擦成因理论研究综述［J］.商业经济研究，2015（6）.

　　［26］孙龙中，徐松.技术性贸易壁垒对我国农产品出口的影响与对策［J］.国际贸易问题，2008（2）.

　　［27］孙文浩，张杰.中美贸易战何以影响制造业高质量发展［J］.科学学研究，2020（9）.

　　［28］汪丁丁.经济学理性主义的基础［J］.社会学研究，1998（2）.

　　［29］王桂敏，孙佟.国际贸易摩擦发生的理论诠释［J］.科技和产业，2007（11）.

　　［30］王厚双.直面贸易摩擦［M］.沈阳：辽海出版社年版，2004.

　　［31］王世军.合竞行为、优势人假设与国际贸易学和主流经济学的对立统一［J］.国际贸易问题，2013（6）.

　　［32］王勇.最惠国待遇的回合［M］.北京：中央编译出版社，1998.

　　［33］王志明，袁建新.技术性贸易壁垒的影响及中国的对策［J］.世界经济，2003（7）.

　　［34］向继东，杨小凯.从经济学角度看中国问题书屋［J］.1998（6）.

　　［35］［日］小岛清，周宝廉译.对外贸易论［M］.天津：南开大学出版社，1987.

　　［36］徐宁.美国技术性贸易壁垒对中国企业技术创新的影响［D］.广州：暨南大学，2020.

　　［37］闫国庆，等.国际贸易思想史［M］.北京：经济科学出版社，

2010.

[38] 詹晶，叶静. 日本技术性贸易壁垒对我国农产品出口贸易的影响——基于 VAR 模型实证分析 [J]. 国际商务（对外经济贸易大学学报），2013（3）.

[39] 张茂荣. 习近平达沃斯讲话精神持续引领国际经济合作 [OL]. 央视网，2018 - 01 - 27.

[40] 张孟洋. 习近平共商共建共享全球治理观研究 [D]. 石家庄：河北师范大学，2020.

[41] 张兆兴. 美国利益集团与中国最惠国待遇（1990 - 2000）[D]. 济南：山东大学，2006.

[42] 赵瑾. 日美贸易摩擦的历史演变及其在经济全球化下的特点 [J]. 世界经济，2002（2）.

第八章

互利共赢贸易思想理论溯源和现实基础

　　从国际贸易思想的发展历程看，每一种贸易思想的产生和发展都有其坚实的现实基础和历史必然性。重商主义产生于欧洲封建制度解体和资本原始积累时期，它的产生、发展和衰落在时间上与欧洲文艺复兴大体同步。文艺复兴是历史上第一次资产阶级思想解放运动，为资本主义的发展做了必要的思想文化准备。随着新兴资产阶级在欧洲国家中的社会地位逐渐提高，代表资产阶级利益的重商主义也逐渐占据了欧洲意识形态领域中的主导地位，并左右了国家政策和法律的制定，对欧洲的经济、政治和社会发展产生了深远影响。古典国际贸易思想产生于资本主义原始积累阶段向自由竞争阶段的过渡时期，是资产阶级反对国家干预经济生活，解除封建主义残余和重商主义政策束缚，实行自由竞争和自由贸易的理论武器。新古典国际贸易思想发生在资本主义制度完全确定时期。随着资本主义生产关系的出现以及工业革命的发生，资本越来越成为一种重要的生产要素，产品生产不再由单一要素决定，在两种或两种以上生产要素的框架下分析产品生产成本和竞争力成为必然趋势，而以"2×2×2"模型为核心内容的新古典贸易思想正是这种趋势的具体体现。第二次世界大战之后，在第三次科技革命的推动下，世界经济迅速发展，国际分工随之快速深化，国际贸易因之迅猛发展。特别是20世纪50年代末以后，国际贸易领域出现了诸如发达国家之间的贸易量大大增加、同类产品之间的贸易量大大增加、产业领先地位不断转移、主要出口国的领先或主导位置不断变化等新的倾向。① 国际贸易实践中发生的这些现象需要用新的理论来加以解释，由此引发"里昂惕夫之谜"及其解释，继而形成涵容各种理论分支的当代国际贸易理论。20 世纪 70 年代以来，世界贸易结构发生了诸如第三世界国家在世界贸易中崛起、石油输出组织国家控制石油供给并提高价格以主宰国际石油市场、工业国家之间的双向贸易和制成品之间的贸易成为世界贸易中的主要部分等新的变化。这些新的变化促使发达国家在全球鼓吹自由贸易的同时却又采取贸易保护政策，以抑制其他国家发展和维护本国利益为主要目的的新贸易保护主义随之而产生。凡此种种，足以表明每一种贸易思想既"脱胎"于其前一种贸易思想，又是对前一种贸易思想的"换骨"，是对其前贸易思想的"扬弃"。互利共赢贸易思想也不例外，只是，互利共赢贸易思想不仅是对其前贸易思想的"扬弃"，更是对其前贸易思想积极因素的"集大成"。

一、互利共赢贸易思想理论溯源

贸易思想不是凭空出现的，传统贸易思想如此，互利共赢贸易思想亦如此。互利共赢贸易思想有其产生的深刻的理论渊源。同时，由于互利共赢贸易思想是有关国际贸易活动的最新理论总结，因此，其理论来源更加丰厚，其思想内涵更加丰富，其意义和作用也更加符合现实要求。

1. 博弈论中的互利共赢思想

博弈论是研究相互影响条件下如何达成最优效果的一门学问。众所周知，博弈论的分析结果有三种可能：零和博弈、负和博弈和正和博弈。零和博弈是指参与博弈的各方，在严格竞争下，一方的收益必然意味着另一方的损失，博弈各方的收益和损失相加总和永远为"零"。负和博弈的结果是所得小于所失，就是我们通常所说的其结果的总和为负数。无论零和博弈还是负和博弈，其结果要么两败俱伤，要么"胜者"取得的利益小于"败者"承受的损失，二者都是不合作博弈的结果。正和博弈则是指博弈双方的利益都有所增加，或者至少是一方的利益增加，而另一方的利益不受损害，因而整个社会的利益有

---

① 海闻，等. 国际贸易 [M]. 上海：上海人民出版社，2012：162.

所增加，从而达到帕累托最优状态。正和博弈是一种合作博弈，它采取的是一种妥协的方式。博弈各方通过合作产生合作剩余，再根据各方的力量对比和技巧运用分配这些合作剩余，从而达到"赢"的结果。合作剩余的存在和分配既是妥协的结果，又是达成妥协的条件。在合作博弈中，各方不再是完全对立的，一个局中人的所得并不一定意味着其他局中人要遭受同样数量的损失。博弈参与者之间不存在"你之所得即我之所失"这样一种简单的关系，这意味着参与者之间可能存在某种共同的利益，蕴含着博弈参与者"双赢"或者"多赢"这一博弈论中非常重要的理念。博弈中求得"双赢"或者"共赢"的前提条件就是相互信任和信息充分沟通。这种"双赢"或者"共赢"思想不仅集中体现在传统国际贸易和国际经济合作理论中，而且对解决当前的国际经济问题也是至关重要的。在经济全球化席卷世界的背景下，各国的经济联系是如此的紧密，一国的经济金融危机会迅速传播成为世界性的经济危机，当然一国的经济复苏也会成为带动世界经济重新起航的引擎。如果各国都仅是追求自身利益的最大化，采取"以邻为壑"的保护政策，最终将会延迟全球经济的复苏，注定造成"皆输"的局面。① 因此，从博弈论上看，互利共赢在理论上是可能的，在现实中是可行的，但是如果合作仅仅是一种局部性、偶然性的现象，还不能说互利共赢已经实现，只有合作成为各国的优先选择，成为国际关系中的一种普遍现象的时候，我们才能说互利共赢已经实现。全球化的发展给国际关系带来巨大影响，推动国家间博弈发生重大变化，使合作成为各国的普遍选择，从而为互利共赢的真正实现奠定坚实的基础，"零和博弈"观念正逐渐被"双赢"观念所取代。②

　2. 帕累托改进中的互利共赢思想

帕累托最优也称为帕累托效率，是资源分配的一种理想状态。假定固有的一群人和可分配的资源，从一种分配状态到另一种状态的变化中，在没有使任何人境况变坏的前提下，使得至少一个人变得更好，这就是帕累托改进或帕累托最优化。帕累托最优是结果，帕累托改进是过程。帕累托最优状态就是不可能再有更多的帕累托改进的余地；换言之，帕累托改进是达到帕累托最优的路径和方法。帕累托最优是公平与效率的"理想王国"。人们追求"帕累托最

---

① 陈继勇，胡艺. 中国互利共赢的对外开放战略［M］. 北京：社会科学文献出版社，2014：38 - 39.

② 张永胜. 互利共赢的博弈论分析［J］. 兰州学刊，2008（11）：77 - 80.

优"的过程，其实就是管理决策的过程。如果经济中没有任何一个人可以在不使他人境况变坏的同时使自己的情况变得更好，那么这种状态就达到了资源配置的最优化。这样定义的效率被称为帕累托最优效率。换言之，如果一个人可以在不损害他人利益的同时能改善自己的处境，他就在资源配置方面实现了帕累托改进。经济学理论认为，在一个自由选择的体制中，社会的各类人群在不断追求自身利益最大化的过程中，可以使整个社会的经济资源得到最合理的配置。市场机制实际上是一只"看不见的手"推动着人们往往从自利的动机出发，在各种买卖关系中，在各种竞争与合作关系中实现互利的经济效果。交易会使交易的双方都能得到好处。虽然在经济学家看来，市场机制是迄今为止最有效的资源配置方式，可是事实上由于市场本身不完备，特别是市场的交易信息并不充分，却使社会经济资源的配置造成很多的浪费。推而广之，其实在国际市场上，如果我们把每个国家看作国际市场上的一个个主体，那么各个国家之间的交往也同样存在着帕累托改进或帕累托最优。因此，帕累托改进或者帕累托最优理论为互利共赢贸易思想的建立提供了某种有意义的启示。

3. 传统国际贸易理论中的互利共赢思想

在前述国际贸易思想历史发展进程一节中我们曾经分析过，重商主义主张的国家为了追求"出超"而采取"禁止金银输出，增加金银输入"的贸易政策，造成的结果是，一国获利总是基于其他国家的损失，即国际贸易不可能是"正和博弈"，只能是一种"零和博弈"甚至是"负和博弈"，不可能实现互利共赢。但是，在绝对优势理论、比较优势理论、要素禀赋理论里则蕴含着"互利共赢"的思想智慧。绝对优势理论的创立者斯密认为，每一个国家都有其适宜生产某种特定产品的绝对有利的生产条件，各个国家利用其有利条件进行专业化生产，然后彼此进行交换，则对所有交换的国家都有利，在人类认识史上这是第一次论证贸易互利性原理，阐明了贸易分工的互利共赢贸易思想。比较优势理论的创立者李嘉图认为，国际贸易的基础是生产技术的相对差别而非绝对差别，每个国家都应根据"两利相权取其重，两害相权取其轻"的原则集中生产并出口具有"比较优势"的产品，进口其具有"比较劣势"的产品，这样两国的经济福利都能够得到提高。比较优势理论在更加普遍的基础上解释了国际贸易产生的基础和贸易利得，正是比较优势理论的这种普遍适用性使其所倡导的"自由贸易是互利共赢"的这一经济哲学更加深入人心，至今仍是推动国际贸易发展的最坚实的理论基础。① 要素禀赋理论不是从技术差别而是从要素禀赋上来考察国际贸易的动因，找到了国际贸易产生的另一个基础，使得技术水平相同的国家也获得了贸易的机会，有利于国际贸易活动空间的拓展，使国际贸易的互利共赢有了更加广阔的来源、互利共赢的贸易思想具有了更加坚实的基础。传统贸易理论中的这些互利共赢思想同样为构建互利共赢贸易思想奠定了理论基础。

4. 中国传统文化中的互利共赢思想

党的十九大报告明确指出，中国特色社会主义文化，源自中华民族五千多年文明历史所孕育的中华优秀传统文化，熔铸于党领导人民在革命、建设、改革中创造的革命文化和社会主义先进文化，植根于中国特色社会主义伟大实践。2018 年 1 月，习近平总书记再次强调，中国特色社会主义不是从天上掉下来的，而是在改革开放 40 年的伟大实践中得来的，是在中华人民共和国成立近 70 年的持续探索中得来的，是在我们党领导人民进行伟大社会革命 97 年的实践中得来的，是在近代以来中华民族由衰到盛 170 多年的历史进程中得来的，是对中华文明 5000 多年的传承发展中得来的，是党和人民历经千辛万苦、付出各种代价取得的宝贵成果。② 学习、弘扬中国传统文化对构建互利共赢贸易思想具有重要意义。中国传统文化是中国人民长期对世界认知和实践结果的集中体现，而本源于中国传统文化中的互利共赢思想则是这种认知和实践的精华之所在。中国传统文化中的互利共赢思想主要体现在"天下观"和"大同世界"的理想之中，包含着"大道之行，天下为公"的崇高目标、"天下一家""怀柔远人、和谐万邦"的国与国相处之道、"礼之用，和为贵""万物并育而不相害，道并行而不相悖"的道德准则、"海纳百川，有容乃大""四海之内皆兄弟"的博大胸怀、"先天下之忧而忧，后天下之乐而乐"的使命担当。③

在更深层次上，中国传统文化中的互利共赢思想具有四个方面的意蕴。④

---

① 陈继勇，胡艺. 中国互利共赢的对外开放战略 [M]. 北京：社会科学文献出版社，2014：40 - 41.

② 习近平：《以时不我待只争朝夕的精神投入工作开创新时代中国特色社会主义事业新局面》，《人民日报》2018 年 1 月 6 日。

③ 王灵桂. 推动构建人类命运共同体的行动指南 [N]. 光明日报，2021 - 10 - 29.

④ 本部分内容参见：李慎明. 习近平新时代中国特色社会主义外交思想与中华优秀传统文化 [J]. 毛泽东研究，2018（2）：11 - 18.

一是以"世界大同"思想为指导构建人类命运共同体。世界大同，是千百年来中国人民为之不懈奋斗的理想和信念。孔子就明确提出："大道之行也，天下为公……是谓大同。"老子的大同思想是"甘其食，美其服，安其居，乐其俗"的理想社会。洪秀全提出了建立"有田同耕、有饭同食、有衣同穿、有钱同使、无处不均匀、无处不饱暖"的社会纲领。康有为在《大同书》中提出实现"天下为公，无有阶级，一切平等，既无专制之君主，亦无民选之总统"的"大同之世"。孙中山更是明确指出："中国扩充自由、平等、博爱于全人类，大同盛世则不难到来。"2017年1月，习近平主席在联合国日内瓦总部的演讲中指出，让和平的薪火代代相传，让发展的动力源源不断，让文明的光芒熠熠生辉，是各国人民的期待，也是我们这一代政治家应有的担当。中国方案是：构建人类命运共同体，实现共赢共享。① 党的十九大报告强调，我们呼吁，各国人民同心协力，构建人类命运共同体，建设持久和平、普遍安全、共同繁荣、开放包容、清洁美丽的世界。可见，人类命运共同体的构建与世界大同思想有着密切的关系。

二是以"以和为贵"思想为指导坚持走和平发展道路。"以和为贵"这一中华优秀传统文化是当今我们坚持走和平发展道路的深厚的历史渊源。老子说"大国者若下流，天下之牝，天下之交。牝常以静为牡，以静为下……夫两者各得其所欲，大者宜为下"，孟子说"交邻国以道""仁者为能以大事小""智者为能以小事大"，董仲舒主张"洽四国"，唐高祖李渊主张对周边邻国应"尽抚育之方""宏仁恕之道"，李善长提出对东西洋诸国"凡日月所照，无有远迩，一视同仁"，林则徐在力主抗敌禁烟的同时，仍然主张对洋人"分别良莠"，对真正友人加以保护，行区别对待之策，孙中山则更明确主张，作为大政方针，应"持和平主义""用外交手段者通常之轨者，用战争手段者不得已而用之""国家之间，立约遣使，誓以永好，即无约无使之国，亦以礼相处，不复相凌"。在这些"以和为贵"的优秀传统文化基础上，新中国更是提出了对外交往的"和平共处五项原则"。党的十九大报告提出，中国将高举和平、发展、合作、共赢的旗帜，恪守维护世界和平、促进共同发展的外交政策宗旨，坚定不移在和平共处五项原则基础上发展同各国的友好合作，推动建设相互尊重、公平正义、合作共赢的新型国际关系，这正是千百年来中华民族对外

---

① 习近平：《在出席世界经济论坛2017年年会和访问联合国日内瓦总部时的演讲》，人民出版社2017年版，第21~22页。

友好相处的高度总结和中国未来发展道路的完美肇示。

三是以"开户牖"思想为指导走更加开放的道路。公元前 2 世纪，被誉为"东方哥伦布"的张骞便开通了经西域通往中东、欧洲的"丝绸之路"，建立了中国与西方诸国经济文化的联系。之后，唐玄奘印度取经，鉴真东渡日本，明朝郑和七下西洋，中华民族的友好使者走向世界；与此同时，唐宋之时，意大利、土耳其、波斯、日本等国遣派数万留学生到中国求学，中国与世界各国掀起一次又一次经济文化交流的热潮。从公元 7 世纪初至 9 世纪末 200 多年的时间里，日本为了学习中国文化，先后向唐朝派出十几次遣唐使团，其次数之多、规模之大、时间之久、内容之丰富，可谓中日文化交流史上的空前盛举。清末启蒙思想家严复悉心研究并积极译介西方资产阶级政治经济学说；鸦片战争时期魏源编写了《海国图志》，特别强调发展中国近代工业，主张"不必仰赖于外夷"，但应"尽得西洋之长技，为中国之长技"；晚清时的姚莹、包世臣、冯桂芬、王韬、张之洞等都纷纷提出"中学为体，西学为用""主以中学，辅以西学"等主张；孙中山则更明确主张对欧美取"开放态度""开放主义""开放政策""对欧洲文明采取开放态度"，但绝不是"全盘搬过来"，应以东方文化、中国文化为基础，学习欧美的先进科学技术，用以自卫、自强和建设。新中国成立后，毛泽东也主张对外开放。他在《论十大关系》中提出了"向外国学习"的口号："我们的方针是，一切民族、一切国家的长处都要学，政治、经济、科学、技术、文学、艺术的一切真正好的东西都要学。"[①] 习近平总书记把中国发展和世界共同发展有机结合，从古代丝绸之路汲取营养，创造性地提出"丝绸之路经济带"和"21 世纪海上丝绸之路"倡议，为中国和世界共享发展机遇创建了新平台，为国际合作开辟了新模式，[②] 更是为互利共赢地开展国际贸易提供了新路径。

四是以"威武不能屈"思想为指导维护国家主权、安全和发展利益。实现互利共赢的前提是世界的和平发展，而和平发展并不是一蹴而就，能够安享其成的。在世界上，无论古今，只要有阶级压迫和根本利益冲突，战争就不可避免，和平发展就会受阻。因此，"威武不能屈"是和平发展、天下大同的前提条件和根本保证。中国自古及今，一直都清醒地认识到战争的残酷。

---

① 《毛泽东文集》第 7 卷，人民出版社 1999 年版，第 41 页。
② 李慎明. 习近平新时代中国特色社会主义外交思想与中华优秀传统文化［J］. 毛泽东研究，2018（2）：11 – 18.

《左传·襄公二十七年》记载，"赵孟谋于诸大夫，韩宣子曰：'兵，民之残也，财用之蠹，小国之大灾难也。'"但我们在充分认识战争是人类深重灾难的同时，又深刻理解"正义战争"的必要性，并认为正义战争对人类社会起着积极作用，因此，我们必须以"威武不能屈"的精神用"正义战争"遏制侵略、掠夺等非正义战争。春秋时期的孙子说："兵者，国之大事，死生之地，存亡之道，不可不察。"老子《道德经》第 31 篇也有"夫兵者，不祥之器，物或恶之，故有道者不处"的观点。李白在《战城南》一诗中更是形象地描述了战争的残酷和保家卫国之战的迫不得已："去年战，桑干源。今年战，葱河道。洗兵条支海上波，放马天山雪中草。万里长征战，三军尽衰老。匈奴以杀戮为耕作，古来唯见白骨黄沙田。秦家筑城避胡处，汉家还有烽火然。烽火然不息，征战无已时。野战格斗死，败马号鸣向天悲。乌鸢啄人肠，衔飞上挂枯树枝。士卒涂草莽，将军空尔为。乃知兵者是凶器，圣人不得已而用之。"党的十九大报告指出，中国坚定奉行独立自主的和平外交政策，尊重各国人民自主选择发展道路的权利，维护国际公平正义，反对把自己的意志强加于人，反对干涉别国内政，反对以强凌弱。中国决不会以牺牲别国利益为代价来发展自己，也决不放弃自己的正当权益，任何人不要幻想让中国吞下损害自身利益的苦果。中国奉行防御性的国防政策。中国发展不对任何国家构成威胁。中国无论发展到什么程度，永远不称霸，永远不搞扩张。党的十九大报告中这段"中国主张"正是中国传统文化中"威武不能屈"思想的强烈体现和完美表达。

二、互利共赢贸易思想的现实基础

互利共赢贸易思想的现实基础包括两个方面，一是当今世界正经历百年未有之大变局；二是国内正处于"两个一百年"奋斗目标的历史交汇期。两个方面同步交织、相互激荡，共同构成了当今世界错综复杂、波澜壮阔的时代大格局大变革大趋势。和平与发展是世界主题，但贫穷和局部战争依然存在；全球一体化趋势势不可当，但单边主义和贸易壁垒依然甚嚣尘上；人类命运共同体已初露端倪，但民粹主义和"本国优先"思想却依然满球风雨。正如英国作家狄更斯在其小说《双城记》里所说的那样，"这是一个最好的时代，这是一个最坏的时代；……人们面前应有尽有，人们面前一无所有；人们正踏上天堂之路，人们正走向地狱之门"，现在的世界也是矛盾重重。在这个充满矛盾的时代，我们只有认清楚了时代的本质和其中蕴含的基本规律，才能抓住主要矛盾和矛盾的主要方面，"不畏浮云遮望眼""拨开云雾见青天"，回答"世界怎么了""世界向何处去""我们应该怎么办"的"时代之问"。

1. 百年未有之大变局必将引起世界性的大变革，革故鼎新在所难免

习近平总书记深刻指出，当今世界正经历百年未有之大变局。这一重要论断，为观察急速流变的国际格局提供了全新的视角，为推动全球治理体系变革提供了全新的时空坐标。[1] 百年未有之大变局也是我们构建互利共赢贸易思想的现实基础。在当今世界百年未有之大变局中，人类社会发展处于关键阶段，我们面临的风险和挑战更趋复杂，但在复杂的局面中也孕育着前所未有的机遇。风险和挑战的复杂性来自全球发展不平衡、贸易壁垒增加、单边行为、地区冲突、恐怖主义、极端主义等矛盾日益激化。这些矛盾又造成国际社会出现诸如治理赤字，信任赤字，和平赤字和发展赤字等问题。前所未有的机遇在于新一轮的科技革命和产业革命推动了一大批新兴市场经济国家和发展中国家加速崛起，新兴市场经济国家和发展中国家的崛起促使一百多年来形成的西方发达国家主导的国际格局不断改变，国际格局的改变为新兴市场经济国家和发展中国家实现现代化提供了历史性机遇。如何正确认识和理解百年未有之大变局，利用发展机遇破解风险和挑战，是世界各国都必须面临也是亟待提出应对之策的问题。那么，世界究竟会发生什么样的变化呢？

习近平总书记在 2018 年 7 月 25 日应邀出席南非约翰内斯堡举行的金砖国家工商论坛并发表题为《顺应时代潮流实现共同发展》的重要讲话中，对国际形势和未来发展做出了重要判断。一是未来 10 年，将是世界经济新旧动能转换的关键 10 年。人工智能、大数据、量子信息、生物技术等新一轮科技革命和产业变革正在积聚力量，催生大量新产业、新业态、新模式，给全球发展和人类生产生活带来翻天覆地的变化。二是未来 10 年，将是国际格局和力量对比加速演变的 10 年。新兴市场国家和发展中国家对世界经济增长的贡献率已经达到 80%。按汇率计算，这些国家的经济总量占世界的比重接近 40%。保持现在的发展速度，10 年后将接近世界总量一半。新兴市场国家和发展中国家群体性崛起势不可当，将使全球发展的版图更加全面均衡，使世界和平的

① 人民日报海外版《望海楼》栏目组. 百年未有之大变局下的中国与世界［M］. 北京：人民日版出版社，2020：1.

基础更为坚实稳固。三是未来 10 年，将是全球治理体系深刻重塑的 10 年。世界多极化、经济全球化在曲折中前行，地缘政治热点此起彼伏，恐怖主义、武装冲突的阴霾挥之不去。单边主义、保护主义愈演愈烈，多边主义和多边贸易体制受到严重冲击。要合作还是要对立，要开放还是要封闭，要互利共赢还是要以邻为壑，国际社会再次来到何去何从的十字路口。

基于这些判断，中国的政策主张和建议是，一是坚持合作共赢，建设开放经济。贸易战不可取，因为不会有赢家。经济霸权主义更要不得，因为这将损害国际社会共同利益，最终也将搬起石头砸自己的脚。因此，要坚定建设开放型世界经济，旗帜鲜明反对单边主义和保护主义。二是坚持创新引领，把握发展机遇。在新一轮科技革命和产业变革大潮中，除旧布新必然导致产业变革，这个过程是艰难痛苦的。在新科技带来的新机遇面前，每个国家都有平等发展权利。潮流来了，跟不上就会落后，就会被淘汰。三是坚持包容普惠，造福各国人民。非洲是发展中国家最集中的大陆，也是全球最具发展潜力的地区。我们要加强对非合作，支持非洲发展。四是坚持多边主义，完善全球治理。现行国际秩序并不完美，但只要它以规则为基础，以公平为导向，以共赢为目标，就不能随意被舍弃，更容不得推倒重来。①

李滨从三个方面论述了百年未有之大变局下"世界向何处去"这一命题。

一是必须正确理解"百年未有之大变局"的基础。② 一个国家在世界权力格局中的地位，从根本上来说要用它在国际分工体系中的地位来衡量；一个国家只有处于国际分工体系中的高端，引领国际分工，才能在国际生产关系中处于主导地位，才能真正算是一个现代化强国。对外投资是一个国家是否在国际分工中处于引领位置的重要参考指标。过去长期以来西方发达国家（包括日本在内）由于对外投资处于世界的领先地位，成为国际分工的重要引领国。但是自 2009 年开始，中国逐步进入了世界对外投资大国的行列（进入世界前五），近几年来一直处于前三。而且从对外投资趋势来看，中国也处于上升趋势，其上升趋势线的陡度超越了世界投资大国——美国与日本。这标志着，中国正在从长期以来的国际分工接受国行列，逐步进入国际分工引领国行列。这是近百年来没有的现象。中国在世界经济中的引领作用还可以从中国的对外贸

① 习近平. 习近平谈治国理政（第三卷）[M]. 北京：外文出版社，2020.

② 本段论述全文引自：李滨. "百年未有之大变局"：世界向何处去 [J]. 人民论坛·学术前沿，2019（9）：39 – 47.

易以及中国对世界经济的拉动作用来印证。以 2005 年作为统计起点，中国的对外出口稳步上升，从 2012 年起，除 2016 年外，一直居世界首位；同时，中国的进口从 2010 年起一直处于世界的第二位。而且，在进出口的变化趋势上，中国是世界前三位贸易大国中上升最大的。更重要的是，中国作为世界第二大经济体，近年来每年对世界经济增长的贡献率都在 30%，超过第一大经济体美国。另外，在可能引发第四次工业革命的新一代通信技术设备上（5G），中国的企业已经在世界上获得非常令人瞩目的成就。虽然西方企业特别是美国的企业，还能提供最先进的 5G 组件技术，但在整体上中国公司已经处于领先状态。2017 年 4 月，美国无线通信和互联网协会（CTIA）公布了一份《全球 5G 竞争》的报告，指出美国在 5G 整体准备方面不仅落后于中国，还落后于韩国，仅排名第三。目前四家主导市场的、满足 5G 技术核心网络技术制造商（爱立信、诺基亚、华为、中兴）没有一家来自美国。未来核心网络设备商将会在欧洲的安全合作伙伴和中国之中做出选择。因此，从上述的对外投资、进出口以及对世界经济增长的贡献率指标来看，中国在世界中的作用确实发生了重大变化，正在从世界经济的边缘走向中心，中国人民有理由自豪与骄傲。这是"百年未有之大变局"最根本的物质基础。

二是准确把握"百年未有之大变局"中世界的变化。① 世界在变化，而且正在发生重大变化，但这种变化是一种怎样的变化？它的变化属于"事件时间"的变化，还是"转折时间"的变化，或者"长时段"结构的变化？应当说，当前的"百年未有之大变局"是转折的变化。这个转折就是：过去西方主导的自由主义秩序正在衰落，主导这一秩序的西方大国也处于相对衰落之中，新兴大国特别是中国从过去在世界舞台的边缘正走向世界舞台的中心。这对中国来说确是一个"百年未有之大变局"。这是新自由主义秩序危机赐予的，也是中国自己奋力争取的。然而，必须清醒认识到，在这种变局中世界体系的资本主义属性没有变，仍然是资本主义主导性质。因为资本主义大国仍然主导国际分工，共同影响世界经济。中国一国并不能改变这种态势。这种变化是一个东方大国带着一种不完全被资本主义世界体系的正统所认同的"特色"制度，开始进入世界舞台的中心，这在一定程度上改变了资本主义大国占主导的力量对比，尽管它们仍然占据优势地位；这种变化只是使一个过去几十年被

---

① 本段论述全文引自：李滨．百年未有之大变局：世界向何处去 [J]．人民论坛·学术前沿，2019（9）：39–47.

视为能为世界带来自由、安全、繁荣的秩序处于危机之中，在一定程度上呈现着秩序的调整过程。在这种变局下，世界体系主导的制度范式仍然是过去的：经济上是私有的、市场化的，政治上是西方民主式的。没有法国大革命和俄国革命那样用一种替代性制度范式重塑世界体制范式的现象。更为重要的是，这种大变局更不是世界共产主义秩序的创始元年（有人把"人类命运共同体"与马克思的"自由人联合体"——共产主义特征——结合在一起）。替代性秩序的到来是一种"长时段"的变化，是经过人们无法计算的长时段才能实现的。所以，"百年未有之大变局"就是东方的一个非资本主义国家正在崛起，正在成为世界强国。新自由主义秩序危机使这个东方大国有了前所未有参与全球治理的机遇，可以在国际舞台的中心发挥百年来未曾有过的作用。但它的崛起和影响还未达到改变世界结构和属性的程度，从这个角度讲，"百年未有之大变局"是一种温和节奏的历史，一种力量分化组合的历史。

三是正确认识"百年未有之大变局"使世界向何处去。① "百年未有之大变局"带来的是，旧的秩序呈现一定危机，一种新的力量出现在世界舞台的中心，但这种力量并不足以使世界体系的政治经济属性转型。因此，在这种状态下，新旧力量都会努力对世界秩序进行调整，力求使之更符合自己的要求。在西方就出现了两种变革与变通的倾向：（1）以特朗普为代表的右翼极端势力（包括西欧的一些极右翼势力），调动民粹思潮和民族主义冲击着自由主义传统，力图以极端民族主义为基础，以"美国优先"特权重塑世界秩序；（2）以一种"再嵌入式自由主义"秩序重塑世界秩序，它以西方的知识与政治精英为主要代表。中国作为一个正在走向世界舞台中心的社会主义国家必然有自己的主张，在"百年未有之大变局"中理应发挥应有的作用。中国的世界秩序主张就是，推动国际关系向相互尊重、公平正义、合作共赢的方向发展，构建人类命运共同体。这一构想的核心在于塑造一个建设持久和平、普遍安全、共同繁荣、开放包容、清洁美丽的世界。这一主张没有中国优先的成分，更不是世界革命的宣言，而是立足于共商、共建、共享，照顾了世界各类不同发展程度、不同社会制度国家的共同利益，顺应了全球化发展带来的相互依存的现实，也反映了世界绝大多数民众要求推动全球化健康发展、修正新自由主义秩序背后的经济范式和政治范式带来的各种弊端的要求。从以往的世界秩序建立历史来

---

① 本段论述全文引自李滨. "百年未有之大变局"：世界向何处去［J］. 人民论坛·学术前沿，2019（9）：39－47.

看，英国、美国之所以能够塑造世界秩序，是因为它们具备了引领国际分工的能力。这一能力建立在由国内制度创新带来的经济发展、科技发达、文化昌明的基础上。引领国际分工是塑造国际经济基础的根本，是任何世界秩序赖以建立、发展的最重要的物质基础。中国要想在塑造新的世界秩序中发挥核心作用，就必须从国际分工的中低端走向中高端，就必须在科技发展上创造中国的优势，就必须在继承传统文化基础上塑造新型中华文化的影响力。中国还有一段很长的路要走，有许多事要做：在推动中国经济的高质量发展、中国科技教育的内涵式发展、新型中华文化的深入人心等方面都存在着不少亟待改善之处，甚至需要进行重大改革，以创新的机制创造新的制度优势。另外，"一带一路"作为一个构建人类命运共同体的实践平台，它体现着中国塑造新世界的实践。

2. 实现"两个一百年"奋斗目标的历史交汇期必将引起发展思想的强烈反响，推陈出新势属必然

党的十九大报告指出：从党的十九大到党的二十大，是"两个一百年"奋斗目标的历史交汇期。我们既要全面建成小康社会、实现第一个百年奋斗目标，又要乘势而上开启全面建设社会主义现代化国家新征程，向第二个百年奋斗目标进军。"两个一百年"奋斗目标之间存在着必然的逻辑关系："第一个百年"奋斗目标的实现为"第二个百年"奋斗目标奠定物质基础，"第二个百年"奋斗目标是对"第一个百年"目标的成果进行升华，在继承第一个百年计划发展的积极成果基础上实现所指愿景。因此，"两个一百年"奋斗目标既符合马克思主义的唯物论，又符合马克思主义的辩证法，是马克思主义唯物辩证法的具体体现和中国发展现实的理论需要。从认识论角度来看，不管是"两个一百年"还是"两个十五年"，作为在历史实践中提出的不同阶段性目标，既有对当下具体国情的科学研判，又有对未来社会发展的前瞻性把握，设定合理科学，前后衔接有序，不仅体现了党和人民对新时代中国特色社会主义发展实践的深刻反思和理性认知，更深刻反映了基于实践基础上人们认知的逻辑演进和内在关联。从价值论角度来看，不管是"两个一百年"抑或是"两个十五年"，都是党领导全国人民在中国特色社会主义建设实践中得出的真知灼见，它们共同致力于实现国富民强、民族复兴的核心价值目标，既体现了现实性与理想性的统一，又体现了价值追求和价值实现的统一；既为中华民族的

发展提供了不竭的内在动力，又为社会主义优越性提供了最好的实践注脚。①"两个一百年"奋斗目标是中国共产党领导全国人民长期生产斗争实践的经验总结和未来的发展愿景，有其内在的生成逻辑必然性。近代以来，中国人民为改变积贫积弱旧中国面貌进行的艰辛探索，充分彰显了中华民族追求独立富强、民族复兴的强烈愿望，这构成了"两个一百年"命题的历史起点。新中国成立后，毛泽东就如何尽快实现由农业国转变为工业国的问题作了深度思考，他认为，要建成高度工业化的社会主义国家，至少需要几十年甚至整个20世纪的下半叶，①这是对"两个一百年"的初步规划。党的十一届三中全会后，邓小平在党的十二大上又提出了"三步走"的战略构想，对"两个一百年"进行了深化描绘。1992年党的十四大报告把"实现祖国的富强、人民的富裕和民族的伟大复兴"作为从20世纪中叶到21世纪中叶的百年奋斗目标，在此基础上，党的十五大首次明确提出了"两个一百年"，而后党的十六大又将"两个一百年"写进了党章，至此，"两个一百年"科学命题成熟定型。新时代背景下，党的十九大又对"两个一百年"进行了丰富发展，提出了"建设富强民主文明和谐美丽的社会主义现代化强国"的新战略，并制定了"两个十五年"的具体方案，对"两个一百年"做出了新的目标要求和系统设计。②

2021年11月11日中国共产党第十九届中央委员会第六次全体会议通过的《中共中央关于党的百年奋斗重大成就和历史经验的决议》中指出，一百年来，党领导人民进行伟大奋斗，在进取中突破，于挫折中奋起，从总结中提高，积累了宝贵的历史经验。

（1）坚持党的领导。中国共产党是领导我们事业的核心力量。中国人民和中华民族之所以能够扭转近代以后的历史命运、取得今天的伟大成就，最根本的是有中国共产党的坚强领导。历史和现实都证明，没有中国共产党，就没有新中国，就没有中华民族伟大复兴。治理好我们这个世界上最大的政党和人口最多的国家，必须坚持党的全面领导特别是党中央集中统一领导，坚持民主集中制，确保党始终总揽全局、协调各方。只要我们坚持党的全面领导不动摇，坚决维护党的核心和党中央权威，充分发挥党的领导政治优势，把党的领导落实到党和国家事业各领域各方面各环节，就一定能够确保全党全军全国各

①② 陈宇翔，曾喜辉."两个一百年"的逻辑生成与现实必然［J］. 思想政治工作研究，2018（3）：36－38.

族人民团结一致向前进。

（2）坚持人民至上。党的根基在人民、血脉在人民、力量在人民，人民是党执政兴国的最大底气。民心是最大的政治，正义是最强的力量。党的最大政治优势是密切联系群众，党执政后的最大危险是脱离群众。党代表中国最广大人民根本利益，没有任何自己特殊的利益，从来不代表任何利益集团、任何权势团体、任何特权阶层的利益，这是党立于不败之地的根本所在。只要我们始终坚持全心全意为人民服务的根本宗旨，坚持党的群众路线，始终牢记江山就是人民、人民就是江山，坚持一切为了人民、一切依靠人民，坚持为人民执政、靠人民执政，坚持发展为了人民、发展依靠人民、发展成果由人民共享，坚定不移走全体人民共同富裕道路，就一定能够领导人民夺取中国特色社会主义新的更大胜利，任何想把中国共产党同中国人民分割开来、对立起来的企图就永远不会得逞。

（3）坚持理论创新。马克思主义是我们立党立国、兴党强国的根本指导思想。马克思主义理论不是教条而是行动指南，必须随着实践发展而发展，必须中国化才能落地生根、本土化才能深入人心。党之所以能够领导人民在一次次求索、一次次挫折、一次次开拓中完成中国其他各种政治力量不可能完成的艰巨任务，根本在于坚持解放思想、实事求是、与时俱进、求真务实，坚持把马克思主义基本原理同中国具体实际相结合、同中华优秀传统文化相结合，坚持实践是检验真理的唯一标准，坚持一切从实际出发，及时回答时代之问、人民之问，不断推进马克思主义中国化时代化。习近平同志指出，当代中国的伟大社会变革，不是简单延续我国历史文化的母版，不是简单套用马克思主义经典作家设想的模板，不是其他国家社会主义实践的再版，也不是国外现代化发展的翻版。只要我们勇于结合新的实践不断推进理论创新、善于用新的理论指导新的实践，就一定能够让马克思主义在中国大地上展现出更强大、更有说服力的真理力量。

（4）坚持独立自主。独立自主是中华民族精神之魂，是我们立党立国的重要原则。走自己的路，是党百年奋斗得出的历史结论。党历来坚持独立自主开拓前进道路，坚持把国家和民族发展放在自己力量的基点上，坚持中国的事情必须由中国人民自己作主张、自己来处理。人类历史上没有一个民族、一个国家可以通过依赖外部力量、照搬外国模式、跟在他人后面亦步亦趋实现强大和振兴。那样做的结果，不是必然遭遇失败，就是必然成为他人的附庸。只要我们坚持独立自主、自力更生，既虚心学习借鉴国外的有益经验，又坚定民族自尊心和自信心，不信邪、不怕压，就一定能够把中国发展进步的命运始终牢牢掌握在自己手中。

（5）坚持中国道路。方向决定道路，道路决定命运。党在百年奋斗中始终坚持从我国国情出发，探索并形成符合中国实际的正确道路。中国特色社会主义道路是创造人民美好生活、实现中华民族伟大复兴的康庄大道。脚踏中华大地，传承中华文明，走符合中国国情的正确道路，党和人民就具有无比广阔的舞台，具有无比深厚的历史底蕴，具有无比强大的前进定力。只要我们既不走封闭僵化的老路，也不走改旗易帜的邪路，坚定不移走中国特色社会主义道路，就一定能够把我国建设成为富强民主文明和谐美丽的社会主义现代化强国。

（6）坚持胸怀天下。大道之行，天下为公。党始终以世界眼光关注人类前途命运，从人类发展大潮流、世界变化大格局、中国发展大历史中正确认识和处理同外部世界的关系，坚持开放、不搞封闭，坚持互利共赢、不搞零和博弈，坚持主持公道、伸张正义，站在历史正确的一边，站在人类进步的一边。只要我们坚持和平发展道路，既通过维护世界和平发展自己，又通过自身发展维护世界和平，同世界上一切进步力量携手前进，不依附别人，不掠夺别人，永远不称霸，就一定能够不断为人类文明进步贡献智慧和力量，同世界各国人民一道，推动历史车轮向着光明的前途前进。

（7）坚持开拓创新。创新是一个国家、一个民族发展进步的不竭动力。越是伟大的事业，越充满艰难险阻，越需要艰苦奋斗，越需要开拓创新。党领导人民披荆斩棘、上下求索、奋力开拓、锐意进取，不断推进理论创新、实践创新、制度创新、文化创新以及其他各方面创新，敢为天下先，走出了前人没有走出的路，任何艰难险阻都没能阻挡住党和人民前进的步伐。只要我们顺应时代潮流，回应人民要求，勇于推进改革，准确识变、科学应变、主动求变，永不僵化、永不停滞，就一定能够创造出更多令人刮目相看的人间奇迹。

（8）坚持敢于斗争。敢于斗争、敢于胜利，是党和人民不可战胜的强大精神力量。党和人民取得的一切成就，不是天上掉下来的，不是别人恩赐的，而是通过不断斗争取得的。党在内忧外患中诞生、在历经磨难中成长、在攻坚克难中壮大，为了人民、国家、民族，为了理想信念，无论敌人如何强大、道路如何艰险、挑战如何严峻，党总是绝不畏惧、决不退缩，不怕牺牲、百折不挠。只要我们把握新的伟大斗争的历史特点，抓住和用好历史机遇，下好先手棋、打好主动仗，发扬斗争精神，增强斗争本领，凝聚起全党全国人民的意志和力量，就一定能够战胜一切可以预见和难以预见的风险挑战。

（9）坚持统一战线。团结就是力量。建立最广泛的统一战线，是党克敌制胜的重要法宝，也是党执政兴国的重要法宝。党始终坚持大团结大联合，团结一切可以团结的力量，调动一切可以调动的积极因素，促进政党关系、民族关系、宗教关系、阶层关系、海内外同胞关系和谐，最大限度凝聚起共同奋斗的力量。只要我们不断巩固和发展各民族大团结、全国人民大团结、全体中华儿女大团结，铸牢中华民族共同体意识，形成海内外全体中华儿女心往一处想、劲往一处使的生动局面，就一定能够汇聚起实现中华民族伟大复兴的磅礴伟力。

（10）坚持自我革命。勇于自我革命是中国共产党区别于其他政党的显著标志。自我革命精神是党永葆青春活力的强大支撑。先进的马克思主义政党不是天生的，而是在不断自我革命中淬炼而成的。党历经百年沧桑更加充满活力，其奥秘就在于始终坚持真理、修正错误。党的伟大不在于不犯错误，而在于从不讳疾忌医，积极开展批评和自我批评，敢于直面问题，勇于自我革命。只要我们不断清除一切损害党的先进性和纯洁性的因素，不断清除一切侵蚀党的健康肌体的病毒，就一定能够确保党不变质、不变色、不变味，确保党在新时代坚持和发展中国特色社会主义的历史进程中始终成为坚强领导核心。

以上十个方面，是经过长期实践积累的宝贵经验，是党和人民共同创造的精神财富，必须倍加珍惜、长期坚持，并在新时代实践中不断丰富和发展。[①]总结党的百年奋斗重大成就和历史经验，是在建党百年历史条件下开启全面建设社会主义现代化国家新征程、在新时代坚持和发展中国特色社会主义的需要；是增强政治意识、大局意识、核心意识、看齐意识，坚定道路自信、理论自信、制度自信、文化自信，做到坚决维护习近平同志党中央的核心、全党的核心地位，坚决维护党中央权威和集中统一领导，确保全党步调一致向前进的需要；是推进党的自我革命、提高全党斗争本领和应对风险挑战能力、永葆党的生机活力、团结带领全国各族人民为实现中华民族伟大复兴的中国梦而继续奋斗的需要。全党要坚持唯物史观和正确党史观，从党的百年奋斗中看清楚过去我们为什么能够成功、弄明白未来我们怎样才能继续成功，从而更加坚定、更加自觉地践行初心使命，在新时代更好坚持和发展中国特色社会主义。

"第一个一百年"奋斗目标的实现为"第二个一百年"奋斗目标的建设提

---

① http://www.china-cer.com.cn/guwen/2021111215603.html.

供了丰富可靠的基本经验。但是"第二个一百年"奋斗目标毕竟不同于"第一个一百年"奋斗目标，富强民主文明和谐美丽的社会主义现代化强国的建成不仅需要坚持发挥"第一个一百年"目标实现积累的巨大成就和历史经验，也需要解决"两个一百年"奋斗目标历史交汇期出现的各种矛盾。目前带有战略性、全局性的矛盾主要是经济发展到中等收入阶段积累的各种国内矛盾以及由此引致的国际矛盾。中国国家发展和改革委员会副主任兼中国国家统计局局长宁吉喆2022年1月8日在第26届（2022年度）中国资本市场论坛上表示，2021年中国GDP将连续第二年超过100万亿元人民币，人均GDP将连续第三年超过1万美元。世界银行按人均国民总收入把世界各国经济发展水平分成四组，即低收入国家、中等偏下收入国家、中等偏上收入国家和高收入国家，中等偏下收入国家和中等偏上收入国家合称为中等收入国家。按世界银行公布的数据，2020年的最新收入分组标准为：人均国民总收入低于1035美元为低收入经济体，在1036美元至4045美元之间为中等偏下收入经济体，在4046美元至12535美元之间为中等偏上收入经济体，高于12536美元为高收入国家。① 根据世界银行的这一划分标准，中国已经稳步进入中等收入国家。世界银行2007年的《东亚复兴：关于经济增长的观点》报告首先提出了"中等收入陷阱"（Middle Income Trap）这一概念。"中等收入陷阱"是指一个经济体的人均收入达到世界中等水平后，由于不能顺利实现发展战略和发展方式转变，导致新的增长动力特别是内生动力不足，经济长期停滞不前；同时，快速发展中积聚的问题集中爆发，造成贫富分化加剧、产业升级艰难、城市化进程受阻、社会矛盾凸显等。总结陷入"中等收入陷阱"国家的总体特征会发现，经济增长回落或停滞、民主乱象、贫富分化、腐败多发、过度城市化、社会公共服务短缺、就业困难、社会动荡、信仰缺失、金融体系脆弱等，是这些陷入"中等收入陷阱"国家的明显特征。② 2007年，世界银行在《东亚复兴：关于经济增长的观点》的报告中称，包括中国在内的东亚大多数国家落入"中等收入陷阱"的可能性很大。③ 2010年，世界银行在《强劲的复苏和增长的风险》报告中进一步聚焦中国，认为国际经济危机背景下，中国、印度尼西亚、

---

① https://www.worldbank.org/en/home.

② 人民论坛"特别策划"组. 中国会掉入中等收入陷阱吗？——许多国家未能打破这一魔咒，公众意见调查与十余位顶级专家锐思激辩 [J]. 人民论坛，2010（17）：8.

③ Indermit Gill, Homi Kharas. An East Asian Renaissance: Ideas for Economic Growth [J]. World Bank Publications, 2007: 17-18.

马来西亚、菲律宾和泰国等 5 个东亚中等收入国家面临陷入"中等收入陷阱"危险。① 2012 年，世界银行在其报告《2030 年的中国》中进一步明确，中国经济即将陷入"中等收入陷阱"。②

关于中国是否陷入"中等收入陷阱"，蔡万焕在《"中等收入陷阱"的理论陷阱——兼论建立中国特色社会主义政治经济学的话语体系》一文中，总结了国内外学者的研究成果，主要有四种观点。③

第一种观点认为中国已经陷入"中等收入陷阱"。该观点认为，中国经济发展的巨大成就建立在大量廉价劳动力基础上，而随着人口老龄化和就业人口减少，中国的"人口红利"已不复存在；④ 由于资本边际收益递减，中国的资本收益已降为 0，这意味着中国已陷入"中等收入陷阱"，只有进行彻底的西化改革，缩小国有经济规模、放松和解除管制、全面减税，才能避免陷入严重的危机。⑤

第二种观点认为中国即将或可能陷入"中等收入陷阱"。该观点认为，中国面临诸多挑战，存在陷入"中等收入陷阱"的可能，如：劳动力成本趋于上升，高储蓄率发生调整；技术创新"瓶颈"制约；工业规模扩张难以持续；收入分配差距扩大；社会矛盾明显增多；经济和政治体制改革滞后；利益集团之间的斗争等。⑥ 要避免陷入"中等收入陷阱"，就必须完成向市场经济的转变、重新定义政府的角色、建立灵活的劳动力市场、构建生产要素特别是土地的流动和交易机制等。⑦

第三种观点认为中国不会陷入"中等收入陷阱"。这种观点认为，中国在经济发展的过程中虽然存在一些问题，但中国具有技术和产业的后发优势。中国当前处于工业化加速时期，潜在的城市化空间能够支持中国经济持续增长，

---

①　World Bank. Robust Recovery, Rising Risks [M]. World Bank Publications, 2010：27 - 28.

②　World Bank. China 2030：Building a Modern, Harmonious, and Creative High-Income Society [M]. World Bank Publications, 2012：11 - 12.

③　以下 4 段全文引自蔡万焕."中等收入陷阱"的理论陷阱——兼论建立中国特色社会主义政治经济学的话语体系 [J]. 思想教育研究, 2019 (9)：64 - 69.

④　蔡昉."中等收入陷阱"的理论、经验与针对性 [J]. 经济学动态, 2011 (12)：4 - 9.

⑤　许小年：中国已掉入中等收入陷阱 深圳房价还会涨！ [OL]. https：//www. jiemian. com/article/1306035. html. 许小年. 数据显示出中国落入中等收入的信号 [J]. 上海企业, 2017 (10)：71.

⑥　张德荣."中等收入陷阱"发生机理与中国经济增长的阶段性动力 [J]. 经济研究, 2013 (9)：17 - 29.

⑦　郑秉文."中等收入陷阱"与中国发展道路——基于国际经验教训的视角 [J]. 中国人口科学, 2011 (1)：2 - 15, 111.

经济发展的不均衡使得经济持续增长存在较大潜力。① 根据该观点，按照目前的发展状况，陷入"中等收入陷阱"的概率较小或基本上不存在。只要不犯颠覆性错误，经济实现由数量追赶向质量追赶的平稳转型，就能够成功跨越中等收入阶段，进入高收入社会。

第四种观点认为"中等收入陷阱"概念本身不存在或不科学。该观点认为，"中等收入陷阱"的概念比较狭窄且含义模糊，单纯地用人均国内生产总值（人均 GDP）作为衡量指标，忽视了许多经济体在经济发展过程中面临的其他挑战，是一个伪命题。② 持该观点的学者指出，"中等收入陷阱"至多只能是一种现象，而非规律，"中等收入陷阱"掩盖了"陷阱"的要害，没有说明这种"陷阱"同社会制度的关系，只讲数量关系，却避开了社会制度这一本质问题。③ 这一理论描述笼统、模糊，将"中等收入陷阱"视为所有国家经济发展过程中的必经阶段，与该国采取何种经济制度、经济体制、发展模式无关。每个国家在经济发展过程中，由于制度、资源禀赋和社会文化传统等不同，所经历的挑战和问题也有所差别，应具体分析，不应一概而论从而抹杀矛盾的特殊性。④ 国外对这一概念的探讨，主要集中于一批发展中国家的学者，他们从本国发展出发，对"中等收入陷阱"的成因、判断标准、跨越及未成功跨越的国家的经济特征比较、跨越路径等进行了讨论，认为提高"人力资本""全要素生产率"和"中产阶级"比重是跨越"中等收入陷阱"的关键。值得注意的是，国外对"中等收入陷阱"的讨论方向与中国不同。如多数国外学者认为，跨越"中等收入陷阱"的关键是政府对市场适当干预使市场有效性提高，加速市场的发展和产业升级；政府能否颁布执行符合本国具体实际的产业提升政策是一国从中等收入阶段迈入高收入阶段的重点；不同产业发展时期有效的政府干预和制定正确的产业发展政策是保持经济持续发展的重要原因。此外，还有一些西方左翼学者研究认为，所谓"中等收入陷阱"实质是发展中国家同发达国家相比的技术劣势以及贫富差距过大导致的平均利润率下降问题。⑤

---

① 林毅夫. 新结构经济学与中国发展之路 [J]. 中国市场, 2012 (50)：3 – 8.

② 刘福垣. 中等收入陷阱是一个伪命题 [J]. 南风窗, 2011 (6)：75 – 78.

③ 张宇. 从马克思主义的观点看"中等收入陷阱"[N]. 光明日报, 2015 – 05 – 06.

④ 杨承训，张新宁. 科学运用"两期论"把握阶段性特征——兼析"中等收入陷阱"论的非科学性 [J]. 政治经济学评论, 2012 (1)：93 – 104.

⑤ Mylène Gaulard. A Marxist Approach of the Middle-Income Trap in China [J]. World Review of Political Economy, 2015 (3).

无论中国是否陷入"中等收入陷阱",但既然中国已经发展到了中等收入国家水平,处于陷入"中等收入陷阱"两可之间,那么,我们就不能不认真研究世界上陷入"中等收入陷阱"国家所出现的矛盾,未雨绸缪,做好准备,防患于未然,以避免重蹈陷入"中等收入陷阱"国家之覆辙。秦佳在其博士论文《中等收入陷阱:理论、经验与中国发展道路》中,用人均增长率、需求结构、资本-产出比、人力资本水平等四个指标来描述陷入"中等收入陷阱"国家的基本经济特征。一是落入陷阱的经济体在中等收入阶段的人均增长率长期处于 -1% ~4% 区间。二是在中等收入阶段,落入陷阱经济体的消费份额比跨越陷阱经济体高出 10~14 个百分点,而跨越陷阱经济体的投资份额比落入陷阱国家或地区高出 8~11 个百分点。此外,从消费、投资以及净出口份额的最大值和最小值偏离均值的程度来看,落入陷阱国家或地区的需求结构相比跨越陷阱国家或地区波动更大。三是与跨越陷阱的国家或地区相比,落入陷阱国家或地区的资本利用效率较低,并且波动较大,这可能抑制了它们的经济增长速度。四是不管是在进入中等收入阶段时,还是在中等收入阶段的前30 年,或者整个中等收入阶段,落入陷阱国家或地区的人力资本水平都低于跨越陷阱的国家或地区。[1] 陶双桅在《"中等收入陷阱"研究文献综述》中说:"关于落入'中等收入陷阱'经济体的特征,学者们也从不同的角度提出了自己的看法。孔泾源以制度的视角,从经济、社会、政治三个层面分析了中等收入经济体的体制特征,他认为落入'中等收入陷阱'的经济体存在严重的不公平和社会阶层固化现象:初始不平等的负面影响会长期存在,导致要素资源配置严重不均以及经济生产的低效率;社会阶层的对立固化不利于公平竞争市场的建立。[2] 樊纲和张晓晶研究了拉美国家的'福利赶超'现象,认为过度城市化以及失控的财政货币政策导致经济发展陷入困境。[3] 卢现祥认为收入分配差距过大与发展停滞密切相关,对比 8 个拉美国家和 5 个东亚经济体在不同时期的基尼系数,发现在 20 世纪 50 年代,这两组经济体的基尼系数差别不大,但是之后,拉美国家收入差距持续加大,而东亚经济体收入差距则稳定缩

---

① 秦佳. 中等收入陷阱:理论、经验与中国发展道路 [D]. 天津:南开大学,2014.

② 孔泾源."中等收入陷阱"的国际背景、成因举证与中国对策 [J]. 改革,2011 (10):10 - 12.

③ 樊纲,张晓晶."福利赶超"与"增长陷阱":拉美的教训 [J]. 管理世界,2008 (9):16 - 20.

小。① 蔡昉从收入分配的角度，通过对国际经验的研究，发现收入分配会影响一国的经济增长，停滞的经济增长常伴随着严重不公平的资源分配和收入分配，资源得不到有效率的配置，而是按照既得利益团体的意志配置，由此会使得经济倒退和社会动荡。② 可以看出，落入'陷阱'的中等收入经济体，除了经济增长陷入停滞以外，通常还伴随着大量的其他问题，主要体现为收入分配不公、贫富差距过大、难以建立公平市场等，以及由此引发的其他社会问题。"③

基于国际经验和中国实践，国内众多学者关于中国如何避免陷入"中等收入陷阱"提出了不同的见解和政策主张。

张德荣在《"中等收入陷阱"发生机理与中国经济增长的阶段性动力》一文中的研究结论是："在不同经济发展阶段，经济增长的动力机制是不同的。一个在低收入阶段和中低收入阶段快速增长的发展中国家在进入中高收入阶段以后，如果不能适时转换经济增长动力机制，就会面临被'中等收入陷阱'锁定的风险。实证研究表明，制度和原创性技术进步是中等收入国家可持续增长的关键要素，发展中国家要想规避'中等收入陷阱'，必须改善政府治理，鼓励创新。基于我们对各个发展阶段经济增长动力因素的研究和对中国目前所处发展阶段的判断，我们认为：（1）在未来中国经济增长的动力因素中，固定资本投资率的回落势所难免；（2）'人口红利'将趋于消失；（3）教育和对外开放将难以对经济增长产生持续推动作用；（4）推动未来中国经济可持续增长的引擎是制度和技术创新，中国经济发展方式转型必须依靠原创性技术进步和改革来保障，其中，改善政府治理、抑制政府腐败是重中之重。"④

李实和万海远在《劳动力市场培育与中等收入陷阱——评〈中国劳动力市场发展报告 2011 – 2013〉》一文中指出："我们必须深化改革，提高劳动者地位，防止收入差距过大和收入分配不公，以跨越'中等收入陷阱'。如果劳动报酬过低和劳动者权益无法保障，会阻碍经济发展，带来人力资本积累不足和社会的不稳定；而且，如果劳动力要素报酬降低，人力资本无法得到有效回报，那么，经济就会缺少创新能力，因为当一个国家从中等收入国家向高收入

① 卢现祥，罗小芳. 中国能跨越"中等收入陷阱"吗？——基于利益集团理论视角的分析 [J]. 社会科学战线，2013（7）：71–79.

② 蔡昉，王美艳. 中国面对的收入差距现实与中等收入陷阱风险 [J]. 中国人民大学学报，2014（3）：2–7.

③ 陶双桅. "中等收入陷阱"研究文献综述 [J]. 管理学刊，2015（5）：31–36.

④ 张德荣. "中等收入陷阱"发生机理与中国经济增长的阶段性动力 [J]. 经济研究，2013（9）：17–29.

国家迈进的时候，靠的是创新和劳动生产率的提高，而这都离不开高素质的劳动力投入。而在我国目前的劳动力市场运行过程中普遍对劳动力重视不够，劳动要素回报率下降，劳动者的权益也不能得到有效保障，这样经济的发展就缺乏动力来源。因此，未来劳动力市场的发展，必须遵循新的培养理念，走一条包容性发展之路，最终为跨越中等收入陷阱奠定劳动力市场基础。对正处在经济发展转型和结构调整关键时期的中国而言，努力完善劳动力市场，无疑是保持经济社会平稳快速发展、避免掉入'中等收入陷阱'的最优路径选择。在完善劳动力市场的措施方面，至少包括以下几个方面：首先是打破垄断，增加市场化因素在配置劳动力要素中的基础性作用，从而减少劳动力市场的扭曲程度。其次是要努力消除劳动力市场中的歧视问题以及市场分割问题，比如户籍制度，它使农民工和'蚁族'群体不能平等地享受市民待遇，进城以后实质上变成了二等公民，不能享受到基本的公共服务。另外，要改善弱势劳动者的发展条件，以此改善他们的竞争条件，从而缩小差距。"①

刘伟在《突破"中等收入陷阱"的关键在于转变发展方式》一文中指出："对于中国如何跨越'中等收入陷阱'，主要有以下观点和对策建议：第一，我国正处于工业化加速期，具有克服'中等收入陷阱'的天时。对策建议是2020 年基本实现工业化和 2030 年真正实现工业化、城市化。第二，我国城市化水平不仅低于世界平均水平，而且落后于我国经济发展水平，潜在的城市化空间是支持我国经济持续增长的重要因素。为了进一步推进城市化，对策建议是经济体制的市场化和产业结构的高级化。第三，非均衡的区域经济结构是支持我国持续高速增长的因素。对策建议是各地根据当地优势和资源禀赋，发展和培育'增长极'，努力扩大极化效应。第四，克服'中等收入陷阱'的关键之一，是微观上的资源配置方式的变化。这又包括三个方面的内容——由传统经济向新兴工业化和现代经济转型（发展模式转轨）、由传统体制向市场经济体制转轨（体制模式转轨）、产业组织和市场结构的市场化。第五，克服'中等收入陷阱'的关键之二，是宏观上经济调控方式的变化。具体内容是包括'两点三方面'。'两点'是从市场规模构建转为市场秩序完善和从国有企业改革转为政府职能转变和改革；'三方面'一是财税制度改革，包括公共财政制度的改革和中央与地方、政府与企业的财税结构改革；二是金融制度改革，包

---

① 李实，万海远. 劳动力市场培育与中等收入陷阱——评《中国劳动力市场发展报告 2011 –2013》[J]. 经济研究，2014（4）：187 – 191.

括金融市场化和央行独立性的提高；三是土地制度改革，包括土地资源配置方式的改变和农村土地制度的调整等。"① 2016 年，刘伟还将上述第四、第五两点对策建议进行了强调——必须通过加强体制创新和改善宏观调控来解决经济发展中的结构和效率问题，同时认为破解"中等收入陷阱"的根本在于反腐。②

田国强认为："一个转型国家要避免陷入'中等收入陷阱'，实现效率、公平与法治的良好均衡，有赖于深层次的制度创新和转型，这是一个复杂而艰难的过程，关键是正确处理好发展与治理的内在逻辑关系，要理清和合理界定政府与市场、政府与社会之间的治理边界，以此来重构国家公共治理模式，有效回应因政府失效、市场扭曲（失灵）和社会失范所提出的制度变迁需求。""中国需要通过政府、市场与社会三位一体的整体设计和综合治理，以及长期积淀后所形成的文化这一更为持久的因素，来不断推动中国经济社会的全面、协调和可持续发展。""……实际上也就是一个传统体制下的全能型政府和发展型政府逐步收缩和调整其权力、职能范围，同时市场、社会的自组织治理范围不断扩展和自我治理能力不断提升的过程……"③

袁富华、张平等认为："中等收入水平向高收入水平的跨越阶段，也是充满增长分化的阶段。转型时期面临三方面的不确定性和风险：（1）工业比重下降的同时伴随工业萧条，城市化成本病阻碍内生增长动力形成；（2）服务业作为工业化分工结果的从属态势不能得到根本扭转，以知识生产配置为核心的服务业要素化趋势不能得到强化，最终导致服务业转型升级无法达成；（3）作为门槛跨越基石的消费效率补偿环节缺失，知识生产配置和人力资本结构升级路径受阻……因此，以知识要素和人力资本要素积累为核心的效率模式重塑，是跨越中等收入阶段的根本任务，面对转型时期门槛跨越的困难，中国应顺遂服务业的要素化趋势，在防止服务业盲目扩张、做好工业/服务业协调推进的同

① 刘伟. 突破"中等收入陷阱"的关键在于转变发展方式 [J]. 上海行政学院学报，2011 (1)：4 - 11.

② 刘伟. 如何跨越中等收入陷阱——"十三五"中国经济发展前瞻 [J]. 开发性金融研究，2016，(1)：9 - 22. 转引自：胡东婉，刘明国. 对"中等收入陷阱意识"及相关对策的批判——兼与刘伟、田国强、袁富华等商榷 [J] 当代经济研究，2018 (2)：46 - 54.

③ 田国强，陈旭东. 中国如何跨越"中等收入陷阱"——基于制度转型和国家治理的视角 [J]. 学术月刊，2015 (5)：18 - 27.

时，通过制度改革促进效率模式重塑。"①

张欢，徐康宁和孙文远在《城镇化、教育质量与中等收入陷阱——基于跨国面板数据的实证分析》一文中总结出三点启示。（1）发展与经济水平相吻合的城镇化道路建设，加大城市基础设施和公共服务品投入，使更多农村迁移向城镇、城市的劳动者和子女享受到完善的市民化待遇，帮助他们向高技能、高科技人才类型转化，借此提高一国整体人力资本存量。（2）大力推进对人力资本的投入，实现人口红利向人才红利转变、人口数量红利向人口质量红利转变，才能保持一国经济可持续发展。政府应把发展教育视为主要工作，通过高等教育推动人力资本升级是中等收入国家迈过中等收入陷阱的关键因素。科教兴国、人才强国，教育投资能培养科技人才，为人才驱动型的创新增长提供原动力。政府必须加强高等教育，促进服务部门的增长，使所有劳动力都能够更新技能。（3）其他环境条件因素中，减少政府干预市场，加快向服务型政府的职能转变；平抑物价波动，维持本币对内价值和对外汇率的稳定；多鼓励吸引外商投资和积极对外直接投资，不断提高资本形成比率；制定适合经济发展阶段的生育和养老退休政策，以防止人口依赖度对经济的拖累。②

程文和张建华在《收入水平、收入差距与自主创新——兼论"中等收入陷阱"的形成与跨越》一文中指出："基于上述研究结论，若要实施创新驱动发展战略，提高内资企业的自主创新能力，以此跨越'中等收入陷阱'，政府需要将政策重心放在缩小居民收入差距上，并在创新的需求拉动和技术推动两方面同时发力，建议采取如下的政策：首先，从需求拉动来看，政府应全面推进收入分配制度的改革。具体而言，应完善社会保障体系，逐步形成中等收入者占多数的'橄榄型'分配格局。这样才能增强中低收入群体对内资企业新产品的购买力，从而内资企业研发的新产品不仅能够造得出来，还能够卖得出去，以获得足够的利润来支持其进一步的创新投入。其次，由于中国基尼系数偏高的主要原因在于城乡收入差距过大，政府还应通过提升城市化水平来起到缩小收入差距的作用，以实现包容性增长，增强农村居民对自主品牌产品的需求，促进内资企业在外资企业缺乏渠道优势的农村和小城镇，进行面向中低收入群体的自主创新。最后，在技术推动方面，相对于通过增加研发投入数量来

---

① 袁富华．增长跨越：经济结构服务化、知识过程和效率模式重塑 [J]．经济研究，2016（10）：12－26．

② 张欢，等．城镇化、教育质量与中等收入陷阱——基于跨国面板数据的实证分析 [J]．数量经济技术经济研究，2018（5）：40－58．

提升创新能力而言，政府还应当更加重视有利于创新的制度建设，以此促进研发效率的提高。这样的创新制度建设既包括政府对内资企业自主创新的专门激励和扶持政策，还应包括许多应由政府通过非市场机制提供的支持创新的制度体系。例如，能够为企业提供高质量人力资本和创新人才的教育体系，高效协调的基础研究、应用研究及其商业化体系等。"①

寇宏伟和陈璋在《中等收入陷阱跨越机制分析——需求规模与技术进步》一文中，从技术进步角度对中等收入陷阱的产生及跨越机制进行了分析，并证明了不发达国家国内需求规模及自主研发强度对不发达国家跨越中等收入陷阱的重要性。②张军在 2017 年提出，坚持改革开放和扩大中等收入群体是跨越中等收入陷阱的关键。③

针对国内"两个一百年"奋斗目标历史交汇期和处于中等收入水平国家国内必然出现的矛盾，我们必须采取诸如上述学者提出的对策，对内坚持改革发展思路、创新发展理念，对外秉持互利共赢思想，跨越"中等收入陷阱"，以期顺利实现"第二个一百年"奋斗目标。

三、互利共赢贸易思想的实现路径

前述第三章到第七章共五章的内容探讨了互利共赢贸易思想产生发展的历史必然性和演进路径。体现国际贸易开放思想历史变迁的保护主义演变到自由主义，体现国际贸易包容思想历史变迁的区域贸易安排演变到多边贸易体制，体现国际贸易普惠思想历史变迁的绝对优势演变到比较优势，体现国际贸易平衡思想历史变迁的垄断优势演变到竞争优势和体现国际贸易共赢思想历史变迁的竞争演变到合作，这五个方面的变迁，既是传统贸易思想向现代贸易思想演变的趋势和内容，深入分析以后，我们发现，这些演变其实质也是互利共赢贸易思想产生和实现的路径。互利共赢贸易思想的实现虽然是破解当前国际贸易困局的中国方案，但它绝不是中国一个国家的"劳动成果"，它是人类社会集

① 程文，张建华. 收入水平、收入差距与自主创新 [J]. 经济研究，2018 (4)：47 - 62.
② 寇宏伟，陈璋. 中等收入陷阱跨越机制分析——需求规模与技术进步 [J]. 上海经济研究，2020 (2)：65 - 77.
③ 张军. 坚持改革开放和扩大中等收入群体是跨越中等收入陷阱的关键 [J]. 经济研究，2017 (12)：17 - 18.

体智慧的结晶，也是传统贸易思想演变的结果。因此，互利共赢贸易思想的实现也不可能是中国一个国家能够完成的，它既需要世界上众多国家共同的努力，也离不开传统贸易思想提供的可资借鉴的经验。互利共赢贸易思想的实现需要综合考虑和整合各种影响因素，调动各种积极因素，消除消极因素。具体来说，包括四个方面的内容。

1. 以构建人类命运共同体为出发点

人类命运共同体不是凭空提出的，它是人类社会发展到一定阶段所必然出现的一种社会形态，也是中国人民尤其是习近平总书记在前人研究成果基础上结合全球发展现实提出来的。马克思在《1857－1858 年经济学手稿》中指出："人的依赖关系（起初完全是自然发生的），是最初的社会形式，在这种形式下，人的生产能力只是在狭小的范围内孤立的地点上发展着。以物的依赖性为基础的人的独立性，是第二大形式，在这种形式下，才形成普遍的社会物质交换、全面的关系、多方面的需要以及全面的能力体系。建立在个人全面发展和他们共同的、社会的生产能力成为从属于他们的社会财富这一基础上的自由个性，是第三个阶段。第二个阶段为第三个阶段创造条件。"① 另外，经济社会形态是马克思社会形态理论的主要内容。马克思认为，揭示人类社会的历史规律，最重要的是要寻找出社会生产的不同历史类型，寻找出在不同经济结构中表现得完全不同的那种处于支配地位的生产形式和生产关系。只有借助这种处于支配地位的经济关系，才能把不同类型的经济形式或同一类型经济形式的不同特点区分开来。正是运用这种方法，马克思将古代社会、封建社会和资产阶级社会看成人类历史发展必然经历的几个阶段，并指出，亚细亚的、古代的、封建的和现代资产阶级的生产方式是经济的社会形态演进的几个时代，资产阶级的生产方式是社会生产过程的最后一个对抗形式。② 这种最后一个对抗形式在经由资本竞相逐利扩张、消除自然地域间隔而形成的既往共同体生活里，只有少数执掌主宰权力的发达资本主义国家凭借树立政治权威、制定交往准则、施加经济控制、单向文化殖民而居于核心地位，掌握了国际体系的制定权、国际话语的解释权、国际规范的裁量权。广大发展中国家被坚船利炮所裹挟，以往自然形成的闭关自守的状态遭到打破。其传统文明饱受解构遮蔽，自我主张

---

① 马克思恩格斯全集（第三十卷）［M］. 北京：人民出版社，1995：107－108.

② 晁小荣，黄斌. 论马克思的社会形态理论与人类社会发展规律的根基［J］. 宁夏大学学报（人文社会科学版），2015（6）：54－58.

逐步丧失，只得全盘服从和跟随西方建立的世界秩序，被迫沦为他者化的边缘人。西方鼓吹的名义上悦耳动人的抽象公平掩盖了事实上积重难返的权责不平，在其统摄下，实现全人类共同发展、共同进步的美好理想只能沦为空中楼阁似的幻影。① 人类命运共同体理念的提出与实践正是对当前国际格局方兴未艾的广泛激荡调整的因应，是对群体性崛起中的众多发展中国家谋求发展权话语权的强烈呼声的顺应。"人类命运共同体理念主张以治理体系革新破解治理赤字。超越由个别国家统领国际事务的过时规制，切实增强治理体系本身的代表性与多边性，在牵涉各方核心关切的重要治理议题上始终奉行共商共建共享的基本原则，持之以恒促进国际治理民主化建设。主张以深入对话沟通破解信任赤字。要坚持平等对话，充分考虑不同参与主体的舒适度，反对恃强欺弱、以富凌贫式的霸权逻辑。要坚持有效对话，借增信释疑稳固打通信任阻滞，借聚同化异妥善平衡义利关系，切实构筑集体认同。主张以加强团结合作破解和平赤字。践行共同、综合、合作、可持续的新安全观而非冲突性的争霸外交，从聚焦自身安全进阶为放眼普遍安全。践行新型国际关系而非对抗性的帮派外交，从博弈角力的陈旧观念进阶为开放包容的崭新图景。主张以转变发展样态破解发展赤字。要变革发展的观念样态，支持不同民族国家基于自身实际筹划适应具体场域的发展道路，使现代性原理不再为西方所垄断。要完善发展的机制样态，推动建立亚投行等重要多边机构，优化国际经济治理框架，促进发展战略高效衔接。"②

2. 秉持开放包容普惠平衡共赢的国际经济发展理念

一段时间以来，经济全球化遭遇逆风，某些国家动辄"退群""筑墙"，世界经济面临的不确定性不稳定性增加。面对这些严峻挑战，如何实现互利共赢？中国国务院新闻办公室 2019 年 9 月 27 日发布的《新时代的中国与世界》白皮书给出了答案："各国应携起手来，总结历史经验与教训，加强协调、完善治理，推动开放、包容、普惠、平衡、共赢的新型经济全球化。"传统的经济全球化促成了贸易繁荣、投资便利、人员流动、技术发展，为世界经济发展作出了重要贡献，世界各国人民也都从中获益匪浅。但是，2008 年全球爆发债务危机、金融危机、贸易危机、经济危机之后，贸易摩擦不断发生，全球化进程受阻，这些都显示传统的全球化理念出现了问题。"新自由主义理念曾盛

---

①② 孔庆茵，罗一鸣. 人类命运共同体理念的确定性与不确定性［J］. 湖北理工学院学报（人文社会科学版），2022（1）：33 – 40.

极一时，强调贸易投资自由化，政府放松监管。这其实是资本主义发展到高级阶段的必然要求，因为资本逐利。但是，这种发展方式导致的结果是固化了发达经济体在全球利益分配链条处于最高端而发展中国家处于低端的格局。而且，在发达国家内部，也出现贫富差距加大，固有社会矛盾得不到解决，治国理政也出现种种问题。简而言之，之前全球化出现的问题可以归结为，'弱肉强食'的丛林法则和'你输我赢''赢者通吃'的零和博弈，造成富者愈富、贫者愈贫，发达国家与发展中国家以及发达国家内部的贫富差距越拉越大。"①实质上，这是传统的全球化所推崇的贸易保护主义、狭隘的区域贸易安排、绝对优势、垄断优势、不平等竞争等发挥作用的结果。构建新型经济全球化，必须摒弃这些传统的理念，彻底改变保护主义、狭隘的区域贸易安排、绝对优势、垄断优势、不平等竞争等自私自利做法，以开放思想打破保护主义，以包容思想打破狭隘的区域贸易安排，以普惠思想打破绝对优势，以平衡思想打破垄断优势，以共赢思想打破不平等竞争，最终实现开放、包容、普惠、平衡、共赢的新型经济全球化。

3. 加速开放包容的区域经济合作进程

传统的区域贸易安排具有明显的狭隘性，其内部的优惠安排大多仅限于贸易领域，同时仅限于区域内部的国家和地区。各个区域贸易安排之间经常会发生冲突和矛盾，实质上阻碍了全球化进程。我们现在所倡导的区域经济合作是开放包容的，它既打破了传统贸易安排的狭隘性，又是全球化进程中的一个阶段，不是全球化的全部而是全球化的过程。因此，中国积极推进开放包容的区域经济合作是为了构建人类命运共同体，体现的是互利共赢贸易思想。目前，中国正在谈判的自贸区 7 个，在建的自贸区 19 个，共涉及世界 54 个国家和地区。2012 年启动区域全面经济伙伴关系，2014 年在 APEC 峰会上启动亚太自由贸易区谈判，2015 年在中国与澳大利亚以及与韩国的自由贸易协定谈判中取得实质性进展。同时，通过"一带一路"建设，中国重点加强了与东盟、日本、韩国、俄罗斯、中亚地区的战略伙伴关系；通过建立中非合作论坛、中拉合作论坛、中阿合作论坛等集体对话机制，中国加强了与广大发展中国家的交流合作。

---

① 资料来源：开放 包容 普惠 平衡 共赢（新时代的中国与世界·梦想篇⑧）[OL]. http：//world. people. com. cn/.

4. 构建多领域、多层次的全球经济治理新格局

首先，以构建 G20 长效机制为契机改变传统的全球治理模式。自 2008 年金融危机之后，二十国集团从原有的八国集团发展成二十国集团，新增加了中国、印度、巴西、南非、墨西哥五个新兴发展中国家。自此，二十国集团就成为全球经济治理的主要平台。以中国为首的发展中国家的加入开始改变长期以来西方主导世界经济治理的模式。在 2015 年二十国集团杭州峰会上，中国积极推动二十国集团把能源、气候变化、粮食、基础设施建设等议题纳入 G20 议程，加强了发达经济体与新兴经济体之间的沟通与合作，推动了全球经济治理的完善，促进了世界经济的持续、稳定发展。其次，以成立新的全球金融机构为着力点构建多边经济治理新平台。2014 年金砖国家新开发银行成立，并于 2015 年 7 月正式营业。2015 年 12 月 25 日，由中国倡议设立、57 国共同筹建的多边金融机构——亚洲基础设施投资银行正式成立。由中国筹资建立的"丝路基金"投资额已达 40 亿美元。我国同中东欧国家以"16 + 1"形式设立的金融控股公司也正式成立。金砖国家开发银行和亚投行以及其他金融机构都将与原有的世界银行、亚洲开发银行一道加强互补与合作，共同促进世界经济的增长，完善全球经济治理体系。① 更深层次上，面对世界经济形势的发展演变，习近平总书记在 2016 年二十国集团工商峰会上表示，当前形势下，全球经济治理特别要抓住以下重点：共同构建公正高效的全球金融治理格局，维护世界经济稳定大局；共同构建开放透明的全球贸易和投资治理格局，巩固多边贸易体制，释放全球经贸投资合作潜力；共同构建绿色低碳的全球能源治理格局，推动全球绿色发展合作；共同构建包容联动的全球发展治理格局，以落实联合国 2030 年可持续发展议程为目标，共同增进全人类福祉。

参 考 文 献

[1] 蔡昉，王美艳. 中国面对的收入差距现实与中等收入陷阱风险 [J]. 中国人民大学学报，2014 (3).

[2] 蔡昉. "中等收入陷阱"的理论、经验与针对性 [J]. 经济学动态，2011 (12).

---

① 史艺军，关朋. 开放、包容、普惠、平衡、共赢："中式"全球化的新理念——论习近平的互利共赢国际经济观 [J]. 云梦学刊，2018 (2)：83 - 88.

［3］蔡万焕．"中等收入陷阱"的理论陷阱——兼论建立中国特色社会主义政治经济学的话语体系［J］．思想教育研究，2019（9）．

［4］晁小荣，黄斌．论马克思的社会形态理论与人类社会发展规律的根基［J］．宁夏大学学报（人文社会科学版），2015（6）．

［5］陈继勇，胡艺．中国互利共赢的对外开放战略［M］．北京：社会科学文献出版社，2014．

［6］陈宇翔，曾喜辉．"两个一百年"的逻辑生成与现实必然［J］．思想政治工作研究，2018（3）．

［7］程文，张建华．收入水平、收入差距与自主创新［J］．经济研究，2018（4）．

［8］樊纲，张晓晶．"福利赶超"与"增长陷阱"：拉美的教训［J］．管理世界，2008（9）．

［9］海闻，等．国际贸易［M］．上海：上海人民出版社，2012．

［10］胡东婉，刘明国．对"中等收入陷阱意识"及相关对策的批判——兼与刘伟、田国强、袁富华等商榷［J］．当代经济研究，2018（2）．

［11］孔泾源．"中等收入陷阱"的国际背景、成因举证与中国对策［J］．改革，2011（10）．

［12］孔庆茵，罗一鸣．人类命运共同体理念的确定性与不确定性［J］．湖北理工学院学报（人文社会科学版），2022（1）．

［13］寇宏伟，陈璋．中等收入陷阱跨越机制分析——需求规模与技术进步［J］．上海经济研究，2020（2）．

［14］李滨．"百年未有之大变局"：世界向何处去［J］．人民论坛·学术前沿，2019（9）．

［15］李慎明．习近平新时代中国特色社会主义外交思想与中华优秀传统文化［J］．毛泽东研究，2018（2）．

［16］李实，万海远．劳动力市场培育与中等收入陷阱——评《中国劳动力市场发展报告2011-2013》［J］．经济研究，2014（4）．

［17］林毅夫．新结构经济学与中国发展之路［J］．中国市场，2012（50）．

［18］刘福垣．中等收入陷阱是一个伪命题［J］．南风窗，2011（6）．

［19］刘伟．如何跨越中等收入陷阱——"十三五"中国经济发展前瞻［J］．开发性金融研究，2016（1）．

［20］刘伟．突破"中等收入陷阱"的关键在于转变发展方式［J］．上海

行政学院学报，2011（1）.

[21] 卢现祥，罗小芳. 中国能跨越"中等收入陷阱"吗？——基于利益集团理论视角的分析 [J]. 社会科学战线，2013（7）.

[22] 秦佳. 中等收入陷阱：理论、经验与中国发展道路 [D]. 天津：南开大学，2014.

[23] 人民论坛"特别策划"组. 中国会掉入中等收入陷阱吗？——许多国家未能打破这一魔咒，公众意见调查与十余位顶级专家锐思激辩 [J]. 人民论坛，2010（17）.

[24] 史艺军，关朋. 开放、包容、普惠、平衡、共赢："中式"全球化的新理念——论习近平的互利共赢国际经济观 [J]. 云梦学刊，2018（2）.

[25] 陶双桅. "中等收入陷阱"研究文献综述 [J]. 管理学刊，2015（5）.

[26] 田国强，陈旭东. 中国如何跨越"中等收入陷阱"——基于制度转型和国家治理的视角 [J]. 学术月刊，2015（5）.

[27] 谢伏瞻，等. 中国共产党与中国特色社会主义政治经济学——庆祝中国共产党成立一百周年笔谈 [J]. 经济研究，2021（6）.

[28] 许小年：中国已掉入中等收入陷阱 深圳房价还会涨！[OL]. https://www.jiemian.com/article/1306035.html.

[29] 许小年. 数据显示出中国落入中等收入的信号 [J]. 上海企业，2017（10）.

[30] 杨承训，张新宁. 科学运用"两期论"把握阶段性特征——兼析"中等收入陷阱"论的非科学性 [J]. 政治经济学评论，2012（1）.

[31] 袁富华. 增长跨越：经济结构服务化、知识过程和效率模式重塑 [J]. 经济研究，2016（10）.

[32] 张德荣. "中等收入陷阱"发生机理与中国经济增长的阶段性动力 [J]. 经济研究，2013（9）.

[33] 张欢，等. 城镇化、教育质量与中等收入陷阱——基于跨国面板数据的实证分析 [J]. 数量经济技术经济研究，2018（5）.

[34] 张军. 坚持改革开放和扩大中等收入群体是跨越中等收入陷阱的关键 [J]. 经济研究，2017（12）.

[35] 张永胜. 互利共赢的博弈论分析 [J]. 兰州学刊，2008（11）.

[36] 张宇. 从马克思主义的观点看"中等收入陷阱" [N]. 光明日报，

2015 – 05 – 06.

　　[37] 郑秉文. "中等收入陷阱"与中国发展道路——基于国际经验教训的视角 [J]. 中国人口科学, 2011 (1).

　　[38] Indermit Gill, Homi Kharas. An East Asian Renaissance: Ideas for Economic Growth [J]. World Bank Publications, 2007 (2).

　　[39] Mylène Gaulard. A Marxist Approach of the Middle-Income Trap in China [J]. World Review of Political Economy, 2015 (3).

　　[40] World Bank. Robust Recovery, Rising Risks [M]. World Bank Publications, 2010.

　　[41] World Bank. China 2030: Building A Modern, Harmonious, and Creative High – Income Society [M]. World Bank Publications, 2012.

第九章

互利共赢贸易思想的中国实践

　　前面八章我们讨论了互利共赢贸易思想的历史逻辑与基本框架，本章我们讨论互利共赢贸易思想的中国实践。新中国成立以来的中国对外贸易一直是以互利共赢思想为指导的，而互利共赢贸易思想则是中国对外开放实践的理论升华。新中国成立以来尤其是改革开放以来，中国经济发生了翻天覆地的变化，对外开放与国内经济发展关系密切，作用突出，意义重大，是新中国成立70年巨大成就不可或缺的重要推动力量。新中国成立前30年中，对外开放主要目的是大规模引进设备和技术，推动国内现代化建设。之后40年，对外开放发挥了更为全面和重要的作用，广泛地利用两种资源、两个市场，推动增长、技术进步和产业升级，推动思想解放和体制改革。[①] 改革开放之初的1978年，中国对外贸易总额仅为206.4亿美元，居世界第22位；利用外资和对外投资都不到2000万美元；对外贸易依存度仅为9.75%。经过40年的对外开放，2018年对外贸易总额已达4.6万亿美元，跃升为世界第一；利用外商直接投资和对外直接投资分别达到1390亿美元和1298亿美元，分别居世界第一位和第三位；对外贸易依存度达到33.6%。1978～2018年，中国国内生产总值年均增长9.6%，同期对外贸易总额年均增长18.4%，出口年均增长18.8%，利用外资年均增长10.7%，2003～2018年对外投资年均增长29.0%。[②] 根据最

---

① 江小涓，等. 新中国对外开放70年［M］. 北京：人民出版社，2019：1.
② 江小涓，等. 新中国对外开放70年［M］. 北京：人民出版社，2019：8-10.

204

新数据，2021 年货物进出口总额 39.1 万亿元，比上年增长 21.4%；按美元计价，我国贸易规模达 6.05 万亿美元，占世界市场份额继续提升；对外贸易依存度达到 34.2%；引资规模再创新高，2021 年实际使用外资 11494 亿元，增长 14.9%。[①] 新中国成立以来这些对外开放辉煌成就的取得，前 30 年得益于对外开放引进大量先进设备和技术，在几乎一穷二白的基础上建立了新中国的现代产业体系和国防工业体系。后 40 年得益于对外开放使中国逐渐走向世界经济舞台中心，由被动接受世界规则转变为主动参与世界规则的制定和引领。其中，一以贯之的指导思想就是互利共赢贸易思想。党的十七大报告指出，要坚持对外开放的基本国策，"始终不渝奉行互利共赢的开放战略"。互利共赢的开放战略是我国顺应国内外形势发展的新变化而制定的一项重要的战略举措，标志着我国对外开放进入了一个新阶段。

一、新中国对外开放的发展历程

新中国成立以来，对外开放在推进社会主义现代化建设、加快技术进步、提高人民生活水平、推动体制改革、塑造中国国际地位、构建调整国际关系等方面，都发挥了不可替代的重要作用。[②] 然而，梳理新中国成立以来的对外开放发展脉络，我们可以知道，新中国成立以来的对外开放道路并不是一帆风顺的，而是呈现出跌宕起伏、开放程度因国际国内环境变化而相应调整的阶段性变化，因而具有明显的阶段性特征。关于新中国成立以来对外开放发展历程的分析，不同的学者具有不同的见解，具有代表性的观点有如下几种。

江小涓（2019）把新中国成立以来的对外开放分为两个阶段，即"新中国成立前 30 年的对外开放与现代化建设"和"最近 40 年的对外开放与发展"。新中国成立后的前 10 年，主要是从苏联和东欧国家引进国内大规模建设所需要的设备和技术，最典型的就是遍布工业部门特别是重工业部门的"156 项工程"。为了支付引进用汇而扩大出口和使用国外贷款又带动了出口贸易的发展。可以说，新中国成立后的前 10 年中国的对外开放程度是相当高的。20

[①]　2021 年我国实际使用外资 11494 亿元，同比增长 14.9%　[OL]. https：//m. gmw. cn/baijia/2022 –01/17/1302766661. html.

[②]　江小涓，等. 新中国对外开放 70 年　[M]. 北京：人民出版社，2019：1（前言）.

世纪 60 年代，由于与苏联关系恶化，加之国际贸易环境和国内"文化大革命"的因素的不利影响，对外开放受到了一定程度的阻碍。70 年代，随着中美恢复交往、中日建交和中国在联合国合法席位的恢复，中国对外开放的国际环境得到了很大程度的改善，对外开放水平有了新的提升。上述过程表明，新中国成立后的前 30 年发展中，闭关锁国、排斥开放的倾向不是主流。相反，只要环境允许，对外开放就在发展规划和实际建设中占据重要地位。1978 年党的十一届三中全会的召开拉开了中国改革开放的序幕，中国进入了对外开放的新时代。① 1984 年 10 月召开的党的十二届三中全会通过了《中共中央关于经济体制改革的决定》，正式把对外开放确定为"长期的基本国策"。1987 年召开的第十三次全国代表大会上，正式提出了"和平与发展"是当代世界主题的重要判断，为长期实行对外开放奠定了理念和认识基础。此后，中国的对外开放在区域和内容上逐渐推进。从区域上看，在设立深圳、珠海、汕头、厦门四个经济特区并取得成功后，享有优惠政策的对外开放区域逐步扩大，从沿海地区到沿江、沿边和内陆省会城市，再到中西部地区，逐步形成了区域上全方位的对外开放格局。从内容上看，对外贸易、利用外资等领域的改革也逐渐扩大和深化。经过 40 年渐进式对外开放，目前中国对外贸易管理体制已经基本符合世界贸易组织多边规则的要求，货物贸易的自由化程度已经高出发展中国家的平均水平；对国外投资者的市场准入程度较高，管理体制和法律环境基本做到透明规范，国民待遇基本落实，实现了中国对外经贸体制与国际经贸规则的全面接轨。②

隆国强（2019）认为，改革开放 40 年来，我国取得了巨大的成绩。可以说，中国经济发展是人类经济史上的一个奇迹，如果把这个奇迹比作鸿篇巨制，那么对外开放就是这篇鸿篇巨制里面最亮丽、最光彩的篇章之一。在这个过程中，中国从经贸小国变成了经贸大国，从原来依靠初级产品（即所谓的矿产品、农产品），变成了世界上最大的制成品出口大国，这是历史性的跨越。改革开放 40 年中国的成功得益于把握住两大发展机遇：第一个机遇是从

---

① 江小涓在《新中国对外开放 70 年》一书中，从增长速度、进出口差额、贸易体制和国际环境等因素综合分析，认为中国对外贸易总额的增长可以划分为四个阶段：外贸增长环境变化和竞争优势形成阶段（1978~1993 年）、市场化改革和竞争优势增强阶段（1994~2001 年）、加入世界贸易组织后出口高速增长和外汇储备大幅度增加阶段（2002~2007 年）、增长趋缓的外贸和外汇（2008~2018 年）。参见：江小涓，等. 新中国对外开放 70 年 [M]. 北京：人民出版社，2019：73-76.

② 江小涓，等. 新中国对外开放 70 年 [M]. 北京：人民出版社，2019：1-8.

20 世纪 70 年代开始一直到 20 世纪初，出口密集型企业对外转移。第二个机遇是需求侧的全球繁荣。从 90 年代中期到 2008 年美国的金融危机爆发之前，全球经历了长达十几年的繁荣。这个繁荣使中国开拓国际市场相对容易。加入世贸组织的时候中国出口增速在 20%、30% 以上，这是罕见的，2009 年中国成为第一大出口国。[①]

张宇燕（2019）认为，过去 40 年我国对外开放主要做了六个方面的工作。第一，推动体制机制改革来支持对外开放。第二，引进吸收先进的科学技术和管理理念。第三，遵循"摸着石头过河"的理念，对外"先行先试"，总结经验再逐步推广到全国。第四，积极参与区域经贸与金融合作。第五，稳步推进人民币国际化，拓宽经贸合作领域。第六，参与并推动国际架构变革，完善全球治理，降低全球规则的非中性。总之，中国的对外开放是一个由局部向总体，由低级向高级的过程。[②]

张幼文（2019）研究指出："新中国成立后的 70 年是中国国际经济地位持续提升的 70 年。纵观 70 年中国与世界经济关系的发展可以划分为四个阶段：从 1949 年新中国成立到 1978 年党的十一届三中全会决定改革开放，这一阶段中国发展战略的定位是以自力更生为主，以争取外援为辅；从 1978 年确定对外开放基本国策到 2001 年加入世界贸易组织，这是中国走上对外开放发展道路的开始；从 2001 年加入世界贸易组织到 2012 年党的十八大召开，这是中国加入世界贸易组织后的发展阶段，加入 WTO 深刻改变了中国与世界经济联系的内涵，中国与世界经济的联系进一步深化，2010 年中国成为世界第二大经济体，此后又成为世界第一、第二位的贸易进出口国和投资流出入国，中国与世界经济的关系发生历史性变化，成为世界经济增长的最主要贡献者；从 2012 年党的十八大召开后至今，这一阶段在延续了上一阶段中国对世界经济推动作用的同时，突出表现为以'一带一路'建设为重点的深度联系。如果说对外开放后的 30 多年中国主要是把握国际机遇，利用国际环境的话，那么进入新时代则同时也在一定意义上参与营造国际环境，营造有利于世界发展中国家更好发展的环境，这就是'一带一路'建设的特殊意义。70 年的历史表明，中国与世界经济的联系是不断增强和深化的。"[③]

---

①②　隆国强，等 . 改革开放 40 年与对外经济关系［J］. 财经智库，2019，4（1）：5 - 32，141.
③　张幼文 . 70 年中国与世界经济关系发展的决定因素与历史逻辑［J］. 世界经济研究，2019（7）：3 - 12，134.

陈继勇（2014）研究认为，1978 年扩大型对外开放以来，中国走过的是一条迈向互利共赢的开放之路。中国经历了部分让利、互利、共赢三个阶段。"让利"，是指在对外开放的某一个具体阶段暂时牺牲短期的经济利来达到更为重要的长远目标。"互利"，是国际经济交往的基础，体现了国际经济交往中资源配置效率提升所带来的非零和博弈的结果，它是交易双方愿意长期交易的经济保障。正如古典经济学家亚当·斯密和大卫·李嘉图在绝对优势说和比较优势说中所揭示的那样，各国应该并且愿意对外开放的原因在于自由贸易给贸易双方都能带来好处。"共赢"则在互利的基础上更进一步，它是指交易双方能够更加公平地共享开放红利，实现双方协调发展的要求。它就如同比较优势说中的贸易条件，决定了两国在贸易利益上的分配。如果说"互利"是一个做大蛋糕的效率问题，那么"共赢"则是一个切割蛋糕的分配问题，互利可能使双方共同受益的程度不同，从而造成两国经济发展水平差距的扩大，而共赢正是要解决这一问题，实现双方的协调发展。互利，是开放的基础，而共赢则是开放的理想目标。①

陈争平（2009）系统论述了新中国成立后 60 多年对外开放三个阶段对外贸易的发展历程，从 20 世纪 50 年代"一边倒型"开放到 1958 年后"突围型"开放，再到改革开放后的"扩大型"开放，新中国始终坚持对外开放，并取得了很大的成绩。②

陈文敬（2008）重点研究了改革开放后中国对外开放的发展过程，将 1978 年后的对外开放划分为扬帆启程、沿海向内地推进、加速纵深发展和"入世"后四个阶段，全面阐述了中国对外开放的理论基础和基本特征，并展望了未来的开放战略。③

李安方（2007）提出，各地区必须根据不同情况实现开放的阶段性推进，通过国内体制改革的深化来提高对外开放水平，调整对外经济发展模式以实现对外开放的科学发展。④

通过上述专家学者对新中国对外开放历程的分析，我们可以看出，新中国成立以来的对外开放有一个渐进式向前发展的过程。从商品结构看，由简单的

---

①　陈继勇．中国互利共赢的对外开放战略［M］．北京：社会科学文献出版社，2014：45－46．

②　陈争平．共和国开放三阶段外贸发展特点［J］．中国经济史研究，2009（3）：34－40．

③　陈文敬．中国对外开放三十年回顾与展望［J］．国际贸易，2008（2）：4－10．

④　李安方．探索对外开放的战略创新——"新开放观"研究的时代背景与理论内涵［J］．世界经济研究，2007（3）：13－18，87．

设备和技术进口、农产品和资源型产品等初级品出口发展到各种商品全覆盖、服务贸易占有较大比重的全面合理的"进出两旺"局面；从地理方向看，贸易伙伴由苏联和社会主义阵营国家发展到各种类型国家的全球格局；从开放内容看，由商品领域尤其是生产设备产品的进口、初级产品的出口向包括商品和投资尤其是消费品和利用外资转变；从主导地位看，由新中国成立后前30年处于被动接受国际规则、处于"入超"地位、长期被资本主义国家封锁（后又有苏联制裁）的被动地位，向成为各种国际经济组织成员国再到倡议设立"亚投行""一带一路""中国－东盟论坛""中阿论坛""中非论坛"等更加积极主动地位转变；从总体效果看，由新中国成立时在世界贸易总额中微不足道的占比，到成为世界第一贸易国，商品的进出口结构也更加合理，外汇储备不断增加，利用外资与对外投资也都十分活跃。总之，新中国成立以来的对外开放有一个商品结构不断升级、地理方向日渐多元、开放内容日益丰富、主导地位日趋彰显、总体效果十分显见的变化。这种变化的总体特征是由单一向复合、由局部向全局、由被动向主动、由低级向高级、全方位宽领域深层次的对外开放。

二、中国对外开放取得的成就

新中国成立以来，尤其是改革开放以来，中国取得了举世瞩目的成就。在这一历史跨越中，中国人民利用自身的智慧和汗水绘就了众多的精彩篇章，汇聚成了中国对外开放的辉煌成就。

1. 贸易伙伴数量迅速增加

新中国成立后，我国首先大力发展同苏联和东欧国家的经贸关系，贸易伙伴也主要是苏联和东欧国家，同时积极发展同亚非拉等第三世界国家的经贸合作。贸易伙伴由1950年的46个增加到1960年的118个。进入20世纪60年代，由于与苏联关系恶化，东欧一些国家也追随苏联疏远了同我国的关系，我们主要发展了同第三世界经贸往来，同时也发展了对日本等资本主义国家的贸易关系，到1970年，贸易伙伴增加到130个。进入70年代以后，我国对外经贸关系获得突破性进展，到1980年，同我国有经贸关系的国家和地区发展到174个。进入80年代以后，中国对外开放实施全方位协调发展的政策，使我国同世界各国和地区的贸易关系有了突飞猛进的发展，到 1996 年，中国已同世界上 227 个国家和地区建立了经济贸易关系。① 截至 2020 年，世界上共有 233 个国家和地区，这些国家和地区几乎都与中国有着或多或少的贸易联系。贸易伙伴数量的不断增加，一方面说明中国市场国际化的程度在不断提升，无论是进口还是出口都实现了全球流通；另一方面也说明中国参与国际经济活动的范围越来越宽广，国际影响力在不断扩大。更为重要的是，贸易伙伴的不断增加为中国提倡的"一带一路"倡议实施提供了十分深厚的现实基础。

2. 贸易商品结构不断优化与升级

1949 年新中国成立到 1978 年党的十一届三中全会，这段时期是中国对外贸易的起始阶段，这一阶段对外商品贸易的定位是互通有无，通过努力发展轻纺产品和农产品出口创收外汇以购买工业机器设备是对外经济联系的主要内容。因此，这一阶段的贸易商品，出口的是初级品（即农产品和资源型产品）和劳务，进口的则是生产设备和技术服务。1978 年确定对外开放基本国策到 2001 年加入世界贸易组织是中国全面对外开放的开始阶段。这一阶段的贸易商品结构是，出口以加工贸易为主，进口以生活消费品为主。2001 年加入世界贸易组织到 2012 年党的十八大召开是中国对外开放发展阶段。大幅降低关税使中国进口市场向开放跨出了一大步，市场准入的扩大使外资更大规模地进入中国，最惠国待遇的获得使中国产品得以参与公平竞争并能更便捷地进入世界各国，承诺的国内体制改革与法律修订使中国经济在市场化道路上特别是采用国际通行的市场规则上向前迈出了一大步。这一阶段的贸易商品结构是，机电产品出口增长迅速、比重持续上升；② 高新技术产品出口增长迅速，1996 年，中国高新技术产品出口额仅为 127 亿美元，占出口总额的比重为 8.4%，到了 2006 年，高新技术产品出口额达到 2815 亿美元，占出口总额的 29.0%；进口商品主要制成品的比重高于初级品、高新技术产品比重在高位稳定。③ 2012 年至今，由于中国在国际经济活动中的影响力迅速提升，中国倡导的与

---

① 丁长青，等. 中外经济关系史纲要［M］. 北京：科学出版社，2003：249－250.

② 机电产品是中国对外贸易管理部门从 20 世纪 80 年代中期开始使用的一个贸易商品分类，按照中华人民共和国商务部国家机电产品进出口办公室的定义，机电产品种类繁多、覆盖面广，涵盖从船舶、大型机械等生产设备，到汽车、家电、手机等消费品。具体包括金属制品和机电仪器产品以及设备两大类，其中后者又可细分为机械及设备、电器及电子产品、运输工具、仪器仪表、其他等五类。相对于劳动密集型产品，机电产品的技术含量和附加值更高。

③ 国家统计局相关年份统计公报。

世界发展中国家共同发展的新合作机制——"一带一路"倡议，通过基础设施和工业园区建设，帮助发展中国家走上发展道路，并形成中国与这些国家更广泛的贸易投资关系。这一阶段的贸易商品结构中，中国逐渐处于主导位置，形成了以中国为中心的贸易体系。贸易商品结构的不断优化与升级，一方面充分说明中国对外开放的范围不断扩大，内容不断丰富，这既保证了中国国内商品生产有了更好的销售渠道，也有利于通过进口商品品种的增多而促进国内通过"引进、消化、吸收、再创新"提高国内产品生产的创新程度；另一方面，通过贸易商品结构的调整与提升为中国提升国内产业结构，提高人民生活水平提供了空间与保障。更为重要的是，贸易商品结构的优化与升级有利于中国通过贸易关系增进与其他国家之间的国际关系，从而有利于促进"人类命运共同体"战略的实施。

3. 国际投资从利用外资为主发展到利用外资与对外投资并重，优化和提升了中国的投资结构和产业结构

新中国成立后的外资利用与对外投资都几乎是一片空白。尽管中国"一五"时期从苏联和东欧国家引进的"156 项工程"、20 世纪 70 年代实施的"四三方案"等，都带有引进外资的成分，但总体上还是以设备进口为主要内容，表现为商品进口的形式。对外开放 40 年来，中国吸引外资从初期的几千万美元，增加到 2018 年的 1350 亿美元，[①] 2021 年全国实际利用外资金额达到了 11494 亿元人民币，折合美元 1800 多亿元。[②]

中国利用外资的 40 年历程可以划分为五个阶段。第一个阶段是 1979 ~ 1991 年，这一阶段是起步阶段，主要特征是设立经济特区、以中小项目利用外资为主。第二个阶段是 1992 ~ 1997 年，这一阶段是增长阶段，主要特征是以大型跨国公司为投资主体。第三个阶段是 1998 ~ 2001 年，这一阶段是稳定阶段，主要特征是利用外资数额基本稳定、竞争结构形成和技术水平逐步升级。第四个阶段是 2002 ~ 2007 年，这一阶段是提高阶段，主要特征是数额保持增长、服务业比重提高。第五个阶段是 2008 ~ 2018 年，这一阶段是由量变到质变阶段，主要特征是利用外资迈上新台阶并保持相对稳定。[③] 对外开放初

---

① 江小涓主题演讲"新中国对外开放 70 年——国情、改革及全球化"［OL］. http：//www.iccs. tsinghua. edu. cn/NewsSt/698. html.

② https：//www. thepaper. cn/newsDetail_forward_16289776.

③ 中国利用外资五阶段的划分参见：江小涓，等. 新中国对外开放 70 年［M］. 北京：人民出版社，2019：119 – 125.

期，中国的对外投资数额较少，1985 年对外投资存量为 9 亿美元，[①] 2001 年，对外投资存量也仅有 272 亿美元。[②] 1998 年召开的党的十五届三中全会上明确提出要"走出去"，2000 年中央确立实施"走出去"战略。其后，中国的对外投资开始迅速发展起来。2000 年的对外投资存量为 278 亿美元，到了 2018 年存量达到 13065 亿美元。[③] 从改革开放以后的发展历程看，中国的对外直接投资也经历了四个阶段。第一个阶段是 1979 ~ 1991 年的起步阶段，这一阶段的主要特征是，对外投资只是进行尝试，投资额不多，1991 年仅为 9.1 亿美元。第二个阶段是 1992 ~ 2000 年的快速增长与波动阶段，这一阶段的主要特征是"走出去"成为国家战略，对外投资增长较快但起伏较大。第三个阶段是 2001 ~ 2007 年的持续较快增长阶段，这一阶段的主要特征是中国加入世界贸易组织加快了与投资相关领域的改革步伐，也改善了国际投资环境，因而对外投资快速发展。第四个阶段是 2008 ~ 2018 年的对外投资持续增长和多元化发展阶段，这一阶段的主要特征是因国内产能过剩、储蓄增高、资金充裕而引发对外投资的意愿，因而对外投资持续增长且多元化发展。[④] 从中国利用外资和对外投资的阶段及其主要特征看，在国际投资领域，中国是以利用外资起步的，随着利用外资取得成就和经验，加之国内资金丰裕，产能过剩和"走出去"战略的实施，中国的对外投资才从小到大、从弱到强。2001 年中国加入世界贸易组织，尤其是 2008 年以后，不仅利用外资迈上新台阶，对外投资也是快速和多元化发展。2018 年的利用外资额为 1349.7 亿美元，对外投资额为 1298.3 亿美元。2020 年中国的利用外资额达到 1630 亿美元，成为世界第一大外资流入国；2018 年中国对外直接投资额达到 1430 亿美元，成为第二大对外投资国。[⑤] 可见随着中国对外开放程度的不断提高，中国在国际投资领域的参与度也在不断加深，明显的表现就是利用外资和对外投资呈现并茂之势。在国际投资领域的这种优异表现，毫无疑问会提升中国的投资结构、产业结构和经济结构。

---

① 刘文勇. 改革开放以来中国对外投资政策演进 [J]. 上海经济研究，2022 (4)：23 – 32.
② 郭凌威，进勇，郭思文. 改革开放四十年中国对外直接投资回顾与展望 [J]. 亚太经济，2018 (4)：111 – 121.
③ 根据联合国贸发会议《世界投资报告 2019》数据整理。
④ 中国对外投资四阶段的划分参见：江小涓，等. 新中国对外开放 70 年 [M]. 北京：人民出版社，2019：141 – 152.
⑤ 商务部、国家统计局和国家外汇管理局. 2018 年度中国对外直接投资统计公报.

4. 对外贸易环境明显改善、制度日益健全

在贸易便利化方面，中国一直致力于扩大开放领域、加大开放程度。在中国加入世界贸易组织 20 周年之际，北京睿库贸易安全及便利化研究中心发布 2022 版《中国贸易便利化年度报告》。报告显示，2020~2021 年度（2020 年 9 月~2021 年 8 月），中国贸易便利化指数得分为 78.6（百分制），较上一年度上升 0.9%，在口岸疫情防控艰巨复杂的常态下，依然保持平稳增长。WTO《贸易便利化协定》于 5 年前正式生效。作为该协定的积极推动者，中国政府在过去 5 年间信守承诺，在深化"放管服"改革、全国通关一体化改革、关检融合、国际贸易单一窗口建设、预裁定制度、AEO、通关无纸化、通关流程优化及两步申报、两轮驱动、汇总征税等领域，持续推出便利化改革举措并取得了显著成效。中国的贸易便利化指数从 2017 年的 73 增长到 2021 年的 78.6，增幅达 7.7%。该报告编撰团队负责人、北京睿库贸易安全及便利化研究中心主任江小平认为，在全球贸易便利化进程受到疫情持续冲击的大环境下，中国海关等监管部门及时制定实施应对举措、促进外贸稳增长，统筹优化做好口岸疫情防控和通关便利化，积极推行企业集团加工贸易监管制度、跨境电子商务零售进口退货中心仓、加工贸易内销选择性征收关税、市场采购贸易试点等制度创新，持续压缩通关时间、简化通关流程，提高通关无纸化水平，在为贸易企业应对疫情冲击提供了有力支持的同时，也体现了中国政府坚持对外开放的坚定意愿。[①]

在营商环境方面，中国对标国际先进水平，迄今已推出 130 余项相关改革举措，进一步增强了中国营商环境的国际竞争力，并连续多年成为全球营商环境改善幅度最大的经济体之一。世界银行中国局局长芮泽曾表示，"中国为改善中小企业的国内营商环境做出了巨大努力，保持了积极的改革步伐，在多项营商环境指标上取得了令人赞许的进步，特别是在办理施工许可证领域。" 2013~2019 年，世行的《营商环境报告》对中国的评价排名累计提高了 65 名。在 2018 年的报告中，中国大陆排名相比前年大幅上升 32 位，进入世界排名前 50 的经济体之列，位列第 46 位。而《2020 年营商环境报告》显示，中国的营商环境世界排名由 2018 年的第 46 名上升至第 31 名，首次进入全球前 40 名。中国整体营商环境改善体现在很多细节指标上。世界银行《全球营商环境报告 2020》显示，目前在中国办理施工许可证耗时 111 天，在该指标的质量指

---

① 资料来源：https://view.inews.qq.com/a/20220124A016SA00.

数上得到 15 分的满分，高于东亚地区 132 天和 9.4 分的平均水平。随着 2020 年
1 月 1 日新的《优化营商环境条例》施行，无论内资企业、外资企业，只要在中
国注册，都将一视同仁、同等对待，都将得到完善的法规制度保护。在市场准入
方面，中国持续缩减外商投资准入负面清单，全面实施平等待遇，目前开放了
120 多个部门，不仅远超"入世"承诺的 100 个部门，也超过发达国家平均承诺
的 108 个部门。在 2020 年底中国官方发布《鼓励外商投资产业目录（2020 年
版)》中，比 2019 年版增加 127 条，外商投资准入范围进一步扩大。特别是属于
鼓励类目录的外商投资项目，可以依相关法规享受税收、用地等优惠待遇。

在制度建设方面，中国长期致力于推动全球经济合作模式创新、完善全球
经济治理结构，在 G20 峰会、WTO《贸易便利化协议》等全球经济治理机制
中一直发挥着重要作用。中国首倡的"一带一路"倡议在不同国家对接顶层
战略、设立亚洲基础设施投资银行等新型基础设施融资机构、创新基础设施融
资模式、探索共建新型产业园区等方面做了积极探索，为深化全球经贸合作，
特别是促进发展中国家经济增长作出了重大贡献。此外，在新冠肺炎疫情肆虐
世界、全球经济陷入衰退、单边主义和保护主义横行世界之时，中国同东盟和
日韩澳新共十五国签署《区域全面经济伙伴关系协定》，标志着人口、GDP 和
出口总额均占世界约 30% 的世界最大自贸区的诞生，中国同欧盟完成中欧投
资协定谈判，标志着中欧两大世界市场达成高标准的投资自由化安排。这一系
列先行先试的举措必将对今后世贸组织的改革和多边贸易规则的发展注入正能
量，产生积极而深远的重要影响。①

5. 贸易大国地位初步形成，中国稳步走向世界舞台中心

中国的对外贸易发展对提升中国的国际影响力以及贸易大国地位的形成都
产生着极其重要的促进作用。一般来说，体现贸易大国地位的指标有两个，一
个是一国的对外贸易依存度，一个是一国的对外贸易世界排名。对外贸易依存
度是一国对外贸易总额占国内生产总值的比重，用于衡量一国经济与国外资源
及国际市场的关联程度，比值的变化意味着对外贸易在国民经济中所处地位的
变化，也意味着一国与世界贸易的紧密程度。高比值说明对外贸易在国民经济
中占有重要地位，也说明与世界贸易联系密切。对外贸易世界排名是指一国的
对外贸易额在世界贸易中的位次，位次的变化意味着一国对外贸易在世界贸易

---

① "入世" 20 年，中国亮出 "成绩单" [OL]. http：//brisbane. mofcom. gov. cn/article/jmxw/202103/
20210303044324. shtml.

甚至是世界经济中的重要性变化。位次越靠前说明一国的对外贸易在世界贸易中占有越重要地位，发挥着越重要作用。改革开放以来，中国的对外贸易依存度变化情况见表9-1。表9-1表明，中国的对外贸易依存度经历了由低到高再趋于平稳的过程。中国的对外贸易依存度在世界各大国中处于较高水平上，例如2018年，美国和日本的对外贸易依存度分别为20.7和29.4，分别低于中国13.3个百分点和4.6个百分点。中国较高的贸易依存度表明中国的经济增长与对外贸易关系密切，对外贸易在经济增长中发挥了重要作用；同时也表明中国的对外贸易与世界贸易的联系更为密切。改革开放以来，中国的对外贸易世界排名也有一个由低到高的变化过程。我们选取1997~2017年20年间世界10个贸易国家（地区）在世界贸易中的排名情况来对比说明中国的对外贸易在世界贸易中的重要性变化。1997~2017年20年间世界10个贸易国家（地区）在世界贸易中的排名情况见表9-2。

表9-1　　　　　　　　　1978~2021年中国的对外贸易依存度　　　　单位：亿美元;%

年份	GDP	对外贸易		年份	GDP	对外贸易		年份	GDP	对外贸易	
		总额	依存度			总额	依存度			总额	依存度
1978	1495.4	210.9	14.1	1993	4447.3	1957.0	44.0	2008	45943.1	25632.6	55.8
1979	1782.8	292.3	16.4	1994	5643.2	2366.2	41.9	2009	51017.0	22075.4	43.3
1980	1911.5	380.4	19.9	1995	7345.5	2808.6	38.2	2010	60871.6	2974.0	48.9
1981	1958.7	440.2	22.5	1996	8637.5	2898.8	33.6	2011	75515.0	36418.6	48.2
1982	2050.9	416.1	20.3	1997	9616.0	3251.6	33.8	2012	85322.3	38671.2	45.3
1983	2306.9	436.2	18.9	1998	10290.4	3239.5	31.5	2013	95704.1	41589.9	43.5
1984	2599.5	535.5	20.6	1999	10940.0	3606.3	33.0	2014	104385.3	43015.3	41.2
1985	3094.9	696.0	22.5	2000	12113.5	4742.9	39.2	2015	110155.4	39530.3	35.9
1986	3007.6	738.4	24.6	2001	13394.0	5096.5	38.1	2016	111397.5	36855.6	33.1
1987	2729.7	826.6	30.3	2002	14705.5	6207.7	42.2	2017	121434.9	41071.6	33.8
1988	3123.5	1027.9	32.9	2003	16602.9	8509.4	51.3	2018	136081.5	46230.4	34.0
1989	3477.7	1116.9	32.1	2004	19553.5	11545.1	59.0	2019	143634.8	45735.3	31.8
1990	3608.6	1154.4	32.0	2005	22859.7	14219.1	62.2	2020	147299.9	46620.0	31.6
1991	3833.7	1357.0	35.4	2006	27521.3	17604.0	64.0	2021	179379.5	61328.0	34.2
1992	4269.2	1655.3	38.8	2007	35503.4	21738.3	61.2				

资料来源：根据国家统计局各年份统计公报整理。

通过表 9 - 2 可以看出，1997 年，美国的对外贸易额是 15784 亿美元，排在世界第一位，中国的对外贸易额为 3250 亿美元，首次跻身世界贸易 10 强之列。到了 2017 年中国以 41072 亿美元的贸易额排在首位，排在 2 ~ 10 位的分别为美国、德国、日本、荷兰、法国、中国香港、英国、韩国及意大利。2017 年与 1997 年相比，最大的变化就是中国由第 10 位排到了榜首位置，而且这 20 年来，在世界贸易国 10 强排名中，只有中国是发展中国家，其余的都是发达国家或地区，中国创造了世界经济的历史，改写了世界贸易的格局。以进出口总额计，中国 2013 年成为全球货物贸易第一大国，并连续三年维持这一位置。2016 年以 204 亿美元之差被美国反超。2017 年，中国再次成为世界第一贸易大国，2018 年巩固了这一地位。① 在 2022 年 1 月 25 日的新闻发布会上，商务部表示，2021 年我国商务运行稳中向好、好于预期。其中，对外贸易再创新高，全年货物进出口 39.1 万亿元人民币，增长 21.4%，其中出口增长 21.2%，进口增长 21.5%，货物贸易总额连续 5 年全球第一。② 中国对外贸易增长速度快对全球贸易增长的贡献十分明显，1997 ~ 2018 年全球贸易总额增长了 28.3 万亿美元，其中中国贡献了 4.3 万亿美元，占新增量的 15.2%，而美国、德国、日本分别贡献了 9.4%、6.5% 和 2.9%。③ 中国在全球贸易排名中的这种快速提升、由 2010 年的第十名到近年来一直居于第一名的变化说明，一方面中国对世界贸易乃至世界经济的贡献越来越大，世界发展越来越离不开中国；另一方面也表明了中国已经处于国际贸易乃至世界经济的核心位置。因此，我们可以说，对外贸易是中国逐步走向世界舞台中心的重要推动力量。

表 9 - 2　　　　　1997 ~ 2017 年世界 10 大贸易经济体排名变化情况　　　　单位：亿美元

排名	1997 年		2017 年	
	经济体	贸易总额	经济体	贸易总额
1	美国	15784	中国	41072
2	德国	9490	美国	39562

---

① 姚冬琴. 今日聚焦｜新一轮中美经贸高级别磋商在京开幕，海关总署发布 1 月份外贸数据 (N). 中国经济周刊，2019 - 02 - 14.
② 光明网 [OL]. https：//m. gmw. cn/baijia/2022 - 01/25/35472503. html.
③ 江小涓，等. 新中国对外开放 70 年 [M]. 北京：人民出版社，2019：95.

续表

排名	1997 年		2017 年	
	经济体	贸易总额	经济体	贸易总额
3	日本	7612	德国	26156
4	英国	5906	日本	03693
5	法国	5520	荷兰	12257
6	意大利	4452	法国	11588
7	中国香港	3973	中国香港	11401
8	加拿大	3940	英国	10891
9	荷兰	3810	韩国	10521
10	中国	3250	意大利	9584

三、中国对外开放的历史经验

新中国成立以后，为了在久经战乱、十分薄弱的经济基础上快速地、充分地动员全社会资源用于国家指定的战略性部门和领域以构建起基本的国民经济体系，中国仿效苏联模式建立了高度集中的计划经济体制。与计划经济体制相适应的外贸体制，在当时的中国国情和国际条件下对国内集中调度资源扩大出口、统一安排进口保重点、集中力量大事等方面均发挥了积极作用。20 世纪 70 年代末我国实行改革开放国策，随着国内经济体制的市场化改革，涉外经济体制的改革也随之发端。涉外经济体制改革的基本经验是先行先试、经济特区；基本路径是指令性计划、指导性计划和市场调节相结合，最终走向市场化道路。因此，中国对外开放的基本遵循是外贸体制改革有赖于经济体制改革，而改革开放 40 年发展模式的重要经验和突出特征则是改革解放对外开放、对外开放推动改革。

1. 改革开放 40 年来中国之所以能取得如此巨大成就，关键在于把握住了全球三大发展机遇

第一，大国关系相对比较平和，和平与发展成为时代主题。20 世纪 80 年代，邓小平根据世界经济与政治发生的重大变化，敏锐地把握到时代的主题已发生实质性转变，开始由战争与革命转变为和平与发展，及时提出和平与发展

已经成为当今世界的两大主题的科学论断。这一科学论断指明了 20 世纪末以后的世界发展趋势和基本格局。第一，世界大战是可以避免的，我们有可能争取较长时期的和平环境。第二，和平与发展是当今世界两大带有全球性的战略问题。第三，和平与发展是当代世界主要矛盾的集中体现。在政治上，世界性的主要矛盾是东西方还存在对抗与世界需要和平之间的矛盾。在经济上，世界性的主要矛盾是南北差距的扩大与国家需要发展的矛盾。第四，和平与发展成为时代主题并不意味着这两个问题已经解决。世界大战可以避免，但战争的危险并没有根除；经济发展越来越成为各国的共同要求，但南北差距仍在扩大，世界各国远未实现共同繁荣。80 年代末 90 年代初，东欧剧变，苏联解体，世界局势发生急剧变化。经过冷静观察和分析，邓小平指出，当前世界局势的发展，充分表明世界格局正在向多极化发展。多极化趋势的发展有利于世界的和平、稳定与繁荣。进入 21 世纪以来，全球格局，无论是政治的还是经济的，都发生着翻天覆地的变化，尤其是大国关系发生着实质性的变化。正如英国学者保罗·肯尼迪在其名著《大国的兴衰》的最后所引用的德意志帝国宰相俾斯麦的话那样，"所有大国都在时间的长河中航行，它们不能创造或控制时间，但却能以不同的技能和经验驾驶航船前进。"中国人民大学重阳金融研究院执行院长、国务院参事室金融研究中心研究员王文（2021）分析指出，当今世界的大国关系发生着三大质变："从权力结构的角度看，以北大西洋两侧为重心的传统大国关系结构正在进入'后西方时代'。据多方推算，2030 年前后，中国经济总量将超过美国，届时'中国+日本+韩国+东盟+印度'的经济总量有望超过'欧盟+美国+加拿大+英国'。这意味着，泛西太平洋沿岸在生产、投资、贸易、消费等经济要素的聚合，将全力碾压北大西洋两岸。美国霸权衰退已是全球共识，欧洲各国的综合国力也出现了自 1500 年以来从未有过的颓势。中国、印度、东南亚国家等过去处在大国舞台边缘的国家，正在前所未有地走近世界舞台的中心区。过去被西方称为'远东'的区域不再'遥远'，而将成为世界经济的新中心。由此看来，后西方时代，西太平洋沿岸经济一体化与新型多边主义合作机制的构建，将是大国关系稳健发展的关键。从博弈方式的角度看，以和平或战争为规律的传统大国关系逻辑正在进入'后军事时代'。大国竞争的底层逻辑已逐渐超越过去硬政治、高烈度、高伤亡的历史桎梏，比如军备竞赛、武力压制、联盟围堵等，而逐渐聚焦在软政治、低烈度、低伤亡的新时代主题中，比如舆论斗争、传染病防治、应对气候变化、环境保护、清洁能源、科技创新、人工智能、数字经济、数据安全、互联网升级、高端制造、生物制药、货币扩张等。后军事时代，大国关系中的舆论战、科技战、防疫战、金融战、能源战频发，更考验大国对外博弈的精细化与全面性。从互动规则的角度看，以国家权威为主体的传统大国关系轨迹正在进入'后政府时代'。政府在全球治理与跨国互动轨迹中的角色仍是最重要的，但政府主导力已被稀释。国际组织、跨国公司、私营部门甚至大众媒体、商业精英、网红人物，都在成为世界政治不可或缺的行为体。大国关系的舞台变得拥挤，却也变得多姿多彩。正如中美紧张关系不会阻止两国贸易、投资、人员、信息往来一样，政府意愿并不能完全主宰大国关系的所有轨迹。美国在特朗普执政时期刻意打压中国，寻求两国全面脱钩，但近年来两国贸易、投资仍处在高位运行，并没有受到实质性的打击。近年来更值得深度研究的是，西方选举政治的腐朽化、娱乐化、摇摆化，进一步削弱了政府公信力与国家权威度。微观层面上的个体崛起与地方力量，在防疫、商业、环保、教育、创新、科技、旅游等多方面不同力度地影响着大国关系的未来路径。后政府时代，全维度、多领域的大国关系互动规则变得更加难以把握，但也使大国关系稳定性、延续度具有了多重纽带与多环保险。"① 正是基于上述国际关系的基本判断，我国在 20 世纪 80 年代才做出了以经济建设为中心，集中力量进行社会主义现代化建设的战略决策；也正是基于这样的判断，我国才能够利用和平与发展的机遇，经过 40 年的发展取得现在如此辉煌的成就。

第二，世界经济快速发展，全球需求旺盛，带动了我国对外贸易的快速发展。20 世纪 90 年代以来，携第三次科技革命之余波和凭借工业 4.0（第四次工业革命）推动，科技全球化趋势不断加强，大量科技资源在全球范围内得以优化重组。这种优化与重组，一方面因为劳动生产率的提高、生产成本的降低而创造出更多质优价廉的商品，为对外贸易发展提供了物质基础；因为生产技术和工业流程的相似而制造出"全球标准化产品"，使得各国之间对产品和服务的需求差距缩小，消费结构趋同。另一方面，发展中国家利用后发优势，有可能比发达国家更多、更广泛和更深入地利用国内国际两种资源、两个市场，提升本国的产业竞争力和创新能力。80 年代以后，由于美国带头兴起的供给侧结构性改革显见成效、冷战结束之后一体化发展带动全球需求膨胀、IT技术创新创造的新需求，这些变化的红利，不仅推动了全球的需求提升，也给

---

① 王文．大国关系新时代 ［OL］．https：//weibo. com/ttarticle/p/show？ id＝23094046944124281
82109.

广大发展中国家积极发展对外贸易提供了机遇。中国一方面承接了很多的外商投资企业，2001 年加入世界贸易组织后也进行了大量改革，修订了 2300 多部法律，废止了 30 多万份红头文件，①企业竞争力和活力被释放出来，能够充分利用旺盛的国际市场需求大力发展对外贸易。

　　第三，国际产业转移发生较大变化，给我国国内产业结构调整与升级提供了良好的机遇。阿瑟·刘易斯（1984）认为，国际产业转移的真正启动发生在 19 世纪后期，这一时期的国际产业转移主要发生在初级品与制成品之间。吕政（2006）的研究发现，国际产业转移的大规模开展发生在第二次世界大战以后。这一时期的国际产业转移已由初级产品领域拓展至工业制成品领域。国际产业转移不仅在结构上逐步升级，而且结构升迁的周期明显缩短。20 世纪 90 年代以来，随着世界经济环境的变化，国际产业转移呈现出一些新的趋势，服务业投资逐渐成为国际产业转移中的新热点。

　　国际直接投资转向服务业不是偶然的。根据克拉克－配第定律，经济进步的一般规律是劳动人口由农业转移到制造业，再由制造业转移到商业和服务业。可见，当经济发展到一定程度时，服务业在经济结构中处于主体地位进而吸引更多的投资是经济进步的必然结果。当今发达国家服务业在 GDP 以及就业中比重普遍提高的现象就是例证。西方大多数学者认为服务业在 GDP 以及就业中比重提高的现象是一种具有普遍意义的社会转型，他们认为在经历了工业化进程后，高度发达国家进入一个以服务业为主的新的社会经济结构是社会经济发展的一个必然结果。当今世界的国际直接投资是由发达国家主导的，发达国家的经济结构必然影响国际直接投资的产业结构。再者，从国际直接投资的产业构成与发展经验来看，国际直接投资的产业结构存在一定的演化规律：在起步阶段，投资主要集中在较为低级的产业，很多是从资源开发开始；随着世界产业结构的高级化、国家整体竞争力的增强、企业经营管理能力的增强、对世界市场的熟悉等，国际直接投资就会发生由低级产业向高级产业的转移。根据有关分析，目前在国际分工比较发达的制造业中，产品在生产过程中停留的时间只占其全部循环过程的不到 5%，而处在流通领域的时间要占 95% 以上；产品在制造过程中的增值部分不到产品价格的 40%，60% 以上的增值发生在服务领域。因此，服务业已经成为提供就业的主要行业，成为产业结构优化的主导行业，成为经济增长的重要支柱行业。服务业能否提供低成本高效率

---

① 隆国强，等. 改革开放 40 年与对外经济关系［J］. 财经智库，2019，4（1）：5－32，141.

的分销服务、金融服务，以及会计、审计、法律服务等，已成为判断产业结构水平高低和产业竞争力的重要指标。经济发展的直接结果是服务业在经济构成中的比重越来越高。

从国际产业转移的现实角度看，自 20 世纪 90 年代末以来，国际产业转移呈现出向服务业转移的特点和趋势。世界银行的统计资料显示，20 世纪 50～80 年代，国际产业转移主要以初级产品加工和原材料为主，并且主要是由发达国家向发展中国家单向进行转移；进入 20 世纪 90 年代以后，国际产业转移不仅由发达国家向发展中国家进行，也由发展中国家和劳动密集型产业向发达国家和次发达国家转移，并且其重心开始由原材料工业向加工工业、初级工业向高附加值工业、传统工业向新兴工业、制造业向服务业转移。其中服务业中的金融、保险、旅游和咨询等服务业和资本技术密集型产业（信息、电子产业）则是当前国际产业转移的重点领域。①

国际产业转移对中国的影响主要是通过"实际利用外资额占固定资本形成总额的比重"指标以及外资对国内产业发展的影响来衡量的。中国实际利用外资额占固定资本形成总额的比重变化较大，占比最高的 1994 年达到 16.9%，最低的 1980 年为 0.1%，其中，1979～1991 年占比较低，平均为 2.4%；1992～1997 年占比较高，平均为 14.8%；1998 年后有所下降，1998～2007 年平均为 7.8%；2008～2018 年平均为 2.9%。同时，中国利用外资的质量在持续提升。2017 年，高技术产业利用外资同比增长超过六成，整体占比约三成，较 2016 年提高了 10.2 个百分点；高技术制造业实际利用外资 98.9 亿美元，同比上升 7.6%，其中电子和通信设备占比 64.7%；高技术服务业利用外资占服务业利用外资规模的近三成，其中信息服务实际利用外资同比上升 146.5%，电子商务服务实际利用外资同比上升 88.8%，科技成果转移服务实际利用外资同比增加 37.3%，环境监测及智力服务实际利用外资同比上升 189.4%。工业是中国对外开放较早的产业，也是累计利用外资最多的产业。外商投资企业占工业增加值的比重 1998 年超过 20%，到 2006 年达到 28%。通信设备、计算机及其他电子设备制造业占比高达 77.3%；文教体育用品制造业、仪器仪表及文化、办公用机械制造业等占比也超过 50%。尽管近 10 年外商投资企业在产出中所占比重有所下降，但 2018 年全国规模以上工业企业

---

① 赵楠. 国际直接投资的产业选择趋势与中国对策［J］. 中国社会科学院研究生院学报，2006（5）：73－77.

增加值占 GDP 的比重也达到了 33.9%。① 中国正是通过利用外资抓住了世界范围内国际产业转移的机遇，才能够在国内产业结构调整与升级过程中逐步与世界先进国家的产业结构实现对接进而实现赶超的。

2. 以经济特区建设为试验场，总结出了中国对外开放成功的策略和路径

建设经济特区是我们党和国家为推进改革开放和社会主义现代化建设做出的重大决策。1978 年 12 月党的十一届三中全会公报指出："全党工作的重点应该从 1979 年起转移到社会主义现代化建设上来……在自力更生的基础上积极发展同世界各国平等互利的经济合作，努力采用世界先进技术和先进设备……"② 1979 年 7 月，中共中央下发《中共中央 国务院批转广东省委、福建省委关于对外经济活动实行特殊政策和灵活措施的两个报告》（以下简称"50 号文件"），决定广东、福建两省在对外经济活动中实行特殊政策和灵活措施，先在深圳、珠海两市试办"出口特区"，待取得经验后向汕头、厦门推进。按照"50 号文件"的表述，四个经济特区在经济活动中实行特殊政策，在经济管理上实行特殊的管理体制。以社会主义公有制为主导，允许多种经济成分共同发展。对外商投资提供优惠待遇，企业所得税税率减按 15% 征税。1980 年 5 月，中共中央和国务院决定将深圳、珠海、汕头和厦门这四个出口特区改称为经济特区。经济特区建设发挥了对全国改革开放和社会主义现代化建设的重要窗口和示范作用。深圳特区充分发挥毗邻港澳地区的特殊地理优势，运用中央给予的优惠政策，率先通过中外合资、中外合作、外商独资、"三来一补"等对外开放形式吸收了大量外资，到 20 世纪末，深圳实际利用外资超过 200 亿美元，设立外商投资企业超过 1 万家。对外贸易发展迅速，从1992 年开始，进出口总额居全国大中城市首位。其他几个经济特区也是紧随深圳之后，陆续实行对外开放，到 1990 年底，深圳、珠海、汕头、厦门四个经济特区累计签订外商投资项目约 6700 个，占全国外商投资项目的 26%；实际利用外资 45.7 亿美元，占全国的 28%。外商投资的工业企业产值占各自工业产值的比重，深圳、汕头特区在 63% 以上，厦门接近一半，珠海也达到30%。③ 四个经济特区的率先对外开放还催动了改革的率先进行，建立起了符合国际市场通行规则的营商环境和体制机制，逐步建立起了完善的市场经济体

① 江小涓，等. 新中国对外开放 70 年 [M]. 北京：人民出版社，2019：128 – 131.
② 中共中央 文献研究室. 十一届三中全会以来主要文献选编（上）[M]. 北京：人民出版社，1982：1 – 6.
③ 江小涓，等. 新中国对外开放 70 年 [M]. 北京：人民出版社，2019：164.

制和各种所有制共同发展的格局。2018 年 4 月 13 日，习近平总书记在庆祝海南建省办经济特区三十周年大会上的讲话中指出，经济特区要成为改革开放的重要窗口、经济特区要成为改革开放的试验平台、经济特区要成为改革开放的开拓者、经济特区要成为改革开放的实干家。① 这既是对经济特区 40 年发展历史经验的总结，也为经济特区未来发展指明了方向。经济特区改革开放试验的成功极大地鼓舞了其他地区的对外开放，中国经济从此走上了一条开放型的健康发展之路。

3. 外商投资企业的成功经验为促进国内市场化改革发挥了十分巨大的示范作用

利用外资是中国对外开放的重要内容，而利用外资兴建的外商投资企业的成功发展则在很大程度上促进了国内经济体制和企业制度创新的发展。利用外资不仅弥补了国内资金短缺、引进了先进技术、管理经验和高端企业管理人才，而且为国内先进企业制度建立、提升本土企业的国际竞争力都起到了十分积极的推动作用。家用电器行业是中国改革开放过程中一个十分具有代表性的行业。进口商品与国产商品、外资企业与内资企业、多种所有制企业与传统国有企业之间多轮较量，各类企业在竞争中不断改革重组，此消彼长，共同成长。在这个过程中，行业总体规模急剧扩张，结构不断提升，竞争力明显增加，家用电器行业已经成为中国在国际上品牌影响最大、市场份额最高、竞争力最强的产业之一。家用电器行业的迅速发展，受国内需求膨胀、改革开放推动的激烈竞争和对外开放利用全球市场和资源等多方面因素的共同推动。

20 世纪 80 年代，中国家用电器行业的发展主要依靠国内企业引进技术。1984～1988 年，有 51 家电冰箱厂从 13 个国家引进了 60 多条生产线。在 1988 年全国 755 万台电冰箱产量中，技术引进的国家定点厂产量占 80% 以上。不论是国内有几十年电冰箱生产历史的企业如北京电冰箱厂、苏州电冰箱厂等，还是当时军工转产的企业和其他新转产的企业如陕西长岭机器厂、贵州风华电冰箱厂、上海新中华机器厂和昆明电冰箱厂等，都通过技术引进使产品质量得到提高，而且很快形成了批量生产的能力。洗衣机行业也是在引进技术的基础上迅速发展起来的。

20 世纪 80 年代末，中国普通型洗衣机产量已经居世界第一位，技术难度较大的全自动洗衣机已经形成了批量生产的能力，通过引进技术而形成批量生

---

① 习近平. 论中国共产党历史［M］. 北京：中央文献出版社，2021：191-192.

产能力的厂家有广州高宝、凤凰、无锡小天鹅，营口友谊、上海水仙、申花、三灵、司其乐、济南小鸭、广东中山威力、江门金羚、天津辛普森等。电视机行业中的 75 个企业在这个时期引进了上百条的生产线，形成的生产能力超过 1700 万台。

20 世纪 90 年代初期以后，跨国家用电器巨头纷纷前来中国投资，成为中国家用电器行业对外开放的重要标志。根据中国家用电器协会统计，2004 年外资家电企业生产的空调器、洗衣机、微波炉等产品的出口占其产量比重均在 45% 左右，而制冷压缩机的出口占其产量比重高达 80% 以上。通过大规模的技术设备引进，中国基础薄弱的家用电器制造业得以迅速发展起来。除了家用电器行业，中国的洗衣粉行业的外资引进也是十分成功的。

20 世纪 90 年代初中期，全球洗涤用品跨国公司开始大规模进入中国市场进行投资，包括美国宝洁、英荷联合利华、德国汉高等这些名列"财富 500 强"的跨国公司。1999 年，联合利华总资产 280 亿美元，总销售额 440 亿美元；P&G 公司总资产 321 亿美元，总销售额 381 亿美元，其中境外销售 184 亿美元。而中国洗涤用品行业 1999 年的总销售额也仅为 192.82 亿元人民币，约折合 23 亿美元，全行业产值仅为联合利华公司的 1/19、P&G 公司的 1/17。[1] 规模如此悬殊，致使当时国内存在许多观点，认为跨国公司大规模进入，中国洗涤用品行业将会受到严重冲击，甚至"全军覆灭"。到 1995 年底，国内洗涤用品行业中，外商投资企业已经占据重要地位，行业"排头兵"基本上都已经成为合资企业。美国 P&G 公司、英荷联合利华公司和德国汉高公司，是主要的外方投资商。这几家实力很强的跨国公司，根据洗涤用品的产销特点，在全国进行战略布点。到 1995 年底，中国洗涤用品行业中较大规模的合资企业有 15 家，这 15 家合资企业有中方合资者 14 家（有一家中方企业参与两家合资企业），全部是中国洗涤用品行业中排名前 20 位的大企业。这 15 家企业洗衣粉和香皂的产量，占全行业产量的 35%~40%。在这 15 家合资企业中，只有两家为中方控股，其余均为外方控股。在外方控股的企业中，大多数企业的外方控股比较高。外方股份在 80%~98% 区间的有 3 家，在 60%~79% 区间的有 7 家，在 50%~59% 区间的有 3 家。总体上看，中国洗涤用品行业中的主力企业已经由国外大跨国公司控股。

---

① 江小涓. 跨国投资、市场结构与外商投资企业的竞争行为 [J]. 经济研究，2002 (9)：31 - 38.

20 世纪 90 年代下半期，中国洗涤用品市场竞争激烈，市场结构发生显著变化，外商投资企业的市场行为也随之发生变化。这种变化主要趋势是大型跨国公司并没有在中国洗衣粉市场上取得明显的优势地位，相反地，中国国内企业反而通过竞争不断重新赢得市场空间，也通过自身实力迫使外资企业降低价格和不断提供新产品。① 外商投资企业取得成功的经验，一方面通过利用外资的有关法律制度建设为国内企业的市场化改革提供了基本的先导和启蒙，另一方面外资企业的所有制结构多样化改变了中国国内企业的所有制单一结构，推动了中国公有制为主体、多种所有制经济共同发展格局的形成。而公有制为主体、多种所有制经济共同发展的所有制制度进一步为对外开放提供了制度保障。

4. 国内经济体制改革的保障作用

中国改革开放的总设计师邓小平明确指出："现在的世界是开放的世界""发展经济，不开放是很难搞起来的"。"也就是说，在全球化背景下，开放是一个国家发展走向繁荣的必要条件，但不是充分条件，不是一开就灵。能不能让开放发挥作用，是关键。丹尼尔曾经写过一本书——《让开放发挥作用》，灵不灵取决于战略对不对头，措施得不得力。如果说战略有问题，措施有问题，那么打开国门也未必能够趋利避害。有一些经济体在全球化过程中未得其利，却深受其害。"② 中国的对外开放从来都不是盲目的，更不是盲从的，一直都有自己坚定的发展目标和发展步骤，有自己的发展理论和发展战略。也就是说，70 年中国经济的发展是一个不断递进的过程，发展的目标不断提升。在各个历史阶段，对外经济关系战略的选择服务于发展目标，并根据各个时期发展的需要而制定。因此，对外经济关系的阶段性特点在一定程度上是由该时期的发展目标所决定的。③

同时，与西方国家对外经济关系是市场本身在发展中的延伸不同，中国的对外经济关系是各个时期依据不同的理论由政府决策所推动的。正如习近平总书记在庆祝海南建省办经济特区三十周年大会上的讲话中所指出的，四十年来，深圳、珠海、汕头、厦门、海南五个经济特区不辱使命，在建设中国特色

---

①　江小涓，等. 新中国对外开放 70 年 [M]. 北京：人民出版社，2019：175 – 187.

②　隆国强，等. 改革开放 40 年与对外经济关系 [J]. 财经智库，2019，4 (1)：5 – 32，141.

③　张幼文. 70 年中国与世界经济关系发展的决定因素与历史逻辑 [J]. 世界经济研究，2019 (7)：3 – 12，134.

社会主义伟大历史进程中谱写了勇立潮头、开拓进取的壮丽篇章，在体制改革中发挥了"试验田"作用，在对外开放中发挥了重要"窗口"作用，为全国改革开放和社会主义现代化建设作出了重大贡献。经济特区改革发展事业取得的成就，是党中央坚强领导、悉心指导的结果，是广大建设者开拓进取、奋勇拼搏的结果，是全国人民和四面八方倾力支持、广泛参与的结果。① 明确了发展目标，设定了发展步骤，在党的坚强领导和正确理论指导下，按照发展战略设计的发展路线，一步一个脚印地前进，我国对外开放事业才能取得前所未有的成就。中国对外开放事业的发展，虽不能说是"不管风吹浪打，胜似闲庭信步"，却也是"千磨万击还坚劲，任尔东西南北风"，之所以能做到这一点，就是因为我们一贯坚持理论自信与战略定力相统一。2015 年 1 月，习近平总书记在十八届中央政治局第二十次集体学习时指出，坚持和发展中国特色社会主义，必须高度重视理论的作用，增强理论自信和战略定力，对经过反复实践和比较得出的正确理论，不能心猿意马、犹豫不决，要坚定不移坚持。之所以能拥有这种理论自信与战略定力，关键在于我们国内经济体制改革的保障作用。改革和开放是一对辩证关系。在改革开放进程中，改革了，才有可能开放，改革有了深度，开放才有广度。而开放又倒逼和促进改革，开放开阔了视野、开阔了思路、开通了渠道，又进一步促进深化改革的力度。②

　　我国经济体制改革经历了以下五个阶段：一是经济体制改革的启动阶段（1978～1984 年）；二是经济体制改革的探索推进阶段（1984～1992 年）；三是经济体制改革的目标确立及框架初步建立阶段（1992～2002 年）；四是社会主义市场经济体制的逐步完善阶段（2003～2011 年）；五是全面深化改革阶段（2012 年至今）。③ 从经济体制改革的历程看，中国没有一步到位把体制改变成完全市场经济，而是在原体制基础上进行放权式的改革。改革保留了政府的经济职能，并从中央一个积极性变成了从中央到各级地方政府的多个积极性；改革也适应了开放型发展的要求。市场不是一步到位建成的，政府不是完全退出的，各级政府为开放型发展营造环境，培育市场，这就是中国从 1979 年特区

---

　　① 习近平. 论中国共产党历史 [M]. 北京：中央文献出版社，2021：189.
　　② 冯俊. 改革开放的辩证法 [N]. 光明日报，2018 - 11 - 19.
　　③ 崔友平. 中国经济体制改革：历程、特点及全面深化——几年改革开放 40 年 [J]. 经济与管理评论，2018 (6)：5 - 14.

建设开始到 20 世纪 90 年代国家全面开放阶段的特点。① 中国经济体制改革的这些特点决定了中国的对外开放必然是基于国际环境、发展目标和理论依据所做出的战略选择，而国内经济体制对实现一定的对外经济战略发挥着重要的作用。中国的对外开放也就是在国内经济体制改革不断完善下逐步推进的，这既是中国改革开放的题中应有之义，也是对外开放能够安全顺利进行的最终保障。事实上，无论是中国的经济体制改革史，还是中国的对外开放史都证明了对外开放离不开国内经济体制的改革，离不开国内经济体制改革的保障作用。

四、互利共赢贸易思想的全球启示

1. 中国对外开放理论的赓续与变迁

新中国成立 70 多年来，实行对外开放一直是中国坚持的基本指导思想，并根据不同发展时期的国内外环境制定相应的对外开放战略。互利共赢对外开放新战略既是当前中国根据国内外经济社会发展特点而制定的符合现实需要的对外开放新思想，也是马克思恩格斯列宁对外开放思想、毛泽东对外开放思想、邓小平对外开放理论、江泽民对外开放思想、胡锦涛对外开放观与中国当前实践相结合的必然产物，是对马克思恩格斯列宁对外开放思想、毛泽东对外开放思想、邓小平对外开放理论、江泽民对外开放思想、胡锦涛对外开放观的继承和发展，是一脉相承的对外开放思想体系。

马克思、恩格斯关于"世界历史"的理论揭示了人类社会从封闭走向开放的必然趋势，初步阐述了马克思主义的对外开放思想，奠定了社会主义社会对外开放思想的基础。马克思恩格斯列宁的对外开放思想可以概括为两个方面：一是对外开放是生产力发展的必然结果。马克思和恩格斯在批判地继承了黑格尔"世界历史"思想的基础上阐述了"历史"向"世界历史"转变的必然性和过程。他们认为，这种转变是完全物质的且可通过经验证明的。随着中世纪城乡的分离、城市中生产和交往的分离、各城市间生产上的新分工，最初的地域局限性开始逐渐消失。到 17 世纪中叶，工场手工业和新兴商业集中于英国，为其创造了一个世界性的大市场，形成了传统工场手工业所无法满足的

---

① 张幼文. 70 年中国与世界经济关系发展的决定因素与历史逻辑 [J]. 世界经济研究，2019 (7)：3 – 12，134.

多样化产品需求，最终在 18 世纪催生了资本主义的"大工业"——把自然力用于工业目的，实行最广泛的分工，采用机器生产。经过一段时间的发展，各国以往自然形成的闭关自守的状态得以消失，每个文明国家和每一个人都依赖于整个世界，首次开创了世界历史。二是对外开放对资本主义有着双重影响。马克思和恩格斯认为资本主义生产方式区别于以往生产方式的显著特征是其具有的国际性性质。资产阶级的真实任务就是建立世界市场，并以此为基础组织生产。这种生产的扩张将一切民族都卷到现代文明中来，最终整个世界结成了一个以国际分工为基础的商品生产体系。本质上，这一经济体系是一个"未开化和半开化的国家从属于文明国家""农民的民族从属于资产阶级的民族""东方从属于西方"的不平等的体系。这一体系的形成和扩张给后进国家造成了巨大的痛苦；但同时，这一体系把物质生产转变为在科学帮助下对自然力的统治，创造的生产力比以往一切时代的全部还要多、还要大，造成了以全球互相依存为基础的国际交往，产生了"世界历史"意义上的无产阶级，为新世界的诞生奠定了物质基础。①

列宁关于"利用西方资本主义"的思想揭示世界经济是一个相互联系、相互依存的整体，因此，社会主义建设必须吸收西方资本主义的一切文明成果。列宁认为在大工业时代，世界经济已经是一个相互联系的整体，世界各国无论实行哪种政治制度，都不可避免地相互依赖。因此，社会主义国家必须把自己的生存和发展与资本主义关联起来，因为社会主义国家不同世界其他国家联系起来是无法生存的。列宁认为社会主义必须建立在资本主义所创造的经济文化高度发达的基础之上。随着社会主义制度确立，社会主义国家政府必须通过一切途径获得社会主义制度赖以生存和发展的物质基础，也就必须实行对外开放，学习西方资本主义国家的文明成果。列宁认为社会主义国家的对外开放是全面的对外开放，他曾形象地做出比喻，"苏维埃政权 + 普鲁士的铁路秩序 + 美国的技术和托拉斯组织 + 美国的国民教育 + …… = 社会主义"。② 在开放内容上，社会主义国家的对外开放涉及经济、政治、文化等各个方面。列宁还创造性地提出了社会主义俄国实行对外开放的具体方式，即租让制和对外贸易。同时，列宁也充分认识到实行对外开放会给苏维埃俄国带来消极影响，要求谨

---

① 吴科达. 关于马克思、恩格斯、列宁对外开放思想的两个问题 [J]. 青岛大学师范学院学报，2003（2）：1 - 4.

② 列宁. 列宁全集第 34 卷，中共中央马克思恩格斯列宁斯大林著作编译局译 [M]. 北京：人民出版社，1985：520.

慎地实行对外开放政策。①

2021 年 11 月 11 日中国共产党第十九届中央委员会第六次全体会议通过的《中共中央关于党的百年奋斗重大成就和历史经验的决议》指出："社会主义革命和建设时期，党面临的主要任务是，实现从新民主主义到社会主义的转变，进行社会主义革命，推进社会主义建设，为实现中华民族伟大复兴奠定根本政治前提和制度基础……党坚持独立自主的和平外交政策，倡导和坚持和平共处五项原则，坚定维护国家独立、主权、尊严，支持和援助世界被压迫民族解放事业、新独立国家建设事业和各国人民正义斗争，反对帝国主义、霸权主义、殖民主义、种族主义，彻底结束了旧中国的屈辱外交。我国审时度势调整外交战略，推动恢复我国在联合国的一切合法权利，打开对外工作新局面，推动形成国际社会坚持一个中国原则的格局。党提出划分三个世界的战略，作出中国永远不称霸的庄严承诺，赢得国际社会特别是广大发展中国家尊重和赞誉……在这个时期，毛泽东同志提出把马克思列宁主义基本原理同中国具体实际进行'第二次结合'，以毛泽东同志为主要代表的中国共产党人，结合新的实际丰富和发展毛泽东思想，提出关于社会主义建设的一系列重要思想，包括社会主义社会是一个很长的历史阶段，严格区分和正确处理敌我矛盾和人民内部矛盾，正确处理我国社会主义建设的十大关系，走出一条适合我国国情的工业化道路，尊重价值规律，在党与民主党派的关系上实行'长期共存、互相监督'的方针，在科学文化工作中实行'百花齐放、百家争鸣'的方针等。这些独创性理论成果至今仍有重要指导意义。毛泽东思想是马克思列宁主义在中国的创造性运用和发展，是被实践证明了的关于中国革命和建设的正确的理论原则和经验总结，是马克思主义中国化的第一次历史性飞跃。毛泽东思想的活的灵魂是贯穿于各个组成部分的立场、观点、方法，体现为实事求是、群众路线、独立自主三个基本方面，为党和人民事业发展提供了科学指引。"

毛泽东思想是一个完整的科学体系，具有非常丰富的内涵，其中也包括许多有关中国对外开放的重要内容。1954 年，毛泽东在会见英国工党代表团时说，我们这类国家，如中国和苏联，主要依靠国内市场，而不是国外市场。这并不是说不要国外联系，不做生意。不，需要联系，需要做生意，不要孤立。并且倡议中英之间要和平、要通商。② 1959 年，毛泽东会见秘鲁议员团时指

---

①　孔德杰，贾暾. 列宁的对外开放思想及其启示 [J]. 社会主义研究，1998（2）：64 – 68.

②　中共中央文献研究室. 毛泽东文集（6）[C]. 北京：人民出版社，1999：340.

出：和别的国家互相帮助，发展经济关系，尤其是我们亚洲、非洲、拉丁美洲国家之间互相了解、交流经验，很有必要。搞经济关门是不行的，需要交换。① 1964 年，在中法建交联合公报发表以后，毛泽东与法国议员代表团会谈说，中法之间有两个根本的共同点：第一，反对大国欺侮我们；第二，使两国在商业上、文化上互相往来。因此，双方可以做个朋友，做个好朋友。② 1965 年，毛泽东在听到来访的印度尼西亚客人谈到现代科学已经不为帝国主义所垄断之后，兴奋地说：是嘛，全部开放，全部交流，不要垄断。③ 表达了其主张国家间进行科学技术交流的强烈愿望。1970 年，毛泽东与苏丹政府友好代表团团长马哈古卜会谈时说，要依靠自己的力量而不是依靠外国来发展自己的工业和农业，但可以进口外国技术，利用外国的技术人员帮助训练科学家、工程技术人员。④

上述有关对外贸易的谈话内容显示，毛泽东有关对外贸易的思想主要包括三个方面。一是在平等互利基础上发展对外通商关系。毛泽东指出，中国人民愿意同世界各国人民实行友好合作，恢复和发展国际通商事业，以利于发展生产和繁荣经济。根据中国人口众多、资源丰富的情况，只要有可能，就发展同世界上任何愿意和我们往来的国家的通商贸易关系。中国还应该对别的国家和民族进行帮助，对世界有些益处。同别的国家一样，不仅要为自己还要对世界做些贡献。和别的国家互相帮助，发展经济关系，尤其同亚洲、非洲、拉美国家之间的相互了解、交流经验，很有必要。二是建设社会主义要坚持自力更生为主、争取外援为辅的原则。毛泽东认为中国的革命和中国的建设，都是以依靠发挥中国人民自己的力量为主，以争取外国援助为辅，外国援助和帮助是可以的，但不能干涉内政。毛泽东还提出了对外贸易的总方针，即自力更生为主，争取外援为辅，平等互利、互通有无，帮助民族主义国家建立独立经济。三是结合中国实际，学习一切民族和国家的先进经验。毛泽东指出，一切民族、一切国家的长处都要学，政治、经济、科学、技术、文化、艺术的一切真正好的东西都要学。但是，必须有分析有批判地学，不能盲目地学，不能一切照抄，机械搬运。外国资产阶级的一切腐败制度和思想作风，我们要坚决抵制和批判。但是，这并不妨碍我们去学习资本主义国家的先进的科学技术和企业

---

① 中共中央文献研究室. 毛泽东文集（8）［C］. 北京：人民出版社，1999：71.
② 中共中央文献研究室. 毛泽东文集（8）［C］. 北京：人民出版社，1999：370.
③ 杨瑞广. 纵观毛泽东的对外经济交往思想［N］. 经济日报，1991 – 07 – 13.
④ 中共中央文献研究室. 建国以来毛泽东文稿（13）［C］. 北京：中央文献出版社，1998：106.

管理方法中合乎科学的方面。这种学习有两种方法：一种是专门模仿；另一种是有独创精神，学习与独创相结合。我们学习外国先进经验要与中国实际相结合。[①]

《中共中央关于党的百年奋斗重大成就和历史经验的决议》指出："党的十一届三中全会以后，以邓小平同志为主要代表的中国共产党人，团结带领全党全国各族人民，深刻总结新中国成立以来正反两方面经验，围绕什么是社会主义、怎样建设社会主义这一根本问题，借鉴世界社会主义历史经验，创立了邓小平理论，解放思想，实事求是，做出把党和国家工作中心转移到经济建设上来、实行改革开放的历史性决策，深刻揭示社会主义本质，确立社会主义初级阶段基本路线，明确提出走自己的路、建设中国特色社会主义，科学回答了建设中国特色社会主义的一系列基本问题，制定了到 21 世纪中叶分三步走、基本实现社会主义现代化的发展战略，成功开创了中国特色社会主义。党的十三届四中全会以后，以江泽民同志为主要代表的中国共产党人，团结带领全党全国各族人民，坚持党的基本理论、基本路线，加深了对什么是社会主义、怎样建设社会主义和建设什么样的党、怎样建设党的认识，形成了'三个代表'重要思想，在国内外形势十分复杂、世界社会主义出现严重曲折的严峻考验面前捍卫了中国特色社会主义，确立了社会主义市场经济体制的改革目标和基本框架，确立了社会主义初级阶段公有制为主体、多种所有制经济共同发展的基本经济制度和按劳分配为主体、多种分配方式并存的分配制度，开创全面改革开放新局面，推进党的建设新的伟大工程，成功把中国特色社会主义推向 21 世纪。党的十六大以后，以胡锦涛同志为主要代表的中国共产党人，团结带领全党全国各族人民，在全面建设小康社会进程中推进实践创新、理论创新、制度创新，深刻认识和回答了新形势下实现什么样的发展、怎样发展等重大问题，形成了科学发展观，抓住重要战略机遇期，聚精会神搞建设，一心一意谋发展，强调坚持以人为本、全面协调可持续发展，着力保障和改善民生，促进社会公平正义，推进党的执政能力建设和先进性建设，成功在新形势下坚持和发展了中国特色社会主义……党的十二大、十三大、十四大、十五大、十六大、十七大，根据国际国内形势发展变化，从我国发展新要求出发，一以贯之对推进改革开放和社会主义现代化建设作出全面部署，并召开多次中央全会专

---

① 陈家勤，范新宇．国际经贸理论通鉴：中国党和国家领导人论国际经贸卷［M］．北京：对外经济贸易大学出版社，2007：112.

题研究部署改革发展稳定重大工作……党把对外开放确立为基本国策，从兴办深圳等经济特区、开发开放浦东、推动沿海沿边沿江沿线和内陆中心城市对外开放到加入世界贸易组织，从'引进来'到'走出去'，充分利用国际国内两个市场、两种资源。经过持续推进改革开放，我国实现了从高度集中的计划经济体制到充满活力的社会主义市场经济体制、从封闭半封闭到全方位开放的历史性转变。"

在这一历史性转变过程中，邓小平、江泽民、胡锦涛分别在不同时期结合当时的中国国情和国际形势提出了指导对外开放的理论和思想。

邓小平是中国改革开放的总设计师，不仅从宏观上深刻阐述了对外开放理论，而且亲自部署和领导了这一伟大实践，并制定了一整套全面的对外开放战略。一是为制定对外开放基本政策进行了理论准备。在准确地观察和把握国际形势基础上，清醒地分析了20世纪80年代的国际局势，认为和平与发展成为时代的主题。随着生产力和科学技术的发展，国家间的经济联系和交流更为密切，对外开放已经成为世界性潮流。邓小平的这一分析，改变了我们过去对世界形势的判断，为我国实行全面的对外开放提供了基本的前提条件。二是提出了抓住机遇，全面开放的重要思想。邓小平清醒地分析了20世纪80年代的国际局势，针对国际形势发生的巨大变化，提出了要实行全方位、多层次、多种方式的全面对外开放。全方位的开放就是要对西方发达国家开放、对苏联和东欧开放、对发展中国家开放。多层次开放是因为，我国土地辽阔，经济发展不平衡，各地的资源、资金、技术水平等也不一样，全国都要对外开放，但必须是有步骤、有秩序、分层次地进行。从1979年4月中央工作会议邓小平首倡创办经济特区，到党的十四大召开的15年间，先后在广东、福建开办了4个特区，开放了14个沿海城市，创办了最大的海南经济特区及3个沿海经济开发区；由进一步开放沿江、沿边城市到开放涉及12个省、自治区，横跨中国中西部两大经济带的11个内陆省会，初步形成了"经济特区－沿海港口开放城市－沿海开发区－广大内地"的"点、线、片、面"的多层次战略格局。中国的对外经济交往，多局限于对外贸易一种形式。邓小平认为这是很不够的，还应该向技术转让、资金往来、人才交流等各个领域拓展。针对有些人存在的引进外资会不会危及社会主义制度的忧虑，邓小平肯定地说：我看不会的。因为我国是以社会主义经济为主体的。社会主义的经济基础很大，吸收几百亿、上千亿外资，冲击不了这个基础。吸收外国资金肯定可以作为我国社会主义建设的重要补充，今天看来可以说是不可缺少的补充。① 三是主张坚持独立自主、平等互利的开放原则。邓小平坚持认为，无论过去、现在和将来，坚持独立自主、自力更生都是我们的立足点，这是中国经济建设的"第一条经验"。但邓小平又认为独立自主、自力更生与对外开放不是互相排斥的，而是相辅相成的。对外开放可以增强我们自力更生的能力。我们坚定不移地实行对外开放政策，在平等互利的基础上积极扩大对外交流。我们要有计划、有选择地引进资本主义国家的先进技术和其他对我们有益的东西。②

江泽民的对外开放思想十分丰富，他的一系列论述，极大地丰富和发展了邓小平对外开放理论。一是对外开放是中国的一项长期坚持的基本国策。他指出：对外开放是一项长期的基本国策。面对经济、科技全球化趋势，我们要以更加积极的姿态走向世界，完善全方位、多层次、宽领域的对外开放格局，发展开放型经济，增强国际竞争力，促进经济结构优化和国民经济素质提高。③ 二是加入 WTO 是推进全方位、多层次、宽领域对外开放的重要契机。江泽民指出，中国加入世界贸易组织标志着中国的对外开放进入了一个新阶段，是中国改革开放进程中具有历史意义的一件大事，也是进一步推进全方位、多层次、宽领域对外开放的重要契机。这意味着我们要更加深入、更加全面地参与国际竞争。④ 他还强调要适应经济全球化和加入世界贸易组织的新形势，在更大范围、更广领域和更高层次上参与国际经济技术合作和竞争，充分利用国际国内两个市场，优化资源配置，拓宽发展空间，以开放促进改革发展。⑤ 三是坚持"引进来"和"走出去"相结合，全面提高对外开放水平。面对 21 世纪中国经济社会发展的新情况和新问题，江泽民指出，实施"走出去"战略是对外开放新阶段的重大举措。鼓励和支持有比较优势的各种所有制企业对外投资，带动商品出口和劳务输出，形成一批有实力的跨国企业和著名品牌。实施"走出去"战略，是把对外开放推向新阶段的重大举措，是更好地利用国内外两个市场、两种资源的必然选择，是逐步

---

① 邓小平. 邓小平文选（第三卷）[M]. 北京：人民出版社，2001：65.

② 蒋建农. 毛泽东的开放观和邓小平的创造性发展 [J]. 中共党史研究，1995（3）：22 - 27.

③ 江泽民. 高举邓小平理论伟大旗帜，把建设有中国特色社会主义事业全面推向二十一世纪——在中国共产党第十五次全国代表大会上的报告 [OL]. https：//www. cntheory. com/tbzt/sjjlzqh/ljddhgb/202110/t20211029_ 37375. html.

④ 王德蓉. 论江泽民同志推动中国加入世界贸易组织的决策历程与理论探索 [R]. 中共中央党史和文献研究院，2014 - 02 - 20.

⑤ 钱胜. 江泽民经济思想研究 [M]. 合肥：安徽人民出版社，2005：350.

形成我们自己的大型企业和跨国公的重要途径。①

胡锦涛的对外开放观是科学发展观的重要组成部分，是与毛泽东、邓小平和江泽民的对外开放思想一脉相承的，是与当时中国面临的国际经济局势紧密相连的中国的开放观。这一开放观主要包括三点内容。

一是坚持对外开放基本国策，提高开放型经济的质量。胡锦涛指出，要坚持对外开放的基本国策，把"引进来"与"走出去"更好地结合起来，扩大开放领域，优化开发结构，提高开放质量，完善内外联动、互利共赢、安全高效的开放型经济体系，形成经济全球化条件下参与国际经济合作和竞争新优势。要加快调整和完善对外开放经济发展模式，以引进先进技术、先进管理和海外智力为重点，提高利用外资质量；以优化进口商品结构为重点，加快转变外贸增长方式；增加自主产权和高附加值产品出口比重，着力实施品牌战略，切实提高贸易效益；加强金融市场基础性制度建设，增强银行、证券、保险等行业的国际竞争力和抗风险能力，维护国家经济安全；以扩大能源资源和技术合作为重点，继续实施"走出去"战略。

二是开放合作、互利共赢，共建和谐世界。胡锦涛认为，当今世界正处于大发展、大变革、大调整时期，国际经济政治格局演变十分深刻复杂，世界多极化前景更加明朗。但随着经济全球化的不断深化，全球经济已经成为一个有机互动的整体，在人类漫长的发展史上，各国人民的命运从未像现在这样紧密相连、休戚与共。要生存和发展，我们的正确选择只能是推进合作共赢。胡锦涛主张用更全面的观点看待发展，促进共同繁荣，以宽广深邃的战略眼光、互利共赢的时代思维审视和处理国家关系。国与国之间应该客观认识和正确对待对方的发展，相互视为合作双赢的伙伴，而不是零和竞争的对手，相互支持对方和平发展。同时，尊重各自选择的发展道路，相互交流发展经验，彼此借鉴发展模式。中国坚定不移地走和平发展道路，既充分利用世界和平发展带来的机遇发展自己，又以自身发展更好地维护世界和平、促进共同发展。胡锦涛指出，尽管当今世界还存在着这样那样的矛盾和冲突，不确定不稳定因素有所增加，但和平与发展仍是当今时代的主题，世界要和平、国家要发展、人民要合作是不可阻挡的历史潮流。面对纷繁复杂的世界，应更加重视和谐，强调和

---

① 陈家勤，胡艺. 中国互利共赢的对外开放战略［M］. 北京：社会科学文献出版社，2014：36.

谐，促进和谐。①

三是积极参与国际事务，共同承担责任。胡锦涛认为，当代中国的前途命运已日益紧密地同世界的前途命运联系在一起，中国发展对世界的作用和影响不断提高，国际环境发展变化对中国发展的作用和影响也不断增大，必须把坚持独立自主同参与经济全球化结合起来，统筹好国内和国际两个大局，为促进人类和平与发展的崇高事业作出贡献；各国应该从人类生存和发展的高度，用相互联系的眼光看待和应对全球性重大挑战和威胁，树立共同责任意识，多方入手，统筹兼顾，携手应对；全球性挑战和威胁从根本上讲是发展问题，要兼顾发达国家和发展中国家的利益和需求，加强和完善全球经济治理，促进世界经济协调持续发展；倡导包容性增长，推动平衡增长。②

习近平新时代中国特色社会主义思想是对马克思列宁主义、毛泽东思想、邓小平理论、"三个代表"重要思想、科学发展观的继承和发展，是马克思主义中国化最新成果，是党和人民实践经验和集体智慧的结晶，是中国特色社会主义理论体系的重要组成部分，是全党全国人民为实现中华民族伟大复兴而奋斗的行动指南，必须长期坚持并不断发展。

《中共中央关于党的百年奋斗重大成就和历史经验的决议》指出："党的十八大以来，中国特色社会主义进入新时代。党面临的主要任务是，实现第一个百年奋斗目标，开启实现第二个百年奋斗目标新征程，朝着实现中华民族伟大复兴的宏伟目标继续前进……以习近平同志为主要代表的中国共产党人，坚持把马克思主义基本原理同中国具体实际相结合、同中华优秀传统文化相结合，坚持毛泽东思想、邓小平理论、'三个代表'重要思想、科学发展观，深刻总结并充分运用党成立以来的历史经验，从新的实际出发，创立了习近平新时代中国特色社会主义思想……党的十一届三中全会以后，我国改革开放走过波澜壮阔的历程，取得举世瞩目的成就。随着实践发展，一些深层次体制机制问题和利益固化的藩篱日益显现，改革进入攻坚期和深水区。党中央深刻认识到，实践发展永无止境，解放思想永无止境，改革开放也永无止境，改革只有进行时、没有完成时，停顿和倒退没有出路，必须以更大的政治勇气和智慧推进全面深化改革，敢于啃硬骨头，敢于涉险滩，突

① 陈家勤，胡艺. 中国互利共赢的对外开放战略 [M]. 北京：社会科学文献出版社，2014：37 – 38.

② 张晓彤. 试论胡锦涛的时代观 [C]. 新中国 60 年研究文集（3），中央文献研究室第五编研部，2009：432 – 445.

出制度建设，注重改革关联性和耦合性，真枪真刀推进改革，有效破除各方面体制机制弊端。党的十八届三中全会对经济体制、政治体制、文化体制、社会体制、生态文明体制、国防和军队改革和党的建设制度改革作出部署，确定全面深化改革的总目标、战略重点、优先顺序、主攻方向、工作机制、推进方式和时间表、路线图。党的十一届三中全会是划时代的，开启了改革开放和社会主义现代化建设新时期。党的十八届三中全会也是划时代的，实现改革由局部探索、破冰突围到系统集成、全面深化的转变，开创了我国改革开放新局面。党坚持改革正确方向，以促进社会公平正义、增进人民福祉为出发点和落脚点，突出问题导向，聚焦进一步解放思想、解放和发展社会生产力、解放和增强社会活力，加强顶层设计和整体谋划，增强改革的系统性、整体性、协同性，激发人民首创精神，推动重要领域和关键环节改革走实走深。党推动改革全面发力、多点突破、蹄疾步稳、纵深推进，从夯基垒台、立柱架梁到全面推进、积厚成势，再到系统集成、协同高效，各领域基础性制度框架基本确立，许多领域实现历史性变革、系统性重塑、整体性重构。党中央深刻认识到，开放带来进步，封闭必然落后；我国发展要赢得优势、赢得主动、赢得未来，必须顺应经济全球化，依托我国超大规模市场优势，实行更加积极主动的开放战略。我国坚持共商共建共享，推动共建'一带一路'高质量发展，推进一大批关系沿线国家经济发展、民生改善的合作项目，建设和平之路、繁荣之路、开放之路、绿色之路、创新之路、文明之路，使共建'一带一路'成为当今世界深受欢迎的国际公共产品和国际合作平台。我国坚持对内对外开放相互促进、'引进来'和'走出去'更好结合，推动贸易和投资自由化便利化，构建面向全球的高标准自由贸易区网络，建设自由贸易试验区和海南自由贸易港，推动规则、规制、管理、标准等制度型开放，形成更大范围、更宽领域、更深层次对外开放格局，构建互利共赢、多元平衡、安全高效的开放型经济体系，不断增强我国国际经济合作和竞争新优势。"

在习近平新时代中国特色社会主义思想体系中，习近平总书记关于对外开放的重要论述是重要的内容之一。裴长洪和刘洪愧（2018）研究总结认为，"概括起来说，习近平对外开放新思想主要体现在四个方面。第一，推动形成全面开放新格局。2013年4月，习近平提出中国将在更大范围、更宽领域、更深层次上提高开放型经济水平。^① 2013 年 10 月，习近平进一步指出要完善互利共赢、多元平衡、安全高效的开放型经济体系。^② 2013 年 11 月，党的十八届三中全会《决定》提出'构建开放型经济新体制'。党的十九大报告正式提出推动形成全面开放新格局，具体表述为：要以'一带一路'建设为重点，形成陆海内外联动、东西双向互济的开放格局；赋予自由贸易试验区更大改革自主权，探索建设自由贸易港。第二，建设开放型世界经济与经济全球化新理念。2013 年习近平第一次提出'共同维护和发展开放型世界经济'的新理念，^③ 党的十九大报告更明确提出'中国支持多边贸易体制，促进自由贸易区建设，推动建设开放型世界经济'。针对近些年国际社会掀起的一股逆全球化思潮，习近平发表了一系列重要论述。他指出：'总体而言，经济全球化符合经济规律，符合各方利益。同时，经济全球化是一把双刃剑，既为全球发展提供强劲动能，也带来一些新情况新挑战，需要认真面对。我们要积极引导经济全球化发展方向，着力解决公平公正问题，让经济全球化进程更有活力、更加包容、更可持续。'^④ 习近平的这种经济全球化新理念在 2017 年 1 月的联合国演讲中得到更加精练的表达——建设一个开放、包容、普惠、平衡、共赢的经济全球化，^⑤ 并被写进党的十九大报告，表述为'同舟共济，促进贸易和投资自由化便利化，推动经济全球化朝着更加开放、包容、普惠、平衡、共赢的方向发展'。第三，改革全球经济治理体系。2013 年 4 月，习近平指出：'要稳步推进国际经济金融体系改革，完善全球治理机制。'^⑥ 2015 年 7 月，习近平提出全球经济治理改革的主要目标——完善全球经济治理，加强新兴市场国家和发展中国家在国际经济金融事务中的代表性和话语权，让世界银行、国际货

---

① 习近平：《在同出席博鳌亚洲论坛二〇一三年年会的中外企业家代表座谈时的讲话》，《人民日报》2013 年 4 月 9 日。

② 习近平：《深化改革开放共创美好亚太——在亚太经合组织工商领导人峰会上的演讲》，《人民日报》2013 年 10 月 8 日。

③ 习近平：《共同维护和发展开放型世界经济——在二十国集团领导人峰会第一阶段会议上关于世界经济形势的发言》，《人民日报》2013 年 9 月 6 日。

④ 习近平：《深化伙伴关系增强发展动力——在亚太经合组织工商领导人峰会上的主旨演讲》，《人民日报》2016 年 11 月 21 日。

⑤ 习近平：《共同构建人类命运共同体——在联合国日内瓦总部的演讲》，《人民日报》2017 年 1 月 20 日。

⑥ 习近平：《共同创造亚洲和世界的美好未来——在博鳌亚洲论坛 2013 年年会上的主旨演讲》，《人民日报》2013 年 4 月 8 日。

币基金组织等传统国际金融机构取得新进展，焕发新活力。① 此后，习近平在许多国际场合都发表了有关论述和演讲。党的十九大报告把习近平十八大以来所形成的全球经济治理新思想凝练为'中国秉持共商共建共享的全球治理观，倡导国际关系民主化，积极参与全球治理体系改革和建设'。第四，构建人类命运共同体。这是习近平最先提出的一个新理念。2013 年 3 月 23 日，习近平担任国家主席后首次出访的第一站，便提出：'人类生活在同一个地球村里，生活在历史和现实交汇的同一个时空里，越来越成为你中有我、我中有你的命运共同体。'② 此后，习近平在各种场合反复提及和阐述该概念。2015 年 9 月 28 日，在第七十届联合国大会一般性辩论时的讲话中，习近平谈到：'和平、发展、公平、正义、民主、自由，是全人类的共同价值，也是联合国的崇高目标。……构建以合作共赢为核心的新型国际关系，打造人类命运共同体。'③ 习近平关于人类命运共同体的新理念在党的十九大报告中得到进一步丰富和完善，出现 6 次之多。在阐述新时代中国特色社会主义思想时，习近平指出：'明确中国特色大国外交要推动构建新型国际关系，推动构建人类命运共同体。'党的十九大报告甚至把坚持推动构建人类命运共同体作为新时代中国特色社会主义思想和基本方略之一。"④

从上述习近平总书记关于对外开放重要论述的主要内容看，其历史性贡献主要有四个方面：第一，为中国开放型经济与开放型世界经济的内外联动提供了中国方案；第二，科学总结了以往经济全球化正反两方面的经验教训，提出了推动经济全球化朝着更加开放、包容、普惠、平衡、共赢的方向发展的新理念；第三，阐发了互利共赢、多边机制汇聚利益共同点和谋求最大公约数的政治经济学新观点；第四，揭示了实现中国梦的发展道路必须与人类命运共同体紧密相连的历史必然性。⑤

2. 中国对外开放理论的新理念与普适性

毫无疑问，中国的对外开放思想为中国的改革开放事业取得前所未有的成

---

① 习近平：《共建伙伴关系共创美好未来——在金砖国家领导人第七次会晤上的讲话》，《人民日报》2015 年 7 月 10 日。

② 习近平：《顺应时代前进潮流促进世界和平发展——在莫斯科国际关系学院的演讲》，《人民日报》2013 年 3 月 24 日。

③ 习近平：《携手构建合作共赢新伙伴同心打造人类命运共同体——在第七十届联合国大会一般性辩论时的讲话》，《人民日报》2015 年 9 月 29 日。

④⑤ 裴长洪，刘洪愧. 习近平新时代对外开放思想的经济学分析 [J]. 经济研究，2018（2）：4 - 19.

绩提供了正确的理论指导。那么，中国的对外开放思想中的新理念是否具有普适性呢？西方学者早就意识到了"理念"的重要性，罗宾逊（2009）、马孔姆·沃特斯（1995）和罗兰·罗伯逊（1992）等在他们的著作中都认为，归根结底，观念是推动全球化的关键力量。西方国家和一些传统理论曾经提供了诸多世界经济发展的理念，如绝对优势理论、比较优势理论、资源禀赋理论、"中心－外围"理论等。而中国对外开放思想则提供了与西方理念截然不同的新理念，实践证明，这种新理念是适应并且有利于推动世界发展的，是中国关于对外开放和世界经济发展的远见卓识。这种新理念主要包括两个方面的内容。

一是"非经济人假设"的价值观理念。"非经济人假设"理念是与"经济人假设"理念完全相反的一种理念。"经济人假设"指"人是完全自利的、绝对理性的、总是试图最大化自身的利益"，是西方经济学家为了分析问题的简单化、为了模型推导的需要，所构造出来的一个概念。西方政治经济学鼻祖亚当·斯密在《国富论》中就认为人有自利倾向。西方社会的经济全球化进程则是一部武力侵略和经济掠夺史，他们信奉的是达尔文的"优胜劣汰"自然生存法则，这是提出"经济人假设"的部分原因。"经济人假设"作为当代西方经济学的理论逻辑前提，遭到了挑战。西方在"经济人假设"基础上推行的经济全球化造成了一系列负面效应，例如贫富差距不断扩大，根据瑞士信贷银行《2017 年全球财富报告》，全球最底层一半人口拥有的财富不足全球全部财富的 1%，但全球最富有的 10% 的人口却拥有全球总资产的 88%，最富有的1% 人口更是占有了全球一半的家庭财富。[①] 同时，不同地区、种族和信仰的人们之间摩擦不断，反映出传统的经济全球化模式越来越难以持续。中国自古以来就不是按照"经济人假设"来处理对外关系的；相反，中国自古以来就主张"和为贵"的"非经济人假设"，一直都凭借自身在文化制度上的先进性来感化外围地区和民族，也主动提供人力、物力来帮助周边国家建设文明社会。"非经济人假设"的价值观诠释了我国的对外开放实践、新时代的对外开放思想，这是与"经济人假设"完全不同的理念。

党的十九大报告提到："奉行互利共赢的开放战略，坚持正确义利观，树立共同、综合、合作、可持续的新安全观，谋求开放创新、包容互惠的发展前景"；习近平总书记在 2017 年世界经济论坛年会开幕式上的主旨演讲指出："1950 年至 2016 年，中国在自身长期发展水平和人民生活水平不高的情况下，

---

① 转引自《参考消息》2017 年 11 月 16 日第 4 版。

累计对外提供援款 4000 多亿元人民币，实施各类援外项目 5000 多个，其中成套项目近 3000 个，举办 11000 多期培训班，为发展中国家在华培训各类人员 26 万多名。"① 中国对发展中国家的援助，特别是对非洲的援助绝不是"经济人假设"能够解释的。这体现出中国与西方国家有完全不同的人类社会发展追求，既关注自身发展，也关心全人类的幸福和全人类的共同发展。"一带一路"倡议是应对这个难题的伟大创举和未来出路。它不仅把广大发展中国家纳入其中，拓展了经济全球化的新版图，而且它与原来美国主导的以往经济全球化的根本不同点是，要实现互利共赢的目标，要在共商、共建、共享的前提下寻找各国利益的最大公约数。与"非经济人假设"相一致，坚持正确义利观是中国对外经济合作始终坚持的原则。党的十九大报告提到："奉行互利共赢的开放战略，坚持正确义利观，树立共同、综合、合作、可持续的新安全观，谋求开放创新、包容互惠的发展前景。"这是新时代中国发展的需要和责任，是历史的客观必然。中国的对外开放服务于中国经济社会发展的目标，过去要解决的是投资与外汇、工业化和增长速度，今天要解决的是增长质量和发展问题。所以，对外开放需要在更高层次上解决两种资源和两个市场的利用问题。我国说互利共赢，既面对发展中国家，也面对发达国家，只有提倡这个理念，才更有利于我们引进先进技术，实施创新驱动，实现增长联动和利益融合。而且，今天我们提对外开放已经与过去有很大不同：过去我们是穷国，开放主要是为了获取国际资源、资金、技术和服务，现在发展中国家对我们的开放战略已经有不同于过去的期待；过去我们对世界经济秩序和理念只有被动接受的资格，现在我们已经在相当程度上具有影响和塑造世界经济格局和秩序的实力。②

二是"非霸权主义"的全球治理理念。从经济学一般意义上考察，全球治理就是提供一种全球公共物品，而这种公共物品主要包括三类内容，第一类是国际规则，这包括多边的国际规则和区域的国际规则；第二类是主权经济体为国际规则的执行所提供的运行载体、平台或其成本；第三类是企业和私人机构对优化国际经济治理所承担的社会责任或服务。③

西方理论普遍认为，有能力提供国际公共产品的国家几乎只有霸权主义国

① 习近平. 习近平谈治国理政（第二卷）[M]. 北京：外文出版社，2017：484。

② 裴长洪，刘洪愧. 习近平新时代对外开放思想的经济学分析 [J]. 经济研究，2018（2）：4 - 19.

③ 裴长洪. 全球经济治理：公共品与中国扩大开放 [J]. 经济研究，2014（3）：4 - 19。

家，这确实是以往全球治理和经济全球化的真实写照。工业革命以来，英国和美国凭借其在经济和军事上的霸权地位，依次充当了全球公共产品提供者的角色，由于是霸权主义供给方式，对它们最有利。随着世界经济多极化发展，特别是新兴经济体作为一个集体力量的崛起，使得霸权主义国际公共品供给方式难以为继。近年来，虽然 WTO 框架下的多边贸易投资自由化谈判进程受阻，多哈回合谈判至今无果，但是国家之间的区域贸易协定（RTAs）（包括区域多边或双边自由贸易协定）快速增加，2008 年以来，每年都签订相当数量的 RTAs。此外，一国自主设立的自由贸易试验区也越来越多，开放度越来越大，例如中国已经设立 21 个自贸试验区，① 且要把上海建成自由贸易港。区域贸易协定、自由贸易区、自由贸易港将成为新的推动经济全球化的载体，使得世界经济联系依然日益紧密，相互依存度继续提高。这些区域性的自由贸易协定，都产生了大量的区域贸易投资自由化制度安排和政策规定，打破了过去由一两个霸权主义国家制定国际规则、提供国际公共产品的垄断局面，国际规则制定和公共产品供给的民主化趋势是当今世界发展的大潮流。非霸权主义的国际公共产品供给模式必然走近世界舞台的中心。中国提出共建"一带一路"倡议提供了一种非霸权主义的国际公共产品供给模式，即共商、共建、共享。它将更多反映发展中国家的话语权，推动构建公正、合理、透明的国际经贸投资规则体系。"一带一路"也将促进政策、规则、标准三位一体的联通，为互联互通提供机制保障，使各类国际公共产品更好适应各国发展需要。在国际公共产品的供给上，"一带一路"倡议的创新之处还在于以下几方面。（1）它把精神世界的升华融入其中。中国自古就讲究"和而不同"，"一带一路"建设试图以文明交流超越文明隔阂、文明互鉴超越文明冲突、文明共存超越文明优越，推动各国相互理解、相互尊重、相互信任。（2）它把人文合作机制作为国际公共产品的必要衍生品。例如搭建更多合作平台，开辟更多合作渠道；推动教

---

① 这 21 个自贸区分别为：2013 年 9 月 27 日设立的中国（上海）自由贸易试验区；2015 年 4 月 20 日设立的中国（广东）自由贸易试验区，中国（天津）自由贸易试验区，中国（福建）自由贸易试验区；2017 年 3 月 31 日设立的中国（辽宁）自由贸易试验区，中国（浙江）自由贸易试验区，中国（河南）自由贸易试验区、中国（湖北）自由贸易试验区、中国（重庆）自由贸易试验区、中国（四川）自由贸易试验区、中国（陕西）自由贸易试验区；2018 年 10 月 16 日设立的中国（海南）自由贸易试验区；2019 年 8 月 2 日设立的中国（山东）自由贸易试验区，中国（江苏）自由贸易试验区，中国（广西）自由贸易试验区，中国（河北）自由贸易试验区，中国（云南）自由贸易试验区，中国（黑龙江）自由贸易试验区；2019 年 9 月 21 日设立的中国（北京）自由贸易试验区，中国（湖南）自由贸易试验区，中国（安徽）自由贸易试验区。

育合作，扩大互派留学生规模，提升合作办学水平。再譬如，在文化、体育、卫生领域，要创新合作模式，推动务实项目；要利用好历史文化遗产，联合打造具有丝绸之路特色的旅游产品和遗产保护。（3）它反映了构建人类命运共同体的必然性。当今世界，一方面，表现出经济增长动能不足，贫富分化日益严重，地区冲突此起彼伏、恐怖主义、网络安全、重大传染性疾病、气候变化等非传统安全威胁持续蔓延，人类面临许多共同挑战。共同应对这些挑战是各个主权国家的现实需要和最理智的必然选择。另一方面，世界多极化、经济全球化、社会信息化、文化多样化以新的方式深入发展，全球治理体系和国际秩序变革加速推进，各国相互联系和依存日益加深，国际力量对比更趋平衡，和平发展大势不可逆转。人类命运由一两个霸权主义国家操纵的时代已经渐行渐远，每个主权国家都只能是人类命运共同体中的一部分，人类命运共同体的整体利益已经超越主权国家利益，每个国家的经济社会发展都必然以人类共同利益的发展为前提。而人类的共同利益，则是各个主权国家的最关切利益的集合体，因此它需要非霸权主义公共品供给模式来书写和表达，从而成为构建人类命运共同体的智慧结晶和设计。①

以"非经济人假设"的价值观和"非霸权主义"的全球治理为基本理念的中国对外开放理论的实质是互利共赢思想。这一思想顺应了世界经济多极化、各国经济联系日益紧密的客观历史潮流，吸收了前人理论中（包括西方学者）关于贸易投资自由化、经济全球化以及国际经济治理和调控的合理成分，用创新发展、增长联动、利益融合等理念建构了中国语境的政治经济学体系的价值观和理论基础，成为构建开放型世界经济观点的思想来源。② 因此，中国对外开放的互利共赢思想越来越受到世界有识之士的认可与赞扬，也成为众多国家参与国际经济活动的行动圭臬，为构建人类命运共同体提供了理论指导和价值引领。

3. 互利共赢贸易思想的全球启示

互利共赢是新中国成立以来，尤其是改革开放以来中国对外贸易实践的真实写照，而互利共赢贸易思想则是中国对外开放理论的现实升华。这些互利共赢的贸易思想给中国经济建设实践带来翻天覆地变化的同时，也为全球经济贸易发展，乃至全球治理理念的革新带来了诸多启示。

————————————

①② 裴长洪，刘洪愧. 习近平新时代对外开放思想的经济学分析 [J]. 经济研究，2018（2）：4–19.

　　一是以互利为前提和出发点。只有坚持以互利为出发点，在考虑问题的时候才能摒弃传统的"你死我活""非你即我"的贸易思维模式。双方进行进出口谈判时，就不会再一味地为了自身利益，想尽办法提高本国商品的出口价格，压低从别国进口的商品价格，而是在平等的前提下寻求双方利益的均衡点；双方在进行贸易条件磋商时，就不会一味为了保护自身利益而想尽办法抬高本国的诉求，压低他国的诉求；也不会想尽办法在降低关税壁垒方面为了保护本国利益"寸土不让"，而为了压低别国利益"寸土必争"；在非关税壁垒方面也不会想尽一切办法设置障碍。只有这样，才能本着互利原则顺利开展贸易谈判，双方的贸易也才能顺利开展。

　　二是以共赢为目标和方向。在互利共赢贸易思想中，共赢是目标和方向，实现共赢才是这一思想的终极目的。国际经济交往是一项长期的合作事业，各国之间会有许多的合作内容和项目，这些合作的内容和项目都不是一次性的，而是会反复进行的。比如国际投资问题，如果两个国家之间初次投资能实现共赢，那么，第二次、第三次、以后更多次的合作就会顺利进行；如果一方为了自身利益最大化，利用某种优势（比如垄断优势或者所有权优势等）达到了自己的目的，但没有兼顾东道国的利益，那么再次合作就会遇到阻碍和困难，甚至继续合作难以开展。因此，只有实现了共赢，兼顾了各方的利益，彼此都能从合作中获得好处，双方的贸易经济合作才能长久。

　　三是共同构建有利于实现互利共赢的贸易体系。首先是加快推进区域经济合作进程。利用已有的区域经济合作组织和中国提倡建设的"一带一路"方案，加强各参与国之间的沟通联系，形成层次多样的区域全面经济伙伴关系、战略伙伴关系、合作论坛、集体对话机制，扩大合作范围和深度，加强国家之间的交流与合作。其次是引领 G20 等国际性组织建立长效合作机制。G20 集团是由 G8 集团发展而来的，是目前全球经济治理的主要平台，当然还有其他的一些平台，但 G20 集团发挥着更为重要的作用。以中国为首的发展中国家的加入开始改变长期以来西方主导世界经济治理的模式。在 2015年二十国集团杭州峰会上，中国积极推动二十国集团把能源、气候变化、粮食、基础设施建设等议题纳入 G20 议程，加强了发达经济体与新兴经济体之间的沟通与合作，推动了全球经济治理的完善，促进了世界经济的持续、稳定发展。① 最后是利用新建立多边经济治理平台开展多边经济合作。2014 年金砖国家新开发银行成立并于 2015 年 7 月正式营业，2015 年 12 月 25 日多边金融机构亚洲基础设施投资银行正式成立，由中国筹资建立的"丝路基金"，中国同中东欧国家"16 + 1"形式设立的金融控股公司正式成立，这些金融机构将与原有的世界银行、国际货币基金组织、亚洲开发银行实现互补与合作，共同促进世界经济的增长，完善全球经济治理体系，最终实现全球的贸易和经济的互利共赢。

参 考 文 献

［1］陈继勇. 中国互利共赢的对外开放战略［M］. 北京：社会科学文献出版社，2014.

［2］陈家勤，范新宇. 国际经贸理论通鉴：中国党和国家领导人论国际经贸卷［M］. 北京：对外经济贸易大学出版社，2007.

［3］陈家勤，胡艺. 中国互利共赢的对外开放战略［M］. 北京：社会科学文献出版社，2014.

［4］陈文敬. 中国对外开放三十年回顾与展望［J］. 国际贸易，2008（2）.

［5］陈争平. 共和国开放三阶段外贸发展特点［J］. 中国经济史研究，2009（3）.

［6］崔友平. 中国经济体制改革：历程、特点及全面深化——几年改革开放 40 年［J］. 经济与管理评论，2018（6）.

［7］邓小平. 邓小平文选（第三卷）［M］. 北京：人民出版社，2001.

［8］丁长青，等. 中外经济关系史纲要［M］. 北京：科学出版社，2003.

［9］江小涓，等. 新中国对外开放 70 年［M］. 北京：人民出版社，2019.

［10］蒋建农. 毛泽东的开放观和邓小平的创造性发展［J］. 中共党史研究，1995（3）.

［11］孔德杰，贾暾. 列宁的对外开放思想及其启示［J］. 社会主义研究，1998（2）.

［12］李安方. 探索对外开放的战略创新——"新开放观"研究的时代背

---

① 史艺军，关朋. 开放、包容、普惠、平衡、共赢："中式"全球化的新理念——论习近平的互利共赢国际经济观［J］. 云梦学刊，2018（2）：83 - 88.

景与理论内涵［J］. 世界经济研究, 2007 (3).

［13］李滨, 陈子烨. 构建互利共赢的国际政治经济学理论［J］. 世界经济与政治, 2019 (10).

［14］隆国强, 等. 改革开放40年与对外经济关系［J］. 财经智库, 2019 (1).

［15］裴长洪, 刘洪愧. 习近平新时代对外开放思想的经济学分析［J］. 经济研究, 2018 (2).

［16］裴长洪. 全球经济治理: 公共品与中国扩大开放［J］. 经济研究, 2014 (3).

［17］钱胜. 江泽民经济思想研究［M］. 合肥: 安徽人民出版社, 2005.

［18］史艺军, 关朋. 开放、包容、普惠、平衡、共赢: "中式"全球化的新理念——论习近平的互利共赢国际经济观［J］. 云梦学刊, 2018 (2).

［19］吴科达. 关于马克思、恩格斯、列宁对外开放思想的两个问题［J］. 青岛大学师范学院学报, 2003 (2).

［20］习近平. 论中国共产党历史［M］. 北京: 中央文献出版社, 2021.

［21］张晓彤. 试论胡锦涛的时代观［C］. 新中国60年研究文集 (3), 中央文献研究室第五编研部, 2009.

［22］张幼文. 70年中国与世界经济关系发展的决定因素与历史逻辑［J］. 世界经济研究, 2019 (7).

［23］赵楠. 国际直接投资的产业选择趋势与中国对策［J］. 中国社会科学院研究生院学报, 2006 (5).

［24］中共中央文献研究室. 十一届三中全会以来主要文献选编 (上)［M］. 北京: 人民出版社, 1982.